L'HUMANISATION
ou
Les premiers pas
des valeurs humaines

Du même auteur

PSYCHOLOGIE

Le réel et l'imaginaire dans le jeu de l'enfant, essai sur la genèse de l'imagination, Vrin, 1946, 5ᵉ édit. 1975.
Le jeu de l'enfant après 3 ans, introduction à la pédagogie, Vrin, 1947, 7ᵉ édit. 1978, trad. allemand.
L'enfant et le jeu, édit. du Scarabée, 1950, nouvelle édit. 1967, trad. espagnol, italien, portugais, grec, roumain.
L'enfant et ses conquêtes, 1960, 4ᵉ édit., Vrin, 1976.
Attitudes intellectuelles et spatiales dans le dessin, 1965, éd. du C.N.R.S., 2ᵉ édit. 1975.
Du pied au bon sens, 1968, Vrin.
Jeux et sports, coll. Pléiade, ch. sur *Les jeux de l'enfant*, 1968, trad. allemand.
Traité de psychologie de l'enfant, P.U.F., ch. *Qu'est-ce que l'enfance?* du tome 1, 1969, et ch. sur *L'imaginaire chez l'enfant* du tome 3, 1972, trad. italien, espagnol.
Le malaise de la psychologie, 1972, Flammarion.
La route et la maison, T 1 : *Les sources de l'imaginaire*, Vrin, 1972, trad. espagnol, 1976; T 2 : *Psychologie des attitudes intellectuelles*, Vrin, 1976.

PEDAGOGIE

Ecole et éducation, Vrin, 1957, 4ᵉ édit. 1976, trad. italien.
La culture générale, Vrin, 1960, 3ᵉ édit. 1964.
Filosofia y politica de la education, Nova, Buenos Aires, 1966. .
Autour de l'élève, 1968, Vrin.
L'étudiant périmé, Vrin 1968.
Psychologie de l'éducation, Vrin 1970.

HISTOIRE DES DOCTRINES

Les grands pédagogues (avec 12 coll.), PUF, 1956, 6ᵉ édit. 1980, trad. grec, espagnol (5ᵉ édit, 82), portugais, brésilien.
J.J. Rousseau, sa philosophie de l'éducation, Vrin, 1962, 2ᵉ édit. 1970.
Montaigne, philosophe, psychologue et éducateur, Vrin, 1964, 2ᵉ édit. 1971.
Pauline Kergomard, O.M.E.P., 1975.
Les grandes psychologies modernes (avec 3 coll.), Mardaga, 1977, trad. espagnol.
Les grandes psychologies dans l'antiquité, Vrin, 1978, trad. portugais.
La psychologie de l'enfant en langue française (avec 11 coll.), Privat, 1979.
L'intelligence ou les intelligences, Mardaga, Bruxelles, 1983, p. 232.

DIVERS

Brindilles, recueil de comptines et étude (en coll. avec Mme Château), Colin, 1950, 6ᵉ édit. 1974.
Le chemin de Clarabide, suite de nouvelles montagnardes, Arthaud, 1970.

PSYCHOLOGIE ET SCIENCES HUMAINES

Jean Château

l'humanisation
ou
les premiers pas
des valeurs humaines

PIERRE MARDAGA, EDITEUR
2, GALERIE DES PRINCES, BRUXELLES

© Pierre Mardaga, éditeur
37 rue de la Province, 4020 Liège
2, galerie des Princes, 1000 Bruxelles
D.1985-0024-33

Pour ma part, je situe le problème des valeurs humaines comme l'objet prioritaire de la science dans la décennie à venir, avant même les préoccupations plus tangibles comme la pauvreté, l'énergie ou la pollution.

Roger Sperry (1983)
prix Nobel de Médecine 1981

*L'Amour pour principe
et l'ordre pour base;
Le progrès pour but.*

A. Comte

L'homme vit premièrement d'amour et de gloire.

Alain (Les idées et les âges, IV, 96)

Avant-propos

> *Je ne veux jamais être obscur, et quand je le suis, — je veux dire: quand je le suis pour un lecteur lettré et non superficiel — je le suis par impuissance de ne pas l'être.*
> P. Valéry (L. à A. Lafont, cité Pléiade, I, 1634)

Cet ouvrage, — comme celui que j'ai publié récemment sur l'intelligence, est ce que je nommerais un ouvrage de recherche. Il est vrai que son plan général et ses trois parties (sur la synthèse du Je, sur la notion de l'ordre et sur l'Autre) répondent à un très ancien projet — lié à des travaux d'ordre plus scientifique et expérimental — mais au fil des années cet ancien projet a pris un autre sens et revêtu un autre aspect. Jadis il se serait seulement agi d'un ouvrage isolé sur le trépied de l'âme enfantine, et aujourd'hui encore le présent ouvrage répond à cette préoccupation plus psychologique et par là il se suffit à lui seul. Cependant, parce que j'ai été amené à élargir des travaux psychologiques vers une vue plus philosophique, il peut aussi être envisagé comme l'un et sans doute le dernier élément d'une construction plus vaste qui s'achève aujourd'hui. Et, sous cette perspective, il n'est pas inutile de donner quelques précisions qui éclaireront quelque peu mon attitude en replaçant la recherche qui suit dans son cadre temporel.

J'avais, en 1972, consacré un ouvrage au *Malaise de la psychologie*, en essayant de montrer les erreurs et les manques qui viciaient alors trop de travaux dans ce domaine et d'ouvrir un peu les fenêtres pour aérer la maison. Mais une telle critique n'aurait guère eu de valeur si je ne m'étais efforcé d'opposer à cette négation une vue plus positive, et d'esquisser, face à des recherches trop en mosaïque ou, du moins, trop limitées, des conceptions plus amples, des synthèses qui, en s'appuyant sur elles, donneraient un sens plus solide aux détails des multiples analyses.

J'eus un jour l'occasion — et alors que se dévoilait de plus en plus dans mon esprit l'ouverture prévue — d'exposer comment une vision assez complète et assez approfondie de l'enfance pouvait seule et devait fournir les bases d'une philosophie en général (*Enfance*, 1980, 3-30). Cela n'impliquait évidemment pas qu'on pût s'en contenter mais, pour n'être point suffisante, cette condition n'en était pas moins nécessaire car on ne peut guère philosopher sur la destinée ou sur les valeurs humaines si l'on n'a point d'abord bien exploré le terrain sur lequel construire. Or, depuis Darwin, le problème a changé complètement d'aspect — et il est remarquable qu'avant Darwin, Jean-Jacques, ayant commencé à prendre cette piste dans un discours et surtout dans l'*Emile*, l'ait quittée et ait enlevé son sens profond à l'*Emile* par sa *Profession de foi* —, il n'est guère sage aujourd'hui de s'appuyer sur des bases métaphysiques, substance, Dieu, ou néant. L'humanisme, à l'époque de «*Lucy*», ne peut partir que de l'homme, de la naissance et de l'aurore de l'homme. Pour lui, le problème fondamental est devenu celui de ces changements qui s'opèrent au niveau de la «couture», comme disait Montaigne, ce niveau où apparaît l'*Homo sapiens sapiens* dans la lignée ou dans le nourrisson, où se dessine un animal tout neuf et comme marginal par rapport à l'animalité. Où un détachement — et parfois même un arrachement — crée des valeurs et des institutions spécifiques. Si l'axe métaphysique âme-corps a perdu ses valeurs, c'est cependant cet axe, ailleurs transféré, tordu et prolongé, qui reparaît dans un axe d'hominisation puis d'humanisation qui suit à la fois la vie de l'espèce et celle de l'individu.

Ces remarques préliminaires permettront au lecteur de comprendre pourquoi et en quoi cet ouvrage peut paraître négliger ce qui, à d'autres yeux, constitue les valeurs fondamentales. Il ne s'agit point des pulsions primaires, la bouffe, la baise, la baraque ou la bataille, dont l'histoire et les développements occupent surtout les réflexions sophistiquées sur l'homme et l'humanité : ou bien ce sont problèmes encore au-dessous de la couture qui nous intéresse, problèmes de valences, non de valeurs ; ou bien ce sont problèmes d'histoire et de sociologie qui prennent généralement leur appui sur les préoccupations et les réseaux sociaux de l'adulte contemporain. Une philosophie fondamentale ne peut, par contre, que chercher pourquoi et comment cette sorte de matière première, que nous connaissons par des sciences biologiques et éthologiques, a pu être triée, malaxée, sculptée pour en constituer les valeurs et les institutions humaines. Il faut, en premier lieu, se pencher sur les débuts, sur les «premiers pas», se demander quels facteurs et quelles transpositions ont opéré ce modelage dans l'espèce et dans les individus. Ce sont les sciences du début, psychologie de l'enfant, préhistoire, ethnologie des peuples sauvages, etc., qui peuvent, à des degrés divers et chacune selon ses modes, nous fournir la solution.

Encore faut-il infléchir parfois la direction de ces recherches. Par exemple on ne trouvera guère d'appui pour une philosophie fondamentale dans la psychologie, si l'on ne cherche en celle-ci que la genèse des structures rationnelles qui constituent l'entendement et la science des adultes d'Occident. Il est nécessaire d'oublier d'abord, autant que faire se peut, nos préoccupations, nos désirs, nos rêveries, nos forces et nos manques d'hommes du XX siècle. De nous détacher des morales et des politiques qui sont les nôtres, qui sont trop les nôtres. Il faut se garder de réduire le psychisme humain à des traits culturels, et même si ceux-ci s'avèrent extrêmement répandus : les anthropologues contemporains nous ont montré combien il était facile d'errer sur cette voie, car toutes les organisations sociales que nous avons connues et étudiées restent encore bien plus complexes, bien plus structurées, bien plus rationalisées qu'on ne l'imaginait. Pour prendre un appui valable, il faut tenter de descendre encore plus bas, au-dessous de ces structures même, de ces «universaux du langage» et de ces «universaux du groupe social» sur lesquels, à travers le structuralisme et ses apparentés, ont, dans les dernières décennies, été accumulées de magnifiques recherches [1].

Souvent ce but nous est indiqué par ceux qui, dans le passé, ont su ne pas se laisser envaser par les lourdeurs institutionnelles, je veux dire par ces grands sages qui ont à la fois sondé et élargi l'esprit humain. Leur pratique m'a de plus en plus aidé à préciser et éclairer mon projet; aussi n'hésiterai-je pas à faire parler Platon, Montaigne ou Lao-Tseu: ils parlent mieux que moi.

Ce vaste projet ne m'est d'ailleurs apparu, je dois le dire, que peu à peu à mesure qu'il prenait consistance dans mes cinq derniers ouvrages; et c'est pourquoi ceux-ci changent progressivement de ton, plus psychologique dans les premiers, plus philosophique dans celui-ci. Après cette sorte de mise en place méthodologique et doctrinale qui, dans *Le malaise de la psychologie*, avait déblayé le terrain j'ai d'abord projeté et écrit une suite, intitulée *La route et la maison*, en quatre parties. Les deux premières parties, «Départs» et «Errances», furent publiées en 1972 sous le titre *Les Sources de l'imaginaire*. La troisième, concernant les «Ancrages» de notre pensée, éditée en 1976 sous le titre de *Psychologie des attitudes intellectuelles*, était encore en majeure part contenue dans le domaine de recherches psychologiques poursuivies dans mon laboratoire par les chercheurs de mon groupe.

La quatrième partie, plus ouverte et écrite trop vite, m'apparut, lorsque les autres eurent été publiées, comme une esquisse qui demandait plus de réflexions et de préparations. Elle aboutit donc dans mes tiroirs — où elle fut rejointe bientôt par des recherches préliminaires pendant plusieurs années; il n'en reste que quelques passages remaniés et distribués dans les deux ouvrages sur l'intelligence et les valeurs. De ces travaux sortit un nouveau projet, plus ambitieux en apparence mais en fait beaucoup plus modeste.

M'en tenant à la philosophie que je dirais «fondamentale», et laissant de côté toutes les philosophies «appliquées», la multitude des philosophies qui considèrent religions, politiques, histoire, éducation, morales, théologies, sports, arts, etc., je m'attachai à une *philosophie génétique*, en distinguant, à la suite d'un Kant qui m'a toujours été présent, une «analytique des prises» qui seule me concernait, et une «Dialectique des œuvres» qui faisait entrer en jeu telle ou telle époque, telle ou telle culture.

La première, plus formelle, était une «sorte de logistique», par rapport aux stratégies et aux conduites humaines; elle fournissait les matières et les forces en jeu au niveau humain, à partir de la «couture»; elle montrait comment ces éléments avaient la puissance de constituer des structures, de s'intriquer dans des «treillis» comme disent mathématiciens et sociologues. La seconde, tenant compte des coordonnées spatio-temporelles, s'épanouissait en multiples et changeantes conceptions, aussi bien en études fécondes qui creusaient valablement notre histoire qu'en idéologies non vérifiables; elle demandait, à chaque fois, dans chaque direction, des prises et des matières spéciales : on ne peut concevoir une philosophie politique tout à fait de la même manière dans l'ancienne Athènes et la moderne Moscou.

M'en tenant donc à la seule analytique des prises, je distinguai encore plusieurs directions, dont les plus séduisantes — et sans doute les principales correspondent à l'ouvrage précédent sur «*L'intelligence ou les intelligences*» et à celui-ci. Je ne prétends point avoir couvert par là tout le champ possible dans cette analyse de la «couture», et encore moins l'avoir assez approfondi. J'ai fait ce que je pouvais faire pour le moment, laissant à d'autres plus jeunes et mieux informés le soin et la peine d'aller plus loin et plus profond à partir de données scientifiques nouvelles.

Pour moi, ayant achevé ma tâche en consolidant de mon mieux ces bases d'une philosophie génétique, je ne pourrais plus guère que m'amuser, quand je serai d'humeur joyeuse, à lancer en l'air quelques cerfs-volants à l'ancienne mode, tout en sachant combien plus rapidement monteront les navettes du siècle prochain, et en souhaitant qu'elles soient, sinon peut-être aussi modestement ambitieuses, du moins aussi éprises de la vieille sagesse et soucieuses avant tout d'être inoffensives.

Mais n'est-ce pas déjà poser le problème des valeurs primitives?

NOTE

[1] Il ne s'agit évidemment point ici de critiquer d'aussi beaux travaux que, entre autres, ceux d'un Lévi-Strauss: notre ligne est parallèle à la sienne. Mais, parce que nous partons de plus bas, nous tenons à marquer plus clairement que nous considérons d'abord les «attitudes» (plus ou moins larges), dont les «structures» ne sont que des marges situées dans les institutions ou les langues. Nous procédons ainsi à partir d'une «*psychologie des attitudes intellectuelles*» qui donne son sens aux travaux de psychologie de l'enfant que nous avons conduits pendant nombre d'années.

Chapitre 1
Aspects des genèses des valeurs

Je ne crois pas au bien, je crois en la bonté.
Grossmann (Vie et destin, 653)

I. PREMIERS PROBLEMES DE GENESE

1. L'absolu sans valeur

«Rien ne vaut» dit notre adolescent. Mais qu'est-ce que ce «vaut»? Je ne comprends guère.

D'abord il me semble que cela n'a pas le moindre sens que de parler ainsi; je puis y voir un symptôme de dépression, de lâcheté, de maladie, de malheur, non point l'expression d'une pensée. C'est regret de ne point trouver de valeur et par là c'est affirmation que l'on reconnaît la notion de valeur. Et comment la reconnaîtrait-on si l'on n'en avait fait l'expérience, si l'on n'en avait en soi-même senti, reconnu l'existence? Contradiction dans les termes donc, et moins pensée que glissement. Sottise.

«Rien ne vaut plus» dit le vieillard, et c'est mieux dit, ou plutôt moins mal dit, car la valeur est reconnue comme ayant existé, comme ayant correspondu à une ancienne expérience. Et, sans doute, en ce cas, vaudrait-il mieux dire: «Rien ne vaut plus pour moi». Ce serait plus sage que d'engager les autres dans cette négation individuelle. Et une seule solution s'imposerait alors à cette philosophie d'Hégésias; heureusement les actes démentent d'ordinaire ce qui n'est en réalité qu'un appel — sinon pourquoi le proclamer à tous vents?

«Rien ne vaut» ou «Rien ne vaut plus», c'est toujours là finalement philosophie de fin de monde, et notre chienlit soixante-huitarde ou lassée ne fait que renouveler les croyances folles des millénarismes, en leur enlevant l'espérance de quelque rédemption. Pourtant ces philosophies de fin de monde ne peuvent sortir du néant, elles ont des arguments, elles ont des causes. Il faut bien reconnaître, car c'est là lieu commun, que nos valeurs sont bouleversées, que de partout des béliers frappent les murs de notre antique forteresse. S'il ne s'agissait que de politique ou d'économie, nous pourrions bien rappeler que jadis on a vu aussi bien lorsque déferlaient les Aryens ou les hordes de Gengis Khan, lorsque sont apparus la ville, les plantes cultivées, le cheval, le feu; notre histoire, dès ses premières heures, est pleine de ces renversements souvent brutaux auprès desquels nos prétendues «révolutions» ne furent que jeux simplets. Mais les béliers frappent aujourd'hui aussi des murailles qui semblaient d'acier. Au milieu des inventions qu'ils nous ont données, à la veille de la «guerre des étoiles» et à l'heure des sciences-fictions d'hier, nos physiciens ne peuvent même nous dire si le monde est ouvert ou fermé ou s'il y a eu quelque chose avant le «big bang»; nos questions mêmes, nos classiques antinomies paraissent n'avoir plus de sens. D'un autre côté biologistes et généticiens nous promettent une autre forme de vie et déjà, pour décider de leurs intentions, il nous faudrait une bio-éthique qui se bâtit dans les nuages: on ne demande plus à quel moment l'âme entre dans le corps ou en sort, mais du coup on n'ose plus parler des droits de l'âme ni même de l'âme; et la «matière» porte encore moins de valeurs sûres. Devant nous, c'est une multiple coupure, jalonnée ces années-ci par des problèmes neufs nés de techniques liées à la reproduction et à la naissance. A croire que toute nature humaine s'est enfuie, avec nos absolus renversés. A croire que l'existence même de l'espèce est désormais en jeu. On ne peut même plus, comme jadis à Rome, se demander si, sous de nouveaux noms, ce ne sont point d'anciennes divinités qui reviennent sur le devant de la scène. Rien ne va plus; même l'homme n'est plus qu'un animal comme les autres et à traiter comme les autres.

Cependant, j'aime mieux ce «Rien ne va plus» que le «Rien ne vaut» ou le «Rien ne vaut plus». C'est alors dire comme le croupier de nos casinos, et parler des hasards de l'existence humaine. C'est se référer non plus aux seules valeurs, mais à l'existence, cette inconnue, et par sa nature même inconnue. Ce n'est plus le même désespoir, on peut encore repartir peut-être, même si pour l'heure on n'y voit guère. C'est faiblesse, et c'est regret; cependant l'espoir se cache le plus souvent par derrière, fragile, mais tenace.

Pour ma part je n'aime guère cette négation des valeurs, même par cette passagère faiblesse de laquelle nous sommes tous plus ou moins menacés. Il ne s'agit point de dire avec le Stoïcien: «Tout ce que tes saisons m'apportent est pour moi fruit, ô Nature», ou d'invoquer la Providence et l'éternelle et absolue Justice qui récompensera le misérable. C'est là accrocher d'abord les valeurs trop haut, se consoler du malheur réel par un bonheur imaginaire venu de quelque Autre — et cela vaut tout autant pour celui qui se sacrifie à sa Cause, plus dangereux encore aux hommes que celui qui se contente des simples et humbles devoirs quotidiens. En ce domaine-là, comme dans tout ce qui touche à l'existence humaine, point d'absolu est la règle fondamentale. Ni pour les valeurs, ni pour les sciences, ni pour la taille ou la longueur de la vie, ni pour l'amour. Cette transformation de l'indéfini humain qui demande un pas à faire pour chaque progrès ou chaque plaisir, c'est acte, c'est conquête, c'est succès; au lieu qu'un absolu ne peut jamais être qu'éprouvé, donné, mort. Nous n'avons jamais que des cadavres de dieux: en quoi le christianisme — comme les autres religions de salut — est par son dieu mort un bien beau symbole. Le salut dépend de notre cœur, de notre «thumos», non de notre voltigeant esprit.

Par où je reviens à cette poitrine qui fournit le souffle vital, l'énergie essentielle, ce que les Grecs, Homère ou Platon, avaient bien compris et exprimé avant que la boule chrétienne ne vienne renverser leurs quilles. Non que, à vrai dire, le christianisme ait toujours méprisé la science, mais il ne donne point à la science du corps la moindre chance. Que le mépris du corps ait trouvé quelques limites dans le peuple et ses jeux, puis dans la chevalerie moyenâgeuse, cela est sûr, mais ce n'est point dans ces crânes trop vides que se pouvait faire aucun progrès de la science du corps. Il faudra que viennent la Renaissance et les libertins (et même cet immense Montaigne, avec ses calculs et son courage). Alors se posera le problème de la source des valeurs sur un plan qui ne sera plus complètement le plan de l'absolu. Alors apparaît Don Juan, et, même s'il semble parfois diabolique, c'est un homme.

Il y a à écrire une histoire des attitudes envers le *thumos*, qui éclairerait fortement l'histoire des valeurs. Pour ma part, je me contente de ces quelques notations sans prétention, car elles me conduisent là où je voulais en venir.

Dénier l'absolu aux valeurs sans en donner les sources, c'est les laisser en l'air, dans les *Nuées* d'Aristophane. C'est en effet ce que l'on constate généralement chez tous les athées jusqu'au XIXe siècle, de Lucrèce à Voltaire. Admirables sont les efforts d'un Descartes (dans les *L. à Elisabeth*) et surtout d'un Kant pour constituer une philosophie plus autonome des valeurs. Admirables ceux qui, au XVIIIe siècle et jusqu'à nos jours, luttent pour les droits de l'homme sans pouvoir justifier rationnellement ces valeurs de l'Homme. Mais toujours l'on sent un manque : pourquoi, si l'on écarte les religions de salut (comme le christianisme, le judaïsme ou l'islamisme), se laisser conduire par ces valeurs suprêmes de l'homme? Au moins, et Nietzsche l'a exprimé mieux que quiconque, dans ces religions l'homme pouvait participer d'une création divine d'un caractère tout spécial; il était à l'image de Dieu. Mais l'on ne peut croire, même sans une étude exhaustive, que c'est là la source des droits de l'homme pour un Diderot, un Helvétius, un Marx ou même un Voltaire, encore moins aujourd'hui, pour la plupart des moralistes et politiques qui considèrent le problème (mais combien sont-ils?). On dirait que le bateau du respect d'autrui continue seulement sur son erre, après s'être détaché de la nef de Dieu qui l'entraînait.

On invoque, certes, la Raison, mais je ne vois point où celle-ci peut trouver une prise en cette affaire, à moins d'en rester à la position cartésienne de l'égalité du bon sens chez tous les individus, ou même — rêve stupide — de s'accrocher à une égalité des intelligences et des données qui les sous-tendent. En réalité, ces explications ne visent qu'à rationaliser des opinions et dogmes antérieurs. On le voit bien lorsqu'on considère l'histoire en France de cette morale civique et laïque qu'avait voulu instaurer la IIIe République: une sorte de néo-kantisme l'inspire, bien sensible chez les philosophes de ce temps-là, doctrine dont la fragilité a facilement cédé devant les assauts d'une sociologie moralisante (aussi bien Durkheim que Marx) et d'un renouveau religieux. Péguy, Durkheim, les marxistes, autant de fossoyeurs d'une morale laïque qu'ils tentent cependant de justifier.

C'est que ces justifications ne valent guère: en réalité, elles ne font que ramener sur la scène, derrière un masque, le Vieil Absolu des Valeurs. Nietzsche, le destructeur, renversera tout cela dans le domaine philosophique. Et les guerres atroces qui vont suivre ne justifieront que trop son attitude.

2. Les sociologies

Faute d'Absolu et de Dieu, on ne peut plus qu'invoquer le simple contrat utilitaire, les besoins d'une société. Mais la Société est encore plus sujette à ces rejets que le Père; en fin de compte d'ailleurs n'est-ce point au Père qu'elle emprunte sa valeur, à ce Père qui pendant l'enfance, transmet les demandes et ordres venus de la Société? Ce sont là réalités bien et même bien trop connues.

Le seul remède est de chercher ailleurs. De chercher plus bas encore. De ne pas commencer par un Autre qui peut être rejeté justement parce qu'il est autre. De partir des profondeurs les plus intimes de la personne, de faire remonter à la conscience et d'éclairer des valeurs premières qui soient indubitables. Des valeurs qui ne puissent plus être mises en doute parce qu'elles sont inhérentes à notre être, sans être cet Absolu qu'est le Dieu intérieur, cet étranger en nous; des valeurs venues d'ailleurs garderont toujours une origine étrangère, elles ne seront jamais totalement assimilées. Si l'Autre ne m'est pas intérieur, et s'il n'a ma fragilité, s'il n'est situé en mon centre, pourquoi l'accepterais-je ? Ce n'est plus alors qu'un faux Moi, une habitude (un habit) contraignante ? Il n'est pas même besoin de pousser la prudence jusqu'au doute cartésien pour renier cette falsification.

La grande erreur des cinquante — ou cent ? — dernières années qui s'achèvent sans gloire morale, c'est d'avoir trop versé dans le sociologisme, d'avoir remplacé le Dieu unique par la Cité. D'avoir, à l'instar de Rousseau ou de Hobbes, imaginé que les valeurs sociales et même, pour une part majeure, les valeurs personnelles dépendaient d'une sorte de contrat implicite. On l'a bien vu avec la morale, aujourd'hui bien oubliée, d'un Bourgeois, le grand moraliste de la IIIe République qui mettait franchement la «solidarité» à la base des valeurs sociales. C'était tenter de recréer un Dieu unique à l'aide d'éléments multiples. Morale de raisonneur ou de politique, plus de la raison que du cœur. Or, redisons-le, c'est du cœur qu'il faut partir, du cœur de l'homme, du *thumos*.

La genèse du cœur, voilà le vrai problème. Or, souvenons-nous d'abord de ce principe capital de la génétique, aussi bien biologique que psychologique, c'est que le neuf n'est jamais qu'un nouvel enchevêtrement et qu'une nouvelle poussée de l'ancien ; il n'y a jamais de construction intégrale [1]. En bref, créature pure, ce ne serait jamais accouchement, genèse, ce n'est là que du rêve. Et les valeurs sont plus contraignantes que le rêve.

C'est donc vers les premières psychologies qu'il nous faut revenir. Vers la psychologie de l'animal qui nous fournira déjà certaines valences couvrant certaines pulsions, mais aussi et surtout vers la psychologie de l'enfant depuis les plus lointaines origines.

Dans notre époque politicienne et revendicatrice, on porte trop l'accent sur le social et pas assez sur l'individu : dès lors échappe ce qui constitue l'individu lui-même. Par une sorte de fascination du groupe, on en vient à croire et à professer que l'intelligence, le Moi (disons mieux ici : le *Self*), les principes logiques et les affections, ne peuvent venir que du groupe. L'aberration actuelle mène même à nier par de toutes petites raisons l'existence d'un instinct maternel, ou plus généralement l'existence de quelque nature humaine. Heureusement que les progrès récents des recherches sérieuses («scientifiques») nous découvrent autre chose. [2]

Il est trop facile de prétendre qu'est social tout ce qui requiert pour son achèvement une action sociale : il y a longtemps que la considération de ces enfants que l'on dit « sauvages » (*wolf-children*) avait conduit le psychologue sans préjugés à l'idée que « l'hominisation » biologique a besoin d'être complétée par une « humanisation » sociale. Mais cela ne peut suffire, c'est trop couper entre le biologique et le social, il faut recoudre.

Il n'est point besoin ici de faire entrer en jeu quelque providence cachée, quelque volonté dissimulée dans les gènes (comme, renouvelant l'élan vital bergsonien, l'avance, la sociobiologie dont la vogue nous est venue d'outre-Atlantique); il suffit de se souvenir que l'enfance humaine — comme celle de tous les animaux nidicoles — reste longtemps liée à la mère, et que cette liaison est en outre facilitée, et même permise, par des acquisitions des lignées antérieures qui ont été inscrites dans notre stock génétique par le simple jeu des facteurs de l'évolution. Les études récentes portant sur l'attachement mutuel entre mère et bébé nous commandent de jeter un pont entre biologique et sociologique et même de mettre au premier plan dans la genèse des valeurs ce domaine bio-psychologique qui se découvre lentement aux yeux émerveillés des chercheurs.

3. La norme morale

Ne nous engageons cependant point encore dans une étude des généalogies des valeurs qui est aujourd'hui à notre portée. Auparavant il est nécessaire d'aborder un problème très classique sur lequel a toujours buté l'appel à ce que l'on a voulu considérer comme une morale « scientifique »; il concerne la valeur d'une norme.

Un fait, dit-on, n'est pas une norme. Mais qu'est-ce donc qu'une norme ? Il est de tradition philosophique de bien séparer la norme morale de la contrainte physique, le devoir des mécanismes. Nous ne pouvons complètement accepter cette distinction dès que nous avons réintroduit les genèses biologiques dans notre vue philosophique; la philosophie génétique trouve ici l'un de ses terrains privilégiés : elle doit nous conduire à dire qu'entre la faim la plus brutale et le plus noble des devoirs, il y a continuité. L'exemple de l'amour maternel est sans doute le plus frappant sur ce point, car d'une part l'on sait quelles bases glandulaires (bien étudiées en particulier chez les mammifères supérieurs), quelles sécrétions endocrines expliquent la montée des premières conduites maternelles, et d'autre part on voit bien qu'il nous faut distinguer des niveaux de complexité et comme de rationalité en cette affaire : tout psychologue, tout romancier, tout historien, sait quels abîmes séparent, chez une mère, les diverses manières d'aimer son enfant, combien l'amour maternel peut varier d'une population à une autre, d'une classe sociale à une autre, d'une époque à une autre, d'une littérature à une autre, d'une religion à une autre. Certes ces variations ne peuvent cacher le tronc commun, l'attachement duel, et il faut bien reconnaître que ce qui valorise les amours maternelles, ce peut bien être tel ou tel aspect social, de la préoccupation démographique d'une nation guerrière à la sublimation chaste de la Vierge-Mère chrétienne, mais c'est d'abord et surtout la valence primitive, la pulsion sauvage qui ne demande aucune explication : « parce que c'est mon fils », cela dit déjà tout. Et point n'est besoin ici de littérature ou de philosophie, même si, en certaines périodes, l'une ou l'autre (ou une certaine religiosité) ont pu tenter de refouler l'amour primitif vers des lieux inférieurs : de telles exceptions, jamais très étendues, sont inévitables autant que rares.

Il y a dans cette montée de l'amour maternel vers des valeurs supérieures quelque chose d'étrange pour notre époque où triomphe la réduction sociologique. On y voit bien les groupes sociaux, chacun à sa manière, reprendre la ligne fixée par une évolution biologique qui remonte dans notre lignée, à des millions d'années — si l'on considère l'émergence de premières ébauches dans des groupes animaux antérieurs même aux Mammifères, ces derniers ayant cependant donné par le mode alimentaire du petit une importance toute particulière à la conduite maternelle. C'est là un domaine où l'on ne peut nier que l'homme ait une nature biologique qui retentit amplement sur ses appréciations du monde. On pourrait certes faire les mêmes remarques à propos de la sexualité — qui remonte encore plus haut dans les millions d'années — mais le passage de la valence pulsionnelle à la valeur humaine m'y semble moins claire, malgré son évidence, peut-être parce que se trouvent possibles en ce domaine des variations (polygamie ou monogamie déjà variables selon les espèces animales, homosexualité, etc.) beaucoup plus importantes dès la base biologique (et certaines clairement liées au stock natif des gènes). On pourrait même suivre la montée des valeurs à la fois sexuelles et alimentaires, depuis la sorte de chasse que réalisent certaines bactéries, jusqu'à cette chasse de Dieu et cette manducation divine que présente la communion sous toutes ses formes dans les multiples religions: l'Amibe n'annonce pas le Fidèle, mais il se trouve le préparer.

Or, lorsque, cette fois, l'on considère chez l'homme non plus l'attachement maternel, mais les pulsions sexuelle ou alimentaire, thermique ou même antialgique, on découvre une telle part du social qu'on en vient aisément à faire disparaître le fondement biologique sous la couverture sociale. Remarquable est, de ce point de vue, le glissement de la plupart des psychanalyses à partir d'origines prétendues biologiques — on connaît les déclarations célèbres de Freud concernant son biologisme — vers des préoccupations au plus haut point psychosociales. En réalité, il faut, pour comprendre les valeurs, bien tenir les deux bouts de la chaîne et se demander comment cette chaîne peut se trouver là.

Ni le biologique, ni le social ne suffisent s'ils sont isolés, car les isoler c'est cacher l'essentiel, la force évolutive qui provient des modifications de toutes sortes; c'est nier qu'il y ait du jeu dans le biologique et même par la suite dans le social, c'est oublier le *thumos*.

Si nous restons au niveau humain, l'évolution des valeurs est ainsi comparable à toutes les évolutions. C'est comme un jet d'eau éclairé aux multiples colorations, plus homogène à sa base et de plus en plus diversifié à mesure que s'écartent les gouttelettes; mais celles-ci restent toujours de la même eau, bien qu'autrement colorée par les lumières extérieures (les interventions sociales).

On ne peut s'en tenir là complètement, car le métaphysicien nous dira que ce n'est nullement la même eau, que valeur est autre chose que valence et que pulsion. Que les valeurs sont conscientes, intentionnelles. Qu'elles s'enchaînent et forment des systèmes grâce auxquels nous unifions nos activités. Qu'elles ne valent que dans le domaine humain d'une vie représentée, structurée, projetée. Que tout autre chose, et cela s'impose, est un simple mobile ou un motif raisonnable. Une valeur, c'est plus qu'une vague motivation, c'est un appel entendu et accepté, ou plutôt (mais au fond cela revient au même) une ligne que l'on se donne, un devoir, une consigne morale. Qui parle de valeur parle de conscience morale et sociale, de rites et de cérémonies.

Mais la genèse des valeurs est de fait. La valeur, si elle transcende la simple valence, émerge peu à peu au cours d'une montée de l'être vivant, lorsque celui-ci, fort de son activité, de son *thumos*, dirige lui-même sa conduite. La valeur apparaît essentiellement comme un être de qualité nouvelle même si une bonne part de sa matière est empruntée. C'est cette montée, cette création que nous tentons de suivre.

II. LA QUALITE DE VALEUR

4. Lignes générales

Nous allons donc tenter de suivre la montée des valeurs à partir des valences en prenant plusieurs pistes à la fois. Cela s'impose parce que la mutation dont il s'agit n'implique point seulement un unique caractère nouveau, mais plusieurs — qui certes ne sont point complètement indépendants — et qu'il est sage de les considérer quelque peu à part. Bien plus, ces distinctions peuvent se faire selon des dimensions différentes ou plutôt des axes différents. Le premier axe concerne la qualité même de la valeur, j'aurais la tentation de dire la qualité de vérité des valeurs. Le second concerne plutôt leur matière, si l'on peut parler ici de matière — il faut alors le faire comme l'entendait Aristote, d'une manière toute relative, par rapport à la forme supérieure, et non à la façon des matérialistes plus récents qui ont cherché dans la Matière une sorte d'absolu à opposer à un Esprit.

Cette qualité spéciale des valeurs qui va nous intéresser peut, disions-nous, être comme une vérité. En effet, valeur et vérité, bien loin d'être des absolus, ne sont que deux aspects d'une même réalité ou mieux d'un même être. C'est pourquoi il y a une certaine vérité de la valeur, pourquoi l'on discute de l'authenticité de la valeur, de son ordre, pourquoi l'on peut procéder à une certaine déduction des valeurs comme le font non seulement un Spinoza mais le moins philosophe de nos concitoyens. Inversement toute vérité contient en elle une certaine valeur; il n'est point nécessaire que cette valeur soit une valeur pour ainsi dire quotidienne ou morale, car il est des vérités qui valent seulement en tant que vérités, parce que l'homme, dans l'indéfini de ses horizons humains, ne peut que faire une place à toute information, à tout savoir; ce n'est pas sans raison que le mathématicien parle de ses «valeurs». Platon déjà a bien vu cette identité foncière du Vrai et du Bien; son Dieu, dans sa toute bonté, géométrise; et ses successeurs ont perdu beaucoup de temps et d'énergie jusqu'à nos jours dans une recherche des rapports entre valeur et vérité, Bien et Vrai, parce qu'ils ne pouvaient en l'affaire disposer de prises solides, de points d'appui pour leur raisonnement trouvés dans l'expérience la plus sérieuse.

C'est à leur suite donc, mais en nous référant à d'autres bases que nous pouvons aujourd'hui progresser en ce domaine buissonneux. Une philosophie génétique dispose en cette fin de siècle d'autres points de vue, d'autres instruments de travail, d'autres matériaux que Platon ou Spinoza; d'autres prises aussi que les sociologues qui ont, au siècle dernier et dans le présent siècle, voulu reconstruire l'humanité à partir de vues trop limitées et trop statistiques de l'individu humain.

Disons d'abord — nous aurons occasion d'y revenir souvent — que la valeur s'affirme dans un acte, c'est l'acte qui la crée et la désigne, disons mieux qui la contient. Etudier les valeurs, à moins de vouloir se perdre dans les nuages, c'est d'abord étudier les actes premiers. Or ceux-ci ne prennent de réalité, n'ont une forme, que s'ils acquièrent une certaine constance. Cette constance ne se situe pas toujours au même niveau, parce qu'elle vaut tout autant pour les valences animales. Cependant il y a avantage à insister maintenant sur cette constance et à tourner un peu autour d'elle avant de progresser, car il est évident, pour peu qu'on s'y arrête, que cette constance elle-même est l'une des premières valeurs, puisqu'elle assure la valeur même de toutes les valeurs. Se poser, avec les philosophes politiques, le problème des valeurs aussi bien sociales qu'individuelles, c'est d'abord poser cette constance, et la poser avant même toute hiérarchie, car comment hiérarchiser des fluides, des fuites, des êtres qui échappent à nos prises ?

A l'opposé de la valence, la valeur est être et non-être à la fois, ou plutôt même et autre, car elle suppose un engagement personnel, même s'il n'est encore qu'ébauché. La constance des valeurs se différencie de la constance des Formes, qu'elle continue, par un aspect intentionnel, par une discrimination consciente. Pas de valeur sans possibilité d'une contre-valeur, la droite suppose la gauche, et Dieu suppose un anti-Dieu, il n'y a point de dieux sans diables. Suivre une valeur, c'est toujours courir un risque, avoir du jeu et savoir qu'on a ce jeu, qu'on pourrait suivre une autre valeur. Le simple rituel est ici impuissant à faire accéder au domaine des valeurs, car il reste essentiellement passivité, il ne fait que marquer la route en exerçant les ensembles neuro-musculaires. C'est la consigne, et elle seule, qui peut ouvrir en même temps la route vers les valeurs, les rites et les risques. Aussi, et par la suite, vers les actes d'autonomie, mais nous n'en sommes pas encore là. Revenons maintenant aux origines chez l'individu.

5. Les reprises

L'étude de la toute petite enfance a heureusement beaucoup progressé, surtout dans les deux ou trois dernières décennies; elle a réussi assez souvent à se dégager quelque peu des brumes d'un behaviorisme trop strict et des phantasmes de la plupart des psychanalyses. On s'aperçoit d'abord que le nouveau-né est beaucoup mieux pourvu qu'on ne le pensait. Non seulement il a fallu peu à peu avancer la date d'apparition de nombre de conduites et activités cognitives, du sourire à la perception du visage humain ou aux divers aspects de l'attachement à la mère, mais l'on a pu, dans les premières semaines, noter une survivance de modes de conduite acquis dans la lignée depuis bien des siècles (par exemple, les restes des conduites de déplacement brachial de nos ancêtres arboricoles). Souvent, au lieu de se développer progressivement, ces ébauches s'estompent quelque temps, comme si quelque Nature avait fait un premier essai (par exemple, les esquisses de nage, d'agrippement et même de marche), et elles ne reparaissent que plus tard et cette fois à l'appel de l'Adulte. Tout se passe comme si la conduite, devenue grâce à l'évolution comme spontanée, était pour ainsi dire réinventée et cédait la place à une conduite plus intentionnelle, plus sociale et plus efficace. Mais il n'y a pas le moindre doute que, dans ce processus bizarre, tout se passe comme s'il s'agissait en quelque sorte de reculer pour mieux sauter, comme si la conduite finale profitait de la spontanéité structurée antérieure, comme si elle reprenait et achevait dans des conditions plus profitables — et plus ouvertes — l'ébauche spontanée. Un peu comme si, pour changer de vitesse, dans une automobile, il était nécessaire, faute d'un automatisme spécifique, de marquer quelque peu l'arrêt afin d'éviter que des pignons non synchronisés ne grincent.

J'emploierai volontiers ici le terme de *reprise* dont usaient les automobilistes : tout se passe comme s'il y avait une reprise du biologique par le social. Sans doute peut-on dire que le social opère le relais du biologique, mais ce relais ne va pas de soi, il est marqué par une sorte de coupure et de choix, par la mise en jeu d'une intentionnalité; c'est à un autre niveau, dans un environnement psychologique différent, que s'épanouira l'ébauche spontanée qui dépendait du stock acquis par la lignée.

Quel avantage à cela? Au premier abord, plus d'ouverture, mais aussi plus de sûreté. Au simple conditionnement endogène se surajoute une structure consciente qui facilite les corrections : une sorte de projet esquissé coiffe, couvre et, s'il le faut, guide les séquences des gestes. Parce que la marche du bébé est visiblement souhaitée, attendue par le public adulte, parce qu'elle participe d'un modèle et d'un encouragement, elle dépassera la simple acquisition qui est le niveau animal de l'apprentissage, elle sera colorée d'une sorte de teinte de succès devant un public (et devant soi-même); il y a ici, notons-le en passant, une ligne qui mène vers l'affirmation du Je qui succèdera. De plus, et par les mêmes raisons, la séquence des gestes sera plus ouverte parce que commandée non plus par une simple coutume mais par une attitude plus générale, non par un processus neuro-musculaire enregistré plus ou moins profondément mais par une vue antérieure de la séquence en jeu, de la Forme construite : la représentation n'est pas loin.

6. L'épaississement

Ce caractère d'arbitraire qui apparaît alors se montre clairement, dans certains aspects de l'acquisition par une sorte d'*épaississement* d'anciennes esquisses : celles-ci peuvent rester assez secondaires, même si elles guident l'achèvement d'une conduite essentielle. Nous avons insisté parfois (*Enfance*, 1962, pp. 223-262) assez longuement sur ce point à propos de la préférence pour l'une ou l'autre main. L'usage plus fréquent de la main droite pour ce que j'appellerais le chant manipulatoire (la main gauche jouant alors comme la basse — le point d'appui) s'explique seulement dans notre civilisation par une sorte d'important coefficient social placé devant une très légère tendance, à peine sensible dans les conduites primitives des individus de notre lignée (enfance, préhistoire, anthropoïdes en font foi). On peut évidemment discuter ce choix fait précisément de la main droite, mais on ne peut discuter le fait qu'une préférence manuelle, ou plutôt qu'une spécialisation de chaque main, est inévitable pour des raisons d'efficacité, et qu'elle éclaire la création de certaines valeurs car pour le droitier il est bien sûr que la main droite devient porteuse de valeurs. Et la main gauche de même, mais d'autres valeurs.

Or cette sorte d'épaississement par l'action sociale d'une esquisse biologique souvent très légère correspond à un processus assez général. Il en est de la formation de nos conduites un peu comme de la propagande électorale ou publicitaire : on est quasi toujours amené à «forcer un peu la note» dès qu'il ne s'agit plus de chercher mais de convaincre les autres individus ou ses propres muscles; dès qu'intervient, même sous sa forme la plus élémentaire, une infime esquisse de projet, de représentation de l'acte à venir, il y a en nous une certaine hypocrisie, un mensonge à soi. Notre comportement humain ne peut qu'il ne donne du relief à certains traits majeurs indispensables, mais il agit de même souvent envers des traits mineurs (comme cette manière de mettre en ordre dont je reparlerai, d'après Cazayus, en un autre chapitre). Il peut arriver d'ailleurs, par la suite, que cet épaississement d'un trait mineur soit utile : il y a parfois avantage à être gaucher (certains joueurs de tennis), il y a avantage à pouvoir disposer d'une manière d'ordonner (comme le savent bien tous les documentalistes à un plan plus élevé). Peu importent ici la la main ou le mode de classement; il est bien évident que l'activité manuelle est beaucoup plus efficace s'il y a une division du travail, constante entre les deux mains, et des stratégies de manipulation. N'oublions point cependant que cet avantage donné à des régulations assez arbitraires peut avoir des conséquences imprévues et majeures. Peu importe, semble-t-il, le dieu pourvu qu'il permette de commander une organisation du groupe et des conduites individuelles; ce qui compte, c'est essentiellement l'organisation et les rituels qui lui donnent sa puissance. Il est cependant des dieux plus cruels que d'autres, et les valeurs qui naissent de la ritualisation, comme de tout épaississement des conduites, ne seront pas exactement les mêmes si elles sont coiffées par telles ou telles divinités.

N'exagérons cependant pas les effets seconds de cet épaississement par lequel nous procédons à une «appropriation» de nos conduites et de nos organes. Le plus remarquable ici est sans doute que ce seul processus est créateur des valeurs supérieures, que la matière de l'épaississement, son occasion, compte souvent moins que les valeurs d'appropriation elles-mêmes. L'important pour l'ordre — nous y reviendrons au chapitre 3 — est moins dans un *certain* ordre que dans *l'ordre* — bibliothécaires et ménagères le savent bien. Or il en est de même pour les valeurs qui sous-tendent la famille et d'abord pour l'amour maternel et l'amour filial. L'important pour le bébé n'est pas toujours d'avoir telle ou telle mère — biologique ou adoptive — mais d'avoir une vraie mère, je veux dire une mère telle qu'entre elle et lui puissent prendre de l'épaisseur, en se ritualisant, des conduites qui créent des valeurs de premier ordre, attachements filial ou maternel qui sont interdépendants comme l'on sait (et la même remarque vaudrait sans doute inversement aussi quelque peu pour une certaine indifférence de tel ou tel enfant aux yeux de la mère adoptive, comme en témoignent les adoptions à tous les niveaux, de Kamala, adoptée par les loups, à l'enfant officiellement adopté).

Nous sommes ainsi amenés à distinguer entre les occasions des valeurs et leurs rôles plus profonds. Telle main, telle mère (parfois même tel fils, si quelque confusion d'enfant se fait à la maternité), ce n'est pas le principal. Ce qui compte surtout, c'est le processus de l'épaississement dans telle ou telle ligne; telle mère, telle main préférée, cela est seulement inévitable; mais n'est point secondaire, en revanche la création d'un outil manuel efficace ou l'attachement à la mère.

7. Valeur et réalité

Nous touchons ainsi à un aspect inhérent à toute valeur, bien que variable d'une valeur à une autre, à ce que l'on pourrait nommer peut-être sa *présence* (ou, sur un plan social, son poids intérieur, son autorité). Cette vivacité du concept de la valeur, cette manière dont il s'impose à nous rappelle ce que Hume disait de la vérité des idées, notons-le en passant. Or n'est-ce pas là aussi l'un des deux critères par lesquels nous distinguons le réel de l'imaginaire, l'autre critère étant une cohérence des représentations (qui trouverait ici son pendant dans les hiérarchies de valeurs)? Rien d'étonnant à cela, car toute valeur est au plus haut point une réalité, et d'autant plus qu'elle est plus prenante, plus impérieuse, à tel point qu'à la limite nous en faisons un absolu, ce comble de la valeur et de la réalité. Ne l'oublions pas, dans cette direction aussi, la légende, comme disait Valéry, est plus vraie que l'histoire.

A vrai dire, ces deux critères ne valent — notez le mot — point seulement pour la réalité, ni même seulement pour la valeur, ils valent pour la vérité, ils valent pour l'Etre. Avec eux et par eux nous retrouvons les vieux problèmes des platoniciens et des théologiens. Comme si, autour de l'être, de l'être réel, s'étaient entrelacés des fils divers en une multiple spirale; comme si l'être ne pouvait se séparer du réel, de la vérité et de la valeur.

Or, nous y reviendrons car c'est là que se situe principalement l'humanisation, il ne se peut non plus séparer de l'imaginaire. Ce sont là les fils d'une même mère, la pensée représentative qui prolonge (et analyse en la prolongeant) la conscience naïve antérieure. Fruits donc d'une même genèse, d'un même accouchement, et comme des faux jumeaux. Ce qui explique qu'on ne puisse juger d'eux correctement si on les prend trop tard, dans une vieillesse marquée par les chutes, les avatars, les mutations; qu'il les faut prendre dès leur naissance. Seule la philosophie génétique peut donner un sens et une solution aux antiques problèmes.

Même lorsqu'il s'agit de cette «présence», de cette actualité vivace dont nous parlions tout à l'heure, on voit vite que son importance suffit rarement à fonder une valeur. On le sait bien aujourd'hui, et l'on ne cesse d'y insister (voir par exemple, E. Morin dans son *Pour sortir du XXe siècle*), non seulement le témoignage, comme l'avaient signalé les psychologues des alentours de 1900, mais aussi la perception la plus quotidienne dépendent d'une certaine vision large de choses, d'un complexe d'attitudes affectives ou idéologiques qui suppose, postule, implique, perçoit une unité du monde. Sans nous perdre dans les analyses et observations sociologiques qui sont particulièrement probantes ici, rappelons combien la «présence» même des choses dépend d'une sorte de cohérence de nos représentations, — le premier critère du réel n'étant point totalement indépendant du second. Telle est pour nous la profonde signification du célèbre argument cartésien du rêve. La présence ne s'élève au niveau d'une certitude du réel et de son existence que si elle s'appuie sur tout un réseau de relations, si elle s'enfonce aussi dans un sol où elle peut prendre racine, si elle ne reste point isolée, perdue comme ce grain de sénevé tombé sur du granit. Si, comme Piaget l'a bien signalé, l'enfant éveillé croit parfois en son rêve, s'il lui donne une valeur de réalité, c'est parce que le réseau des attitudes représentatives n'est pas encore assez serré autour du réel et ne le cerne point suffisamment pour fournir cet horizon de réalité — et aussi d'existence dans beaucoup de directions — qui conforte la vivacité perceptive. L'argument cartésien du rêve consiste en fait à briser par le doute méthodique ce réseau, à casser tous les fils qui font des images un monde de réalités —

et aussi d'existences, la plupart du temps. L'effet du doute n'est métaphysique qu'en apparence, il s'agit là d'une technique psychologique qui profite des fissures possibles dans l'unité du monde réel; le Dieu trompeur cisaille les câbles qui retiennent le réel, au point de le ramener au niveau du rêve.

Laissons pour l'instant de côté le problème capital que pose cette unité du monde; remarquons seulement qu'elle ne peut se fonder solidement sur de simples associations d'images — Kant aurait dit des «jugements de perception», comme dans le célèbre texte des *Prolégomènes* —, il y faut des jugements situés au niveau de la pensée représentative, au niveau de cette synthèse qui crée et utilise des valeurs dont nous tenterons sans doute de faire un peu le recensement. De tout cela plus tard.

Reste plutôt l'intrusion dans le domaine des valeurs de cette unité que crée la synthèse représentative. C'est qu'en effet aucune hiérarchie des valeurs ne se suffit à elle-même; elle suppose le jeu des attitudes intellectuelles ou affectives et des représentations. Comme il n'est point de monde sans que nous lui ayons prêté une unité, il n'est point de valeur qui ne soit *engagée* dans ce monde, qui n'implique une cohérence avec un réel perceptif et social.

8. Valeur et existence

A partir de là on peut sans doute distinguer deux types de valeurs, et comme deux types de «présence». C'est ce que l'on signifie ordinairement en séparant des valeurs closes et des valeurs ouvertes. Mais la base de cette distinction est d'abord dans leur fondement, leur source, plus que dans le processus d'épaississement, de conquête d'une présence. La croyance, la foi même, procèdent toujours du même pas — qui est aussi celui de l'endoctrinement et de l'apprentissage — mais les voies suivies divergent peu à peu, et parfois l'on ne sait trop s'il s'agit de valeurs réelles — fondées — ou de fausses valeurs.

Sans doute peut-on, en un sens, dire que toute valeur est fausse dès qu'on cherche l'absolu. Que tout est question de temps et de lieu: «plaisante justice qu'une rivière borne» disait déjà l'autre, bien avant que Durkheim ou Nietzsche n'aperçoivent les mêmes chemins. Mais Pascal possédait son absolu et, en suspendant les valeurs supérieures à cet absolu, il rabaissait toutes les autres — même les monarchiques, comme l'on sait — si bien que, Dieu mort, il ne resterait plus grand-chose. C'est compromettre trop le domaine des valeurs.

Cette intrusion de l'Absolu ne se manifeste point seulement dans des attitudes d'ordre religieux ou social, mais jusque dans nos valeurs les plus quotidiennes lorsqu'elles s'épaississent de telle sorte qu'elles deviennent closes à toute entrée d'arguments ou de sentiments neufs. C'est là ce «durcissement du cœur» dont parle la Bible et qui donne comme une réalité abstraite et absolue à des croyances diverses (aussi bien : mon neveu est un fainéant, que : Allah est grand). Dans les «âmes mortes», épaisses et lourdes de matière, dans ces âmes de granit ou de fuyante boue, dans ces âmes homogènes, s'installe ainsi comme un autre monde, celui qui, coupant l'univers en deux comme le font les jeunes enfants suscite plus de démons et de péchés que d'anges et de vertus. De telles valeurs — si l'on peut encore user de ce mot — restent cependant en l'air. On ne pourrait les comparer mieux, dans leur dureté et leur abstraction, qu'à ces paroles gelées dont parle Rabelais. Ce ne sont plus que dogmes et préjugés, programmes vains et êtres de mots vides de sens, même s'ils guident notre sectarisme.

Que des valeurs ne puissent prétendre rester ainsi dans un éther aussi brillant que vide, cela est bien sûr : elles n'auraient plus aucun valorisant ni aucune valeur. Et cependant, il faut prendre garde qu'il en est bien souvent de la sorte, au moins en apparence. Disons même que le plus souvent nous n'usons que de valeurs (et de vérités) acquises que nous n'avons ni le goût, ni en général le temps, de discuter; il y a d'ailleurs là, en général, autre chose qu'un simple effet d'une coutume passive; rappelons que c'est, repris de Montaigne, l'esprit des célèbres règles de la morale provisoire de Descartes. Il n'est point raisonnable de tout raisonner, il est généralement salutaire d'assumer les valeurs sociales et les choix passés, de donner la première place en soi-même au On que nous avons intériorisé et épaissi sous la pression du groupe. Entre une passivité qui conserve sans s'en rendre compte, une sagesse qui justifie dans l'action la conservation de certaines valeurs, et une contestation anarchique qui ruine toute société, il y a bien des passages et bien des niveaux; il ne faut point appliquer sur ce point un aveugle manichéisme; selon l'occasion nous avons besoin de vivre à l'un ou à l'autre étage, comme disait encore Montaigne. Non seulement pour nous-même mais aussi par respect des autres.

A cela servent, nous l'avons déjà rappelé, les rites et cérémonies — non point les dogmes qui étouffent toujours. Mais, même lorsqu'on insiste autant qu'il en fut longtemps la mode sur les facteurs sociaux en jeu, il faut bien, à un moment ou à l'autre, retrouver un point d'appui. C'est ce que nous fait bien sentir une analyse de la distinction entre le réel et l'imaginaire et une étude des liens qu'ils ont tressés. A trop vouloir prêter à l'impact social, on en viendrait aisément à le voir lui-même comme l'effet de facteurs complètement arbitraires, et uniquement de ces facteurs. Or ce serait là oublier qu'il faut toujours un fondement à l'édifice, même si ce fondement est caché sous les fleurs. Derrière un mythe religieux, il est possible de chercher toujours bien autre chose que de purs rêves, il y a des réalités qui ont été senties comme présentes, comme insistantes, comme contraintes, le soleil, le ciel, la montagne, le cycle des saisons, la procréation humaine, l'aliment, le sexe, bien d'autres encore dont sont entrelacés les mythes et les rites. Dire cela, c'est rappeler cette évidence que même l'imaginaire ne serait point tel s'il n'avait appelé le réel et ne lui avait sans cesse emprunté; à la racine de toutes les folies des religions, des surréalismes ou des fantastiques, il y a des existants. Et ceux-ci sont d'autant plus sensibles si la croyance dans les imaginaires n'est point simple poésie ou rêverie, mais cette certitude que réclame le mythe et cette quasi-certitude que réclame l'action quotidienne, elle aussi pour une bonne part constituée d'imaginaire — d'une sorte d'imaginaire des réalités, que présentent le souvenir ou les trous perceptifs.

Point de valeur, dirons-nous encore, sans une base existentielle, quelque lointaine qu'elle soit. Si l'on ne réintègre l'existence dans le monde des valeurs, celui-ci s'échappe en fumées. Autrement dit, les premières valeurs restent celles qui sont fondées sur l'existence, et sur la présence des existants. C'est là la racine, ou même la radicelle, par où monte la sève, et, s'il est vrai qu'elle ne peut dire en rien la taille de l'arbre, sa courbure sous le vent social, sa santé ou sa fragilité, ni sa durée de vie, si à la vue des feuilles et des fruits on ne décèle point la radicelle première, c'est par là que tout débute. Ou, pour revenir plus directement à notre propos, ce sont les valeurs d'existence qui sont le germe. Nous dirions tout aussi bien les vérités d'existence, mais mieux vaut encore user du terme de valeur, car s'il y a souvent erreur sur la vérité, il n'en peut y avoir sur le vécu existentiel qui constitue la première valeur, ou plutôt la valence primitive.

Que l'existence soit un type de vécu, cela est bien connu depuis les analyses des phénoménologistes et existentialistes, mais ce n'est là qu'un aspect de l'existence; il y faut ajouter la contrainte. Exister, c'est dépendre, dit bien Alain, mais c'est aussi et par là même se prêter à l'action. Le plus clair exemple d'existant, c'est ce «porte-moi» ce sol qui soutient la *Jeune Parque*: «ô dureté précieuse, ô sentiment du sol», mais aussi qui nous contraint, qui ne s'ouvre pas à nous comme l'air dans lequel nous pouvons sauter. Et c'est parce que cette contrainte est aussi point d'appui que la valeur peut émerger de l'existence. Parce qu'il y a toujours un certain jeu des choses, jeu qui n'aurait aucun lien, aucune raison d'être si en même temps ces choses ne nous résistaient.

Lorsque nous parlons de la qualité de la valeur, c'est donc aussi la notion d'existence ou plutôt le sentiment de l'existence que nous faisons entrer dans notre pensée. Point de valeur dans une contrainte intégrale, mais aussi, en ce cas, point même d'existants. Le monde n'existe et ne nous fournit des valeurs que parce que nous pouvons jouer avec lui, parce qu'il nous résiste le plus souvent sans nous écraser. C'est lorsqu'il éprouve le rocher du pied ou de la main que l'alpiniste rencontre dans sa réconfortante résistance l'existence de la montagne : il parle alors d'une *bonne* prise : c'est valeur.

C'est pourquoi tant de valeurs, et d'abord les plus primitives, nous paraissent attachées à des existants, êtres vivants ou choses inertes. Notre univers d'existants est aussi et d'abord un univers de valeurs, non seulement parce qu'il a une existence vraie, et, si l'on peut dire, une valeur d'existence, mais aussi et surtout parce que chaque plage d'existence, comme la plage colorée d'une peinture, emporte sa valeur propre. Sans doute l'œil du spectateur saisit-il d'abord tout le tableau d'un unique regard dans lequel les valeurs forment un ensemble, cette tache rouge mettant en valeur un fond gris et répondant à une tache orange plus large qu'il équilibre, mais la valeur du rouge n'est point celle du gris, et à chacune de ces deux couleurs correspond une attitude bien différente. Ainsi chaque objet fait éclore en nous une attitude et une valeur, et ce qui ressort le plus dans le paysage d'ensemble de notre univers perçu, ce sont les valeurs originales que le psychologue attribuera en nous à des pulsions ou des intérêts différents (alors que nous attribuons immédiatement ces valeurs aux objets eux-mêmes).

Notre univers lorsqu'il cesse d'être un tissu de phénomènes, lorsqu'il devient un tissu coloré de couleurs chatoyantes plus ou moins éclatantes, nous présente par là en premier lieu une sorte d'ensemble de valeurs à ras de sol, comme s'il n'y avait dans le monde que des valeurs basses, des fleurs rampantes. C'est plus tard, semble-t-il, qu'interviennent, par le jeu d'une synthèse progressive et d'une émergence lente de latences sourdes, des valeurs plus élevées. Ou, pour mieux dire et reprendre nos expressions antérieures, c'est lentement que les valences disparates se haussent lentement dans un réseau plus ou moins serré de valeurs représentées. Il nous faut tenir compte à la fois des valences à ras de terre qui sont le lot de l'animal, et du passage, grâce à l'activité représentative, à des valeurs supérieures. Or, dans cet immense travail qui s'est opéré en chacun de nous dans les aurores de nos vies, intervient un facteur de réorganisation qui a toujours séduit le philosophe.

Le passage des valences aux valeurs, ce changement de qualité, ne se peut sans plusieurs conditions:
1. Une ouverture possible, disons encore du jeu ou des degrés de liberté.
2. Un dessin en pointillé, et comme des régions d'ombre et de couleurs diffuses, qui attirent l'activité: nous voulons parler ici des attitudes amples — non des pulsions animales — qui introduisent à l'humanité et aux valeurs. C'est là, nous paraît-il, dans ces «propensions» originelles de l'enfance, que se trouvent

les facteurs constitutifs et comme les matières premières de toutes les valeurs humaines. En abordant maintenant la matière des valeurs et leurs genèses, nous ferons en sorte de garder toujours dans notre horizon ces deux dimensions, l'une de jeu, d'ouverture, de liberté, d'élan, et l'autre de concrétude et d'existence qui guide l'élan premier et lui permet de se réaliser.

III. LA MATIERE CONSTITUTIVE DES PREMIERES GENESES

Lorsque l'on se penche sur les genèses des valeurs, ce qui complique les choses, c'est qu'il y a au moins deux sources de niveau inégal. L'une doit être cherchée dans les réalités qu'étudie le psychophysiologiste et dont rêve le psychanalyste, c'est-à-dire dans les valences posées par les pulsions primaires: nous laisserons leur étude de côté. L'autre provient des activités organisatrices qui jouent sur ces valences mais aussi sur elles-mêmes, et c'est la psychologie de la petite enfance qui peut nous les fournir: nous y verrons les valeurs premières, les valeurs humaines, parce que c'est par leur intervention qu'apparaissent les autres valeurs, ce sont elles qui, s'appliquant aux pulsions primaires, leur confèrent une valeur à la fois sociale et personnelle.

Prenons l'exemple des valeurs alimentaires. Il n'est certes point question d'écarter de la matière des valeurs les valences portées originellement par le goût le plus spontané; mais il convient seulement de rappeler après Lévi-Strauss que ces valences prennent une tout autre signification, sont hissées au niveau humain, lorsque l'intervention de l'adulte ou d'expériences assez tardives leur confère une place dans un système des valeurs alimentaires: la censure adulte («c'est sale»), les conseils du médecin plus tard, les modes selon les siècles et les peuples sont en ce sens les véritables créateurs de valeurs.

Descendons donc au plus bas niveau de l'activité humaine, et considérons les genèses avec l'aide à la fois de la psychobiologie et de la psychosociologie de l'enfant, ou plus simplement de la psychologie de l'enfant qui ne doit ni ne peut écarter biologie ou sociologie, car en son cœur l'enfant humain est, dès sa naissance et même avant sa naissance, un être à la fois biologique et sociologique, de manière inséparable.

Je me suis souvent demandé quels étaient les points essentiels dans l'étude de la petite enfance. Il est trop hardi de vouloir faire naître le niveau humain d'un seul facteur; mais il est aussi trop facile de multiplier les facteurs. Soyons plus sages et, comme nous l'avons fait jadis (Préface de *L'Enfant et ses conquêtes*, p. 11) mettons en relief trois directions essentielles qui constituent comme un trépied de la psychologie de l'enfant: l'élan humain, l'ordre et l'Autre. Vingt-cinq années passées depuis que nous avancions ces vues nous ont amplement confirmé que, hors de ces trois directions, il ne restait plus guère que des activités sous-humaines, même si elles étaient aussi importantes que celle de notre cœur. Puisqu'il nous faut suivre un schéma de recherches, suivons donc celui-là sans oublier, et ce serait difficile, que ces trois facteurs sont intimement liés et que, dans l'étude de l'un on retrouve toujours les deux autres par quelque biais: au fond ce ne sont sans doute que trois facettes d'un même organisme [3].

9. Sens d'un dualisme

Nous l'avons déjà signalé, il n'y a point de valeurs originelles et comme une raison pratique a priori; il n'y a jamais à l'origine que des valences liées aux pulsions primitives et aux diverses tendances qui en naissent. C'est là aujourd'hui une idée assez commune, et il est remarquable que la psychanalyse ait dû tenter de déduire de la libido toutes les valeurs supérieures, ce qui, nous le savons, a contraint ses adeptes à d'impossibles acrobaties intellectuelles [4].

Il n'est guère possible, en effet, de ramener toutes les valeurs aux simples besoins du corps, et d'expliquer les conduites de liberté seulement par des complications de ces besoins. Tout le passé de la réflexion humaine s'inscrit en faux contre une tentative aussi folle. Il serait absurde de rejeter aussi rapidement toutes les philosophies et les religions du passé, sous prétexte que, de la considération des valeurs supérieures, elles ont tiré des métaphysiques et des théologies surannées: derrière les métaphysiques, le besoin métaphysique demeure, comme le remarquait Kant, et ce besoin prend appui sur une reconnaissance de faits que les simples besoins n'expliquent point.

Comment donc comprendre ce besoin métaphysique et la construction des valeurs humaines qui s'ensuit? Nous ne pouvons faire appel ni aux pulsions ni à quelque a priori spirituel. Vouloir, comme certains l'ont récemment suggéré, remettre au premier plan de la scène un ensemble de structures a priori sous prétexte que ces structures se retrouvent dans nombre de mythes et de croyances à travers les cultures les plus variées, c'est simplement constater, non expliquer. Poser ainsi des structures universelles sans en reconnaître la genèse, c'est reconnaître l'existence d'une nature humaine incontestable, se contenter d'écarter une impossible négation de l'homme qui fut la mode, pendant un temps, chez les ethnologues et sociologues; mais, ce retour à plus de sagesse n'avance guère l'explication, il ne fait que déblayer un peu le terrain; derrière le structuralisme, une explication génétique s'impose.

Ce que, sur ce point, la psychologie récente nous apporte de neuf, c'est la reconnaissance chez l'homme de forces qui ne peuvent plus être assimilées aux pulsions animales, même s'il s'en trouve quelque vague esquisse chez les animaux supérieurs. C'est le fait que l'homme possède et a su nourrir et développer en lui une puissance d'aller plus avant, des ouvertures vers le risque, des horizons ouverts à son activité mentale — et par là à son activité pratique, à ses entreprises. On hésite à user à ce propos du terme, trop usé par les philosophes, théologiens et politiques, de liberté. Mais, sous cette notion de liberté, ce qui était caché, soupçonné, signifié, ce n'était au fond rien d'autre que cet élan humain dont la source ne réside point en quelque âme indivisible à la Descartes, mais dans certains arrangements et dérangements de nos cellules nerveuses dont la psychophysiologie commence à entrevoir la nature.

Que finalement toutes les valeurs supérieures soient valeurs de liberté, c'est ce qu'ont dit bien des philosophes. Mais, dans la perspective d'une liberté purement spirituelle, il est bien malaisé de faire naître une valeur de la liberté qui, par sa nature propre, ne supporte aucune spécification — et c'est pourquoi, par exemple, Descartes est tiraillé entre la liberté infinie de l'homme et les valeurs qui viennent de Dieu. Mais il n'en est plus de même lorsque cette liberté n'est plus qu'une puissance, parmi d'autres, d'un organisme bio-psychique pris dans un environnement matériel et social, ou plutôt part de cet environnement, disons d'un être-au-monde (et non dans-le-monde, ce qui serait tout autre chose).

A côté des valences animales apparaît alors une valeur de liberté, correspondant aux possibilités d'aller plus avant, de risquer, de conquérir. En un sens, sous cette perspective, il n'y a aucune valeur si l'on ne considère que l'élan humain : toutes choses se valent, tout est permis. Mais cet élan, ainsi considéré, ce ne serait que l'impulsion instable de la folle du logis, il n'y aurait là qu'errances d'une imagination qui peut rejeter comme une aliénation toute condition de sa propre efficacité. A la limite, c'est la folie du schizophrène — qui, d'ailleurs, reconnaissons-le, est aussi un privilège humain, mais qui, par son développement, s'annule elle-même. L'élan, s'il veut rester élan, ne peut que continuer à être un élan-au-monde. S'il est incontestable que cet élan se distingue des pulsions libidineuses par le fait qu'il n'est point spécifié comme elles, qu'il est plus formel, il n'en reste pas moins que cette forme exige une matière, que l'élan fuse en quelque direction, se donne lui-même un but, se cherche des obstacles dont triompher[5]. C'est par un usage abusif de notre pouvoir d'aller plus avant que nous faisons de ce pouvoir lui-même une sorte d'absolu; c'est là le pervertir, le vicier, et la liberté ainsi obtenue n'est qu'une liberté aberrante, celle du schizophrène pour qui le monde n'a plus qu'une existence de nuée. Il y a là un glissement facile dont la philosophie a souvent usé et qu'elle a bien souvent dénoncé : c'est lui qui mène au monde platonicien des Essences, mais aussi à ce sage parfait des Stoïciens qui n'a jamais existé, et à cette liberté illimitée du cartésianisme qui n'est que le leurre d'une folle indépendance.

L'homme est ainsi fait, que, oubliant le réel et ses équilibres, il se jette aisément aux extrêmes, tantôt suspendant tout son être à la pointe inefficace d'une indépendance totale, tantôt au contraire l'intégrant dans le réseau serré et invincible des mécanismes et des besoins. Philosophie classique et psychanalyse commettent ainsi, en sens inverse, la même faute de déviance, oubliant tantôt l'un tantôt l'autre des éléments constitutifs de notre être.

Il y a un certain dualisme humain, cela est sûr, et nous ne pouvons nous contenter de renvoyer les excès conceptuels — et moraux — auxquels a donné lieu le dualisme, comme s'il ne s'agissait là que de pures rêveries. Derrière ces rêveries il y a une réalité, une tension de l'homme entre deux types de force, une sorte de déchirement. Si une théorie monarchique de notre être est impliquée dans la simple conscience du Je, il n'en reste pas moins que cette théorie reste insuffisante: le Moi nous met en présence d'éléments parfois opposés, souvent disparates, il nous révèle des forces diversement orientées. Or ce qui est vraiment nôtre, en un sens, c'est plus ce Moi quelque peu «bigarré», distendu entre deux pôles, qu'un Je qui ne trouve sa réalité que dans le Moi concret.

C'est ce dualisme que nous retrouvons sans cesse sur notre route, sous des expressions diverses, et, en étudiant les sources du Je, nous avons tenté de montrer qu'il provenait de l'existence parallèle de deux types de forces qui parfois se rapprochent et parfois s'écartent les unes des autres. D'une part cet élan qui provient sans doute de la vigilance générale; d'autre part cet ensemble de besoins et de contraintes qui proviennent de notre organisme et de l'environnement matériel ou social, forces qu'il faut accorder, synthétiser.

Certes ces deux sortes de forces, si elles apparaissent parallèles en l'homme, n'ont point le même âge ni par là des natures semblables. Un organisme de niveau assez élevé peut fort bien croître et s'adapter au monde sans faire intervenir l'élan représentatif. Celui-ci n'est, si l'on considère la longue évolution du phyllum humain, que l'une des inventions qui ont facilité cette évolution, comme le nerf, le poumon, la main. Parmi les fonctions nouvelles apparues à chaque étape du développement du phyllum, et qui se sont avérées favorables, l'élan représentatif n'est qu'une fonction entre bien d'autres. Il marque une étape comme jadis l'unité organique déjà réalisée par le système nerveux, ou la conscience, ou la manipulation. Son apparition comme celle des autres fonctions antérieures, a causé un certain remaniement du stock antérieur, une réorganisation, et, comme les précédentes, elle s'est inscrite dans une réorganisation du système nerveux et cérébral. Mais elle présente un caractère nouveau d'importance, car elle permet la naissance d'une sorte de monde nouveau, d'un monde mental, dont l'accrochage au monde existant reste parfois assez lâche, d'où cette bipolarité et ce dualisme apparent qui a frappé tous les penseurs, et qui est l'un des facteurs constants de notre vie quotidienne.

Ainsi s'est posé le problème d'un équilibre ou, mieux, d'un accord aussi indispensable que difficile. Il est certes possible que l'accord se fasse par élimination de la fonction nouvelle, par un retour à l'équilibre animal, par une négation de l'humanité. En ce cas les seules difficultés seront les heurts entre de simples valences venues des besoins, ou entre ces valences et les contraintes existentielles: tous les problèmes posés à l'intelligence animale sont de ce niveau, et certains déficients en restent aussi là. Mais il n'est point si aisé à un organisme humain de refuser l'esprit: quoi que j'en veuille, il est toujours là, à m'aiguillonner, à m'inquiéter et, même lorsque je veux l'écarter, c'est encore de lui que j'use en vue de cette fin. Tout homme normal est impuissant à feinter sa conscience et son intelligence.

On peut encore moins repousser les forces inférieures. C'est là un beau rêve, qui reparaît sans cesse, sous tous les déguisements religieux et moraux, dans les religions de salut. Mais le corps, avec tous ses besoins, n'est point une prison, c'est un instrument actif, un organe dynamique. Lui échapper, ce ne serait finalement que se perdre dans le vide, et en fin de compte perdre son esprit avec son corps. Supprimer toutes les valeurs.

C'est donc à la «couture» — comme disait Montaigne — qu'il faut chercher l'origine du monde des valeurs, comme un incessant compromis, une recherche toujours remise en question, d'un équilibre satisfaisant. Les valeurs humaines ne sont jamais absolument spirituelles ou absolument matérielles, elles ne sont que des mixtes, des composés qui mettent en jeu la route et la maison.

Sans doute avons-nous une propension naturelle à mettre en avant notre puissance de progresser; il n'y a point d'humanité sans cela, que le progrès soit cherché dans une meilleure production du verger ou dans une obéissance plus stricte à une croyance ou dans une ouverture vers des horizons intellectuels. Les valeurs humaines procèdent avant tout de l'élan qui est le privilège de l'homme. Mais cet élan demande des conditions et se heurte à des obstacles.

Il y a des valeurs d'utilité et des valeurs d'idéal, comme on l'a souvent dit. Cependant on ne peut les séparer brutalement car, pour chacune ce qui en fait sa réalité, c'est une certaine fin, plus proche ou plus lointaine, fin qui dépend de conditions organiques et de conditions d'environnement.

Toute réalisation porte en elle sa finalité, même si ce n'est qu'une réalisation en vue d'autre chose. Il y a toute une hiérarchie des fins depuis celle de trouver un morceau de pain à manger jusqu'à celle de réaliser sa personnalité au plus haut degré, et chacune de ces fins ne peut être atteinte que par une certaine unité d'action, dans une vue restreinte à l'intérieur d'une enceinte plus ou moins close. Lorsque je tente l'ascension d'un mont, chacun de mes pas et de mes gestes est bien, en un certain sens, accordé à cette fin, mais il est indispensable que cette fin dernière (du moins pour le moment) se scinde en fins successives et complémentaires. A chacune va répondre comme une enceinte immédiate et des horizons plus ou moins flous. D'abord franchir ce pas difficile, et, pour le franchir, j'ai besoin de toute ma lucidité, de toute mon attention, il ne s'agit plus de rêver au sommet, je dois m'en tenir à la tâche présente. Comme dit bien Alain, le laboureur ne regarde pas au-delà de son sillon. Viendra ensuite sans doute un moment où, ce pas difficile franchi, je pourrai prendre en considération d'autres horizons de pensée et envisager plus largement mon escalade: par cette vire, puis par ce couloir, et enfin en haut. Mais, à chaque moment d'une action, quelle qu'elle soit, je ne puis atteindre l'efficacité que si je me contrains à entourer l'acte présent d'une sorte d'enceinte mentale, à en faire une fin immédiate et souvent presque absolue.

La hiérarchie des fins n'est donc point seulement une sorte de classification ou de généalogie, c'est beaucoup plus, car elle a son origine dans la dualité de la perception primitive, dans la distinction du fond et de la figure qui, selon les moments, est plus ou moins nette. Par là la figure conditionne ordinairement l'idéal présent qui, à un autre moment, sera passé dans le fond, dans les valeurs d'utilité. C'est seulement lorsque je me replie en moi-même et fais des projets et des rêves, que les valeurs se hiérarchisent brutalement.

A tout moment, le problème n'est jamais que de trouver le passage pour l'acte présent, et cette notion de passage nous fournit la clef même de la notion de valeur. Est considéré comme ayant une valeur le point par lequel je puis donner ouverture à mon intention d'aller plus avant, le point de passage à travers l'existence.

Si notre liberté était la liberté pure que nous présente Descartes, il n'y aurait place pour aucune valeur. C'est parce que cette liberté est au monde, parce qu'elle n'est qu'une modalité de notre être bio-psychique pris dans un environnement matériel et social, qu'il y a des murailles qui sont nécessité et des points de passage qui sont valeur. Dès lors on ne peut plus considérer de simples rêves comme ayant valeur, ainsi que dans le roman de science-fiction : la valeur suppose un ancrage, un sol sur lequel avancer.

Ce qui nous leurre ici, c'est cette immense possibilité de rêver des rôles qui est notre privilège humain. Mais, pas plus que l'imagination sans ancrages n'est une véritable pensée humaine, les valeurs d'imagination ne sont de vraies valeurs. Elles ne deviennent telles que par des tentatives de passage à l'acte, que si elles permettent une activité — comme une pièce ou un billet n'ont plus de valeur lorsqu'ils sont périmés.

Ainsi entendue, la notion de valeur se rapproche, il est vrai, de celle d'instrument, mais il est entre ces deux notions des différences importantes. L'instrument est un élément dans l'activité de passage, comme mon bras ou le plan de l'architecte; la valeur n'est qu'une manière de considérer le passage et une modalité prêtée à ce passage. L'instrument est neutre, la valeur est affective.

10. Les trois sources

Il ne suffit pas d'avoir cherché le sens exact du dualisme classique dans notre philosophie occidentale, car ce n'est là que déblayer un peu le terrain. Revenant maintenant plus directement aux genèses, nous comprendrons cependant mieux cette composition des valeurs humaines à partir de trois sources à laquelle nous avons seulement fait une allusion plus haut. Ce ne sont point sources comparables, mais complémentaires et comme éléments pour construire le monument. D'abord un élan, un mouvement en avant, une puissance d'explorer et d'entreprendre, qui manque de matière. Cet élan, moteur de l'imaginaire et du projet, peut se tendre jusqu'à l'absurde et nourrir la folle du logis; mais cette folle n'est point si folle lorsqu'elle s'est, sous quelque guide social, figée en règles de jeu, en rites, en traditions et même en ce continuel souci de respect de soi-même que l'on doit apprendre dans la famille et à l'école. Reconnaissons-le avec Montaigne, par l'effet de ces «orbières» essentiellement sociales, il n'y a guère de folie que l'homme n'ait sérieusement envisagée et dont il n'ait fait une valeur, des folies mathématiques aux folies religieuses et politiques. Le propre de notre élan est justement dans cette capacité de s'ouvrir, de s'adapter et de surmonter, disons même dans cette liberté.

En second lieu, il faut faire intervenir les points d'appui. Que ceux-ci soient indispensables, cela est bien assuré. Aucun acte, et même le moindre moteur, n'échappe à cette contrainte: il suppose, outre la force, la puissance qui le met en mouvement, plusieurs sortes d'appui, et surtout 1- en premier lieu un instrument (organe de chair ou de fer ou de bois) à travers lequel s'applique cette force et dans lequel elle trouve souvent son assise (l'énergie musculaire qui nous est propre se faisant à partir d'une certaine époque, assister et amplifier par des énergies animales ou physiques venues d'ailleurs); puis, 2- en second lieu, un matériau sur lequel agir soit comme matière à façonner, à travailler, soit 3- comme point d'appui au sens où l'on prend ce mot dans la théorie du levier. Nous obtenons ainsi pour le seul point d'appui une division tripartite qu'il nous faudra revoir plus longuement et illustrer mieux. On pourrait à la rigueur, comparer les deux premiers appuis avec les causes efficiente et matérielle d'Aristote. Nous y reviendrons, mais dès maintenant notons que cette comparaison pêche quelque peu parce qu'Aristote envisageait plutôt l'activité créatrice du point de vue de l'objet créé, de la statue, alors que ce qui nous intéresse ici, c'est l'homme en action, c'est le sculpteur. Notre modèle est alors moins le mouvement que le levier en action ou, ce qui revient au même, le muscle du bras en travail, ou, pour mieux dire encore, l'homme qui use du bras ou du levier, l'homme total. C'est aussi dans cet homme total que gîtent la force d'une part — notre premier élément — et le projet d'abord inséparable de l'Autre — notre troisième élément. Et même ce second élément qui est l'imaginaire.

C'est le troisième élément qui pourra donner plus tard la forme arstotélicienne, alors que le premier, l'élan, serait le responsable de la finalité[6].

Le troisième élément implique à la fois le projet et l'Autre, disons, si l'on veut, que c'est essentiellement le projet de l'Autre — ou, pour reprendre une expression que nous avons trop souvent employée, le «faire-semblant» pris dans toutes ses complications, donc la pensée représentative. On peut, en un certain sens, affirmer que ce projet est ce qui caractérise le mieux le passage à l'humain, car il s'intercale entre la poussée organique diffuse et les desiderata plus précis de l'activité humaine — et sociale —, se nourrissant de l'un et de l'autre côté. Chez l'animal on peut bien trouver des esquisses d'élan — et même une créativité limitée — dans certaines activités ludiques ou préludiques des petits ou dans certaines activités d'ordre émotif par lesquelles un animal adulte en vient à retrouver les jeux de son enfance (le chien qui, en début de chasse «fait le fou» dans les luzernes, les jeux sexuels); on peut également y retrouver matériau, instrument et point d'appui (penser en particulier ici au territoire). Mais ce qui manque est cet intermédiaire du projet par lequel se creusent l'espace et le temps et s'échelonnent les horizons, parce qu'avec le projet nous entrons dans le monde de la représentation ou, ce qui revient au même, de l'imaginaire au sens large du mot. Ici comme toujours le progrès des organismes vivants s'opère par une insertion d'intermédiaires et même de mixtes (comme l'entrevoyait le Platon du *Timée*).

Sous ce nom de projets, il nous faut inclure toutes les constructions sociales qui ne sont jamais que des projets figés, même si parfois l'institution ou le rite ne s'est créé que lentement à partir d'une accumulation lente d'activités individuelles ne nécessitant guère de représentation, de projet; en ce cas certes on parlera volontiers, trop volontiers, d'une sorte d'inconscient collectif, mais, n'en déplaise à Jung et à ceux qui le suivent, nous ne voyons point comment une pensée proprement humaine, c'est-à-dire dépendant des facultés propres à l'homme seul, pourrait se dérouler uniquement sur le plan d'un inconscient individuel — et à plus forte raison collectif — sans des incitations primitives venues de la pensée représentative et des retours de cet inconscient vers le domaine conscient en des éclairs qui lui transmettent la chaleur indispensable — et sans lesquels il resterait ordinairement hors de toute connaissance et de toute discussion. Toute transmission sociale suppose à quelque moment une éducation qui ne se réduise point à un conditionnement, car ici le conditionnement lui-même est délibéré, soumis à un projet éducatif. Et, sans vouloir analyser plus, n'oublions point que, sans le langage, nos institutions ne se transmettaient point pendant des générations : c'est que le langage, qui comme l'a bien vu Alain est d'abord art et religion, implique en lui-même à la fois cette célébration et cette commémoration qui donnent valeur à toutes les institutions. Sans le langage, et même les critiques qui contribuent à donner son être à une institution, non seulement tout temple perdrait toute signification (comme aujourd'hui menhirs ou dolmens), mais ce serait le cas de toutes les choses humaines. Le langage est le soutien et le matricule des projets humains. Tout projet se réfère à l'Autre.

Le problème difficile pour nous se précise maintenant un peu plus. Sans doute a-t-il pu sembler parfois que nous tournions un peu autour, que nous nous demandions comment le prendre. Mais c'était surtout prudence, car il est plus sage d'assimiler d'abord un peu mieux les données du problème, aussi bien les buts que les instruments et les appuis dont nous devrons user. Ce n'est point chose aisée que de saisir clairement la manière dont l'élan humain crée des valeurs, ou, si l'on veut, comment la spontanéité primitive prend consistance dans des projets, et même dans des objets de valeur.

NOTES

[1] « L'évolution biologique est ainsi fondée sur une sorte de bricolage moléculaire, sur la réutilisation constante du vieux pour faire du neuf » : dans le texte de Fr. Jacob (*Le jeu des possibles*) dont cette citation est extraite, je retrouve des pensées que j'ai longtemps bercées.
[2] Dans une solide étude sur « les universaux du comportement et leur genèse », le Pr. Eibl-Eibesfeldt, après avoir cité des exemples frappants, en vient à écrire : « je suis à proprement parler fasciné par l'uniformité de l'homme en ce qui concerne ses schémas de comportement social » (*L'unité de l'homme*, coll. Seuil, 1974; t. 1, 238). Plus récemment des linguistes ont pu, faire état, en particulier à propos des langues créoles, d'une grammaire enfantine de base, sorte de « bioprogramme » présent dans toutes les langues créoles (et d'autres systèmes culturels, sous d'autres aspects). Reste qu'il serait hasardeux d'avancer trop loin dans cette direction : il ne s'agit jamais que de certaines « modalités » de l'action verbale ou motrice, non des structures de détail (voir par exemple, Bickerton et Chaudenson, *Pour la Science*, sept. 83).
[3] Longtemps je me suis attaché à ce trépied de la psychologie enfantine. J'ai consacré à l'élan humain et au faire-semblant deux importants chapitres de l'ouvrage cité; j'ai écarté alors l'étude de l'ordre pour des raisons que j'ai dites, et aussi et surtout parce que j'escomptais la publication d'un important ouvrage sur ce point constituant la thèse d'un de mes jeunes amis; celle-ci n'ayant pu être publiée et mes réflexions m'ayant conduit vers des aspects nouveaux que n'avaient pas envisagés Wallon ni Piaget, j'ai plus récemment procédé moi-même à la rédaction — à une nouvelle rédaction, devrais-je dire — d'une étude qui devrait être publiée dans un autre ouvrage.
Certes, pendant tout ce temps qui s'est écoulé depuis ma première rencontre avec l'ordre chez l'enfant (dans ma thèse de 1947), jusqu'à une époque récente (1982), j'ai toujours pensé qu'une étude de cet ordre menait à des applications, donc constituait un ensemble de valeurs (et d'abord pédagogiques, puisque je partais de là). Je dois cependant avouer que c'est seulement en attaquant le présent travail que j'ai été conduit à rapprocher ce trépied de la psychologie enfantine d'une formule que, à travers Alain, j'avais toujours admirée chez A. Comte, la devise célèbre : « L'ordre pour base, le progrès pour but, l'amour pour principe ». Il eût semblé qu'un tel rapprochement s'imposait immédiatement à un psychologue de l'enfant qui avait toujours gardé en une certaine vénération — et longtemps pratiqué — A. Comte ! Hélas...
[4] Le romancier — et poète — pose parfois beaucoup mieux le problème comme dans ce passage de Blaise Cendrars : « ... Comme disait mon épicière de la rue Fabrot, à Aix-en-Provence, en flanquant une rouste à sa petite fille de sept ans : 'Ne crie pas! Tais-toi! Le cul n'a pas d'âme! ...' » (*Emmène-moi au bout du monde*, p. 148).
[5] C'est là retrouver, dans une perspective organique et concrète, l'équivalent de cette unité a priori du kantisme qui ne peut avoir de réalité par elle-même, qui exige une matière à subsumer. En faisant disparaître l'âme, en la rejetant du côté des noumènes simplement entr'aperçus par la raison, Kant ne prend plus en compte qu'une forme liée à l'intuition, une forme-au-monde. Mais cette forme, qui ne joue que dans le temps du schématisme, reste impuissante à expliquer le monde des valeurs, et la *Critique de la Raison pratique* reste en l'air.
[6] Il est toujours bon de retrouver sur son chemin les pistes déjà tracées par les Aristote, les Montaigne, les Alain ou quelque autre grand explorateur de nos valeurs. C'est un encouragement lorsque l'on se risque sur des chemins qui semblent non frayés. Mais nous retrouvons aussi les ambiguïtés qu'ils avaient déjà soupesées. Par exemple ici même l'assimilation globale de notre force d'élan avec la cause finale reste discutable, car la cause finale est aussi, peut-on prétendre, dans notre troisième élément, cet élément protéen qui implique aussi bien l'Autre que le projet, sans doute parce que

tout projet implique au fond l'Autre et que tout Autre nous dispose à un projet qui le concerne — sinon ce ne serait point un Autre, ce ne serait rien. Notre analyse, du fait qu'elle peut s'appuyer sur des données d'ordre génétique, est sans doute plus efficace que l'analyse statique des anciens philosophes. Signalons encore avant de quitter ce point que, comme notre troisième élément, notre premier élément rassemble en lui des aspects de deux des causes aristotéliciennes, la cause efficiente par sa capacité de réalisation, et la cause formelle parce qu'elle reste, plus que les autres éléments, dégagée de la matière, qu'elle est Vulcain en face du métal liquide ; mais elle peut aussi apparaître formelle parce qu'elle met en jeu des attitudes plus ou moins spécifiées.

Chapitre 2
Les valeurs de liberté

On ne se fait pas tuer pour une augmentation de salaire...
Jules Monnerot

Terre trouble..., et mêlée à l'algue, porte-moi...
La Jeune Parque

1. Liberté et désordre

Le premier problème ainsi posé est celui des rapports que soutiennent les valeurs avec la spontanéité. En effet existent des jeux de désordre et des valeurs de désordre. C'est là reconnaître en nous un moment comme satanique, le moment où commande le refus, le moment du négativisme. On sait combien de manifestations de ce type ont été signalées non seulement par les psychiatres et les romanciers mais par cette psychologie plus ou moins implicite que prennent pour guide les exorciseurs et inquisiteurs de toutes les tribus et de toutes les religions. Diables, Thanatos des psychanalystes, Mal originel, charismes politiques, tout ce manichéisme plus ou moins avoué établit une sorte de contre-valeur en face de la Valeur pure. Mais il n'est point juste de mettre ces deux forces sur le même plan, une morale ne peut commencer par une opposition de ce type, Eros a précédé Thanatos, et le Diable n'est qu'un ange déchu.

Nous touchons ici un point délicat et qui a fait trop parler et fait couler trop d'encre, pour qu'il nous soit permis de passer rapidement. Disons donc d'abord, pour éclairer un peu la lanterne du lecteur, que pour nous qui avons longuement cherché la genèse des valeurs dans la petite enfance, nous n'y trouvons nullement le pervers polymorphe de Freud, ni le méchant de Le Play[1]. Ce qui apparaît en ce domaine, c'est que le simple élan, la simple recherche d'un dépassement et d'un risque ne peuvent suffire à créer de véritables valeurs. A l'origine sont aussi indispensables la règle et l'attachement; c'est plus tard seulement que pourront se faire jour, à la suite de réflexions, de prises de conscience, de retours, des contre-valeurs d'ordre diabolique. Dès le début l'enfant n'est point simplement innocent et également susceptible à nos yeux de bien et de mal; l'enfant est un être animal de pulsion, mais aussi — ce qui seul nous intéresse pour le moment — un être d'ordre et un être d'amour et un jaillissement. Débarrassons nous rapidement de ces quelques difficultés avant d'aborder les valeurs de liberté qui font de l'homme un privilégié.

Nous y reviendrons au chapitre 3, l'enfant porte toujours en lui une certaine propension à l'ordre, beaucoup plus importante et plus précoce que la recherche du désordre. Signalons pour l'instant rapidement quelques faits qui commandent sans doute de voir dans ce que l'on nommerait assez bien les conduites diaboliques des processus plus tardifs qu'on ne le pense. D'abord une certaine incapacité chez l'enfant à former en quelque sorte le «contre» alors même qu'il a assimilé une conduite positive : cette incapacité se manifestant par plusieurs traits auxquels il nous faut prendre garde, car ils dessinent tout un côté de la mentalité enfantine. D'abord une certaine incompréhension du non-structuré, du non-ritualisé, sensible dans son incompréhension et son rejet des jeux de hasard — sauf rares exceptions; le hasard le gêne longtemps, il comprend mal l'absurde, comme l'a montré Artemenko, il trouve une explication simpliste de toute chose, comme celle du vent par le mouvement des arbres, que je me souviens avoir moi-même incluse dans ma science du monde, il y a bien des années, et que Piaget a justement signalée dans ses recherches sur la causalité enfantine. Il ignore longtemps la tricherie, quoi qu'en pense l'adulte lorsqu'il le voit fabuler (voir notre *Jeu de l'enfant*, § 35). La célèbre crise de négativisme, malgré son caractère formel, n'apparaît point avant le cours de la troisième année. Nous n'avons point encore étudié toutes ces conduites que l'on pourrait dire d'antithèse et leur genèse. Il est trop facile de les confondre avec les processus, déjà présents chez l'animal supérieur, de réaction affective ou d'agression sur lesquels ont insisté les psychanalystes : de tels processus restent ancrés sur le plan implicite, ils correspondent à de simples valences, il faut en réalité attendre longtemps avant qu'ils donnent naissance, sur le plan explicite, à des choix conscients et délibérés. Encore faut-il ici faire leur part aux conditions de l'environnement et à un certain apprentissage (plus sensible dans les jeux de hasard ou de réflexion antithétique) comme sans doute à des latences individuelles innées, d'où provient une diversité dans chaque génération de ce peuple enfantin.

Deux choses m'ont frappé fortement à ce sujet lorsque je fréquentais les cours de récréation. L'une est la bienveillance des enfants les uns pour les autres (la bataille, a déjà montré Bovet, est tardive et c'est vers les onze ans qu'elle se constitue en institution de la société enfantine), et la faiblesse de ces conduites agressives dans lesquelles on voudrait trouver une tendance agressive générale et naturelle à l'espèce : trop souvent, comme pour tricherie et mensonge, on se trompe ici en considérant comme des valeurs négatives vis-à-vis d'autrui ce qui, en fait, est manifestation chez l'enfant de valeurs positives pour lui : quand on n'a pas encore le sentiment de la propriété, il est bien naturel qu'on paraisse voler autrui en s'emparant de son bien, qu'on paraisse vouloir le tromper en cédant à ses phantasmes propres. Qu'on paraisse mentir aux autres, lorsqu'on laisse libre son imagination encore mal bridée.

L'autre chose, et elle semblerait bien à l'opposé de ma thèse actuelle, ce sont les jeux de désordre pur que j'ai aussi observés (par exemple, *ibid.*, pp. 381 et 402), mais qui impliquent en fait une sorte d'ordre inférieur, soit dans un consensus des enfants qui se bousculent, soit dans l'effet destructif qui fournit une affirmation de soi. C'est tout autre chose que le désordre laissé par un cambrioleur insouciant et pressé : ce désordre-là n'est pas de projet. Répétons-le une fois de plus, le concept de désordre suit celui d'ordre : ces jeux « de désordre » chez l'enfant sont jeux humains et libres par leur meilleur et plus important côté.

Laissons donc maintenant de côté les contre-valeurs diaboliques. Nous les retrouverons lorsque nous devrons analyser les valeurs de doute et d'antithèse qui sont parfois proches. Ce sont les valeurs de liberté qui doivent maintenant se présenter à nous.

2. Le concept de liberté

Aucun mot n'est aussi frelaté que le mot de liberté, même ceux de démocratie, d'égalité ou de Dieu. Depuis que, il y a plusieurs décennies, Guastalla a écrit son *Mythe de la liberté*, c'est là vérité assez commune chez les penseurs, ce qui n'empêche point les politiciens de brandir chaque jour le drapeau de la liberté. Plus psychologues que moralistes, les politiciens savent bien que, malgré sa médiocrité, cette valeur réchauffe encore les cœurs populaires. On en vient cependant à nuancer et à distinguer aujourd'hui la liberté des libertés, car le populaire n'est point toujours aussi fou que le pense Monsieur Politique, et celui-ci, dans ses meilleurs jours parvient à en tenir compte. Quoi qu'il en soit, on est bien contraint de reconnaître que le mot n'est plus aussi mélodieux aux oreilles citoyennes qu'au siècle dernier.

Trop d'expériences ont montré combien il était difficile de donner du concept une définition évidente : la liberté bourgeoise n'est point celle de Staline. Et, au rebours, la liberté pédagogique des maîtres pour qui compte d'abord la créativité est bien autre chose que la liberté de l'enfant des années 1900. Sans parler de l'école libre ou du libéralisme politique et social dont leurs adversaires ont régulièrement dénoncé le caractère asservissant. Il est indiscutable que l'on a trop abusé de ce maître-mot; il s'est avili, comme la légion d'honneur, et, comme elle, il éveille la méfiance. Comme démocratie aussi, et comme peuple ou autorité. Ce sont là mots qui se sont surmenés, dont le cœur ne bat plus très fort, qui devraient peut-être prendre leur retraite.

Qu'il y ait cependant quelque chose derrière le mot de liberté, que ce ne soit point là concept vide, concept de rien, il est difficile de le contester. Même si sa réalité était nulle, s'il n'avait aucune matière, il resterait qu'il a une action dynamique, qu'il crée des attitudes, qu'il fournit des espoirs ou suscite l'ironie : on n'est pas neutre devant le problème ou plutôt les problèmes qu'il pose. Cherchons-lui donc un sens, s'il est possible de lui en donner un.

Comme tout concept, ou du moins presque tout concept, celui-ci comporte des niveaux de signification — seuls quelques concepts mathématiques n'en présentent qu'un, mais point ceux de 1, de 3 ou de 7, par exemple. Il nous semble que pour le concept de liberté le premier niveau comporte une signification de non-dépendance: le prisonnier ne veut plus dépendre des murs et des geôliers, l'adolescent refuse que ses heures de sortie dépendent de ses parents, le régime libéral est celui dans lequel le créateur ne dépend plus de règles collectives: sur ce sens-là, point de difficultés. Mais aussitôt se révèle une relation négative que l'être libre soutient avec un autre être, la liberté est relative et, du même coup, il existe autant de libertés que de champs dans lesquels peut apparaître cette non-dépendance. Plus de Liberté en soi, glorieuse et dominatrice, mais comme de multiples liens qui ont été déliés, de relations qui se sont brisées. Si bien que cette non-dépendance comporte encore comme un souvenir de dépendance, c'est une dépendance brisée, comme cette chaîne brisée qui est souvent prise pour son symbole.

Il semble que, derrière cette brisure se révèle un temps, un autre temps, un passé de dépendance. La liberté se fait alors libération, c'est une victoire qui a été gagnée sur une dépendance originelle. C'est une rédemption.

Cette apparition du temps est certes symptomatique, et nous retrouverons plus tard sans doute, ce caractère temporel de la liberté, mais au niveau où nous sommes encore quelque peu situés, ce n'est point le caractère essentiel, car il s'offre, semble-t-il, des libertés sans dépendance préalable. Lorsque je me dis «libre comme l'air», c'est à cet état actuel et comme se suffisant en soi autant que dans l'instant, que je fais allusion. Apparaît alors ici comme un dynamisme interne, comme une force, un élan propres à mon être. Non plus une relation, mais un mouvement en avant, non plus une direction-vers, mais un jaillissement, une explosion. C'est à ce niveau, légèrement supérieur au précédent, que le concept prend toute sa vanité: «Liberté, liberté chérie...». Liberté divine, liberté de gloire, liberté qui est le fond de mon être et qui lui donne toute sa valeur. Liberté qui est en moi aussi pleine et entière qu'en Dieu, comme disait Descartes. Non plus négative, mais positive et même le plus positif des êtres, qui nous rapproche de Dieu, ou plutôt qui est en nous le Dieu intérieur.

Or ni la première — les premières — ni la seconde de ces significations ne peut nous satisfaire. Ni la liberté dont rêve l'esclave, ni celle qui fait l'orgueil du philosophe. Toutes deux sont également frelatées.

3. Le signe de l'homme

C'est sur le plan génétique que peuvent se poser le plus clairement et se résoudre les problèmes de la liberté, ceux de l'homme libre, ou de l'humanité. Mais auparavant, analysons encore un peu la notion, en mêlant l'analyse notionnelle et l'étude génétique.

On peut ici séparer l'expression de la liberté et le langage. Un bel exemple en est le cairn (ou montjoie). Que veut dire le langage du cairn, ce « langage absolu » comme disait Alain, lorsqu'il ne signifie point que l'on est sur une bonne route, ce qui est sens secondaire ? Qu'un homme est venu là, qu'il a abordé sur ce rivage, grimpé jusqu'à ce sommet, enfin qu'il est intervenu dans un « désert », comme on disait chez les classiques, et que, dans ce désert il a laissé sa marque, une marque d'homme et rien que d'homme.

On pourrait certes, faire comparaître d'autres modes de ce langage absolu, la pierre dressée par exemple, ou même la croix dessinée sur la pierre, ou le cercle sur le sol; mais l'on risque alors de glisser vite au point où ce langage absolu se fait signal comme l'entaille sur un tronc, et où il ne signifie plus l'Homme, mais tel homme, tel groupe. Or, ce qui nous est précieux ici, c'est justement que le signe élémentaire peut ne signifier que l'Homme, que son humanité commune et libre et que par là il nous permet de mieux comprendre ce qu'est cette humanité. Reprenons donc le cairn pour matière à réflexion.

En quoi m'apparaît-il comme preuve du passage de l'homme libre; en quoi, en d'autres termes, est-il humain, quels caractères personnels lui a donné cet homme qui l'a construit? Si, mettant le pied sur un rocher que je pensais appartenir à un «désert», j'y vois un cairn, je dirais aisément de lui que pourtant «il ne s'est pas fait tout seul». C'est là en effet le point: cet amas de pierres ne résulte point d'un glissement de terrain, il ne peut provenir d'une rivière, d'un glacier, il n'est point l'œuvre des chamois, ni des ours. Il ne dépend point de forces physiques ou vivantes, il implique autre chose, il témoigne d'un créateur, d'une liberté.

Mais la difficulté reparaît: à quoi est-ce donc que tout homme reconnaît là une création, une liberté? Ce n'est point à la grandeur du cairn, ni même à sa disposition: il peut être prolongé comme un mur, ou il peut se réduire à quatre pierres. Ce n'est point non plus tant des qualités géométriques qui sont en cause ici, car, nous y reviendrons, on en trouve autant parfois dans les réalisations naturelles. Ce qui frappe d'abord, c'est une certaine *étrangeté* du cairn: il ne devrait pas être là, ou il ne devrait pas être fait comme cela, il fait tache sur un horizon de choses qui ne posent point de problèmes, du moins de problèmes de ce genre, de choses dont la source, je dirais presque la généalogie, est assez claire. Cette étrangeté ne provient point de la matière: le cairn peut aussi bien être de calcaire, de granit ou de noix de coco; ce qui compte, c'est la disposition des éléments, c'est cette distribution qui renvoie à une construction humaine, à un passé humain, à un temps humain, disons mieux à un projet, à une liberté.

Il est d'ailleurs bien assuré qu'il n'est point nécessaire que cette disposition tienne à une distribution déterminée des éléments, car une pierre dressée en équilibre peut être aussi significative qu'un cairn constitué d'éléments multiples: lorsque, traversant plusieurs fois chaque année, tel pays aquitain, j'y vois au milieu des prés et des champs, un gros rocher isolé dressé comme un menhir, je sais bien qu'il ne s'est pas placé ainsi tout seul. Cette remarque est d'importance parce qu'elle nous rappelle qu'au niveau du langage absolu du menhir ou du cairn, l'étrangeté qui signifie l'homme, ce n'est point nécessairement l'ordre. Nous aurons occasion plus tard d'analyser le rôle de l'ordre dans la montée de l'Homme et de dire que, contrairement à ce qu'ont prétendu certains, il est capital; mais ne nous y trompons point, l'ordre n'est point le signe humain privilégié, et l'on aurait tort aussi de croire avec certains que la pensée humaine n'apparaît, ne s'affirme comme originale et comme libre, que par l'instrument de l'ordre. Ce problème, qui est au fond celui de l'espace mental a été parfois trop considéré à partir des signes du langage qui sont ordonnés, de ce langage articulé dont parlait déjà Descartes; et Wallon lui-même nous paraît s'être aventuré trop vite sur ces pistes trompeuses. L'homme et son langage, Alain nous le rappelle, précèdent l'ordre humain. Mais, sans l'ordre il est vrai, que deviendraient-ils?

Revenons donc à notre cairn et conférons lui ces autres marques de soi que l'homme laisse souvent dans les choses uniquement pour y affirmer son être, y laisser sa marque. Désordre autant qu'ordre sans doute; mais le désordre lui-même suppose l'ordre, comme Bergson nous l'a bien montré, c'est une réaction plus tardive, nous l'avons déjà dit, et dont nous devons repousser un peu l'examen. On use d'ailleurs trop facilement de ce terme pour caractériser certaines conduites de «marquage», comme celle de l'enfant qui, d'une baguette, fauche les marguerites d'un pré. Ce n'est là ni ordre, ni vraiment désordre — à moins de placer un ordre dans la marguerite dressée (mais c'est là métaphore seulement que nous devons dénoncer). C'est simplement une marque de soi. Même le terme de «marquage» que nous venons d'employer à l'instar des éthologistes reste discutable, car le marquage animal est pris dans un contexte d'action: l'odeur d'urine laissée par l'animal signale son territoire à ses congénères. Ce marquage-là, comme les cris des oiseaux destinés à cet effet, c'est une activité qui tient compte d'une société, alors qu'il n'y a rien de tel dans l'enfant qui fauche les marguerites en solitaire. Pour lui d'ordinaire, ce qui compte en premier, c'est l'adresse, la souplesse de la main; il y a de l'orgueil déjà dans ce geste, et même si cet orgueil s'en vient à compenser un récent échec, ce qui n'est nullement nécessaire, comme le croirait trop vite certain psychanalyste.

Ordre donc, soit, mais auparavant, adresse, à quoi il faudrait ajouter sans doute force (le rocher à soulever) et d'autres qualités corporelles et surtout manuelles: c'est dans cette direction qu'il faut nous diriger, c'est là que nous trouverons cette non-dépendance qui est le verso de la liberté comme cette force dynamique qui en est le recto. Mais déjà il semble bien qu'on ne puisse séparer ces deux aspects.

4. Existence et liberté

Ce qui fait problème dans la liberté de l'esclave comme dans celle du philosophe, c'est que n'y apparaît point l'existence sous son véritable jour. Or cette intrusion brutale de l'ordre et du projet dans notre monde peut nous aider à mieux situer l'acte libre et à mieux l'affirmer. Cet ordre, c'est, disions-nous plus haut, une étrangeté dans un monde quelconque. Disons mieux, c'est comme un trou dans ce monde, il ne témoigne d'un projet et d'une liberté que parce qu'il jure avec son environnement, qu'il constitue un existant paradoxal, une sorte de contre-existant, une révolte contre les existants.

Tournons-nous donc maintenant vers l'existence et rappelons, à son tour, les indices qui nous font la reconnaître et mettre en nous la certitude de son être. C'est le hic et nunc, le jeté-là, le de trop, selon de célèbres formules, mais ces formules n'ont de sens que parce que nous enserrons ou tentons d'enserrer l'existence dans les réseaux conceptuels qui constituent notre monde perçu et conçu (notre perception humaine étant constamment colorée de concepts et même de représentations). Cette existence-là apparaît comme une sorte de donné, elle correspond au célèbre divers de l'intuition kantienne ou plutôt au caractère de donné de ces divers, à cet ineffable sentiment que ressent le Roquentin de *La Nausée*, ce sentiment de dépendance, de contrainte pouvant être donné sous une forme plus élémentaire, plus quotidienne, moins catastrophique que sous la forme qui frappe Roquentin, sous la forme plus enveloppée des choses. Ce qui est remarquable cependant, c'est que cette existence n'est jamais saisie par nous qu'à travers l'être, qu'accrochée à l'être, elle est comme le revers du tissu de l'être, un revers qui jure avec les décors que nous avons brodés. Il est vrai que ce revers sans forme ni couleur, cet être-là qu'est l'exister, nous ouvre, si nous sommes philosophe, une porte à nos vaines spéculations, mais ces spéculations dès qu'elles se développent, restent vaines, comme l'a bien vu Kant; la porte est bien une porte, mais cette porte est fermée sur l'inconnu.

Il se présente ainsi une existence limitée; c'est comme une dimension inexplorable de l'être, une Chose en soi dont nous savons bien que nos réseaux conceptuels dessinent mal les contours, mais sans que nous voyions toujours les points où notre dessin est fautif — à quoi servent les expériences et vérifications. Par là toute existence garde pour nous un caractère original d'être; elle n'apparaît jamais qu'à travers les voiles de l'être, jamais en soi. Cela aussi, Kant l'a bien marqué.

Mais nous savons aussi combien notre savoir est imparfait, relatif, provisoire; nous le découvrons encore mieux si, revenant en arrière, nous suivons cette longue succession des progrès de nos sciences qui sont aussi des corrections des erreurs précédentes et par suite des témoignages des croyances que notre civilisation a portés à ces erreurs. Nous ne pouvons plus, lorsque, ayant contemplé ce passé d'erreurs, nous revenons au présent, croire que notre lot, en cette année de fin de XXe siècle, soit complètement différent. Nous ne savons pas grand-chose, et notre monde, s'il n'est point contingent, complètement contingent, ce qu'assurent assez les succès de notre Savoir, n'est nullement ce monde déterminé, mécanique, soumis auquel font confiance un Marx, ou un Freud. L'un des caractères principaux de ce monde, et de l'existence qui en est le revers, c'est de ne pas être un absolu. Notre conception du monde, répétons-le, est relative et provisoire, et, en même temps notre existence, l'existence en général, c'est justement cet indéfini perpétuel, ce non-achevé, ce continuel manque qui se marque dans les contraintes du lieu, du temps et dans le fait que le monde a toujours du jeu[2]. N'est jamais défini qu'un être arbitrairement créé, disons franchement un être mathématique et c'est pourquoi il peut y avoir des règles mathématiques, et pourquoi tous les problèmes sont dans ce domaine susceptibles d'être cernés, délimités (ne disons cependant pas résolus, par prudence, puisque certains problèmes sont jugés insolubles par les mathématiciens, ainsi que le problème du sexe des anges par les théologiens). On est tenté de dire que l'existence est trop complexe pour pouvoir être traitée intégralement comme le nombre pour les mathématiciens; mais c'est là prendre ce problème par le mauvais bout car, à vrai dire, l'existant n'est ni simple, ni complexe; la complexité est le propre de nos réseaux, de nos systèmes intellectuels, de nos efforts pour enserrer les existants, elle est dans notre activité intellectuelle toujours insuffisante comme l'existence est toujours inachevée.

Or notre liberté se situe ainsi dans un tout autre domaine que l'existence (en quelque sorte positive), elle réside dans cette faille de l'existence, cette existence négative, que nous révèle le trou dans l'être de l'erreur scientifique (et quotidienne). Il y a un passage, et ce passage, comme le trou noir des astronomes, c'est une ouverture sur cet inconnu qu'est notre liberté. Elle aussi nous pouvons en saisir les traces dans ces marques étranges qu'elle laisse sans cesse dans le monde. Elle aussi *existe* et se situe au revers du monde, mais justement elle réside dans ces failles de l'existence des choses, dans cet entre-deux qui sépare les objets, ces concepts sentis; elle aussi elle révèle son existence originale par des traces, par un ordre, par un projet. Alors que les autres êtres ne sont jamais que des concepts figés et comme des projets refroidis, les marques de la liberté, cairn ou dolmen par exemple, nous font saisir un acte original, une création humaine sans pareil dans les choses inhumaines. Encore, et nous allons saisir une autre idée, ne sont-ce jamais là que des signes de l'acte libre.

5. Les premiers signes de l'homme et l'élan humain

Dès qu'apparaît le signe de l'homme et comme sa marque, son blason, on voudrait parler d'ordre, invoquer une certaine manière d'articuler les structures les unes sur les autres. Il est bien certain que si, avec Descartes, on s'en tient à l'adulte civilisé, il n'y a aucun barrage qui arrête la marche vers cette erreur: telle est la philosophie classique de l'homme; mais lorsque apparaît au premier plan le sens de l'histoire, lorsque Rousseau, Condillac, Buffon introduisent la réflexion à une vue génétique, en même temps naît une conception de l'homme qui voit en lui moins une concaténation de structures qu'une «force qui va», comme dit Hernani. A une civilisation qui pense avec le temps ne peut plus suffire une vision comme mathématique, une vision statique du monde[3].

L'homme n'est point seulement ordre, il est élan, il est force, il est amour, et sa marque peut utiliser tantôt telle capacité, tantôt telle autre. Le cairn montagnard, essentiellement ordre, n'écarte point le menhir qui est force; et les deux n'écartent point ces marques, peut-être plus humaines encore, que sont les mains charbonnées dans les grottes de Gargas et d'ailleurs, ou les Vénus préhistoriques. On voudrait dire, avec Alain, que tous ces signes possèdent cependant un trait commun, que c'est langage et art — et sans doute de la religion. Cela est vrai, mais ce n'est pas assez dire, car il faudra encore définir art, et même religion, ce qui ne facilitera point l'analyse. Gardons-en seulement cette constatation que le premier signe intentionnel et humain est aussi signe artistique, que le premier langage est art et religion. Grande idée qui vaudrait d'être reprise longuement. Gardons encore seulement de cette constatation le fait que ce premier langage dépasse autant l'ordre strict que le fait l'art lui-même.

Cette courte incursion dans un domaine difficile nous a fait faire en réalité un grand pas, car le signe humain apparaît dès lors comme un signe d'un haut niveau, et son apparition coïncide avec celle de l'art et d'une religion esquissée. C'est le monde représentatif que nous abordons, comme s'il n'était point pour l'homme d'autre langage et d'autres signes que représentatifs. Comme si, au-dessous, il n'y avait jamais que signaux et indices, que faux langage.

Nous ouvrons décidément ici la boîte de Pandore, et toutes les difficultés se présentent malgré nous en même temps. Cela n'est point mauvais; il faut toujours se souvenir que l'homme n'est point quelque mosaïque, quelque coordination de divers assemblages, mais qu'avec l'homme toute l'humanité arrive à la fois, esquissée mais déjà présente en ses multiples manifestations: Einstein et Valéry sont en puissance déjà dans le moindre nouveau-né, et la moindre parole de la plus fruste femme de ménage est déjà art et religion. Il ne s'agit point seulement là de l'indispensable fondement de toute idéologie démocratique, mais d'un fait, d'un fait bien établi, auquel se heurte toujours le psychologue digne de ce nom.

Ce serait cependant mauvaise méthode que de vouloir tout embrasser. Maintenant que nous avons pris une vue synoptique, tentons des analyses plus particulières, et d'abord achevons celle que nous avons dû interrompre. Si nous sommes encore distraits, attirés vers une vue plus large, si nous ne pouvons éviter de sortir la tête de notre tranchée pour voir mieux où elle mène, nous avons le droit et même, d'un point de vue scientifique, le devoir de nous en tenir de notre mieux à ces objets limités que Descartes nommait ses «simples».

Ce qui trompe ici, dès que l'on a abandonné la vue étroite des classiques (et des behavioristes qui les suivent aujourd'hui), c'est que le signe humain rappelle souvent au premier abord certaines formes de ce que l'on nomme les langages animaux, ou les signes animaux. Ne chicanons point encore sur ces termes, il n'en est point temps; notons plutôt que la branche cassée sera la même si je la casse délibérément ou si je la casse par mégarde. Que les haricots du Petit Poucet auraient pu tomber, sans qu'il le sache, d'une poche percée. Que la figure dressée sera la même si je me dresse pour me montrer ou si je ne sais point qu'on me cherche. Comme si, dans tous les cas, la matière du signe ne comptait guère; comme s'il fallait chercher plus haut la véritable marque, le blason.

C'est que nous sommes d'abord un animal et que, comme tout animal, nous laissons des *traces*, la branche brisée, le pied de Vendredi, et même cette trace, vite effacée sur le ciel, que je dessine au haut d'une colline. Souvent ces traces n'importent guère; c'est cependant sur elles que ceux qui ont besoin de déceler notre proximité peuvent se guider. Ce sont *indices* que nous ignorons. Mais aussi ce sont parfois des signaux d'appel ou de menaces car nous savons que nous pouvons user de ces traces pour jeter notre être vers l'être d'autrui. Feu qui fasse une fumée visible de loin, corps dressé au haut d'un rocher, branche cassée, ce sont traces aussi, si l'on veut, mais traces faites-en-vue-de. Signaux ou signes? Nous l'allons voir.

Disons d'abord, pour adopter le même langage que les éthologistes, que c'est là langage. Pourtant langage humain, et non point ce langage des abeilles, par exemple, qui, dans une même lignée, manque de souplesse et peut être interprété et codifié par l'homme. Ce que le signe ajoute au signal, ce n'est point matière nouvelle, mais comme une forme ou plutôt une attitude nouvelle. Projet de signifier, pourrait-on dire, et cela ne serait point si mal si l'on ne pouvait aussi croire que l'animal qui marque son territoire projette aussi de signifier aux congénères une certaine interdiction, et que le chant d'amour est, dans la conscience de l'oiseau, un véritable appel. Il n'est guère prudent de se perdre dans ce domaine-là, nous ne savons point ce que « veut » l'animal, et même si, en de nombreux cas, sa stupidité nous le montre comme dépourvu de projet, il sera toujours risqué d'extrapoler en attribuant cette stupidité à tout le monde animal! Ce qui peut être affirmé en revanche sans risque, c'est que non seulement le langage animal est moins souple, moins adaptable aux circonstances, mais surtout qu'il se dirige très mal ou plutôt pas du tout vers un futur quelque peu lointain. Son langage, ce sont pour l'animal, au mieux signaux pour l'immédiat dont il ne peut comprendre (ce qui impliquerait une mise à la place de l'autre) mais seulement constater l'efficacité. Même là où le langage animal touche son sommet, comme dans les échanges entre mère chimpanzé et ses petits, il garde un aspect stéréotypé (qui se retrouve quelque peu chez l'homme d'ailleurs) un souci du seul immédiat: l'éducation des mères animales n'est point une pédagogie.

Le premier signe humain sera donc pour nous signe délibéré, affirmation de soi, mise en lumière de soi. Or cette mise en lumière suppose ou plutôt constitue une projection de soi vers l'avenir, cette nouvelle présentation, cette représentation qui est le privilège humain. Et voilà à nouveau que se rouvre la boîte de Pandore, et qu'il va nous falloir lutter pour écarter cette nouvelle vague d'idées qui nous détourne quelque peu de la marque de l'homme. Mais comment traiter de cette marque, sans garder dans son horizon, la notion de représentation?

6. La valeur humaine de liberté

Lorsque jadis j'enseignais la philosophie dans les lycées, il m'est assez souvent arrivé de poser ce sujet de dissertation : « A quoi reconnaît-on un homme ? ». Ce n'était point sans dangers, mais l'essentiel alors était l'exercice et la rhétorique : cela suffisait cependant à voir que, pris sous l'angle psychologique qui seul était vraiment sérieux, un tel problème était ardu, car je reconnais mon semblable d'abord à ses habits, à sa stature, au bruit de sa parole, toutes qualités qui ne sont point si spécifiques qu'il le semble : après tout, il est aussi un Crabe qui s'habille et les chimpanzés de Köhler ne négligeaient point la parure. Si nous usons néanmoins de ces indices, c'est que nous sommes persuadés qu'ils accompagnent les traits proprement humains. Disons plus, ils en sont en bonne part des conséquences (habits) ou des conditions (stature); l'homme, cependant, n'est point encore là, et toute analyse menée aussi directement ne peut qu'induire aisément en erreur, elle est toujours susceptible de cette erreur phénoménologique qui ne distingue point assez les niveaux génétiques.

Et sans doute en effet est-ce à la psychologie génétique qu'il faut encore ici recourir. En bien d'autres occasions, c'est ainsi que nous avons été conduit à mettre au premier plan l'émergence de la vie représentative dans le premier faire-semblant. Cependant cette voie royale reste encore embarrassée pour deux raisons. D'abord parce que l'éducation du bébé de 1985 risque de renverser les étapes naturelles, protégée qu'elle est par le groupe des grandes personnes : le langage, par l'effet d'une éducation hâtive, y paraît par exemple avant la génitalité, ce qui n'était point possible dans l'espèce. En second lieu parce qu'établir ainsi des étapes, tracer une ligne généalogique, ce n'est jamais que décrire. Il faut aussi chercher à expliquer, et même si toute explication participe encore toujours de la description, parce qu'elle doit bien se référer à des forces, à des structures ou à des événements chronologiquement antérieurs — autant que logiquement —, si expliquer n'est jamais que repousser le problème, passer de l'eau de Javel au chlore, du chlore à l'atome, de l'atome aux protons et ainsi de suite, il n'en reste pas moins que toute explication, parce qu'elle généralise le problème (le proton est plus général que l'eau de Javel), nous satisfait mieux.

C'est pour cela que, afin de dépasser une description encore trop superficielle, nous avons tenté une nouvelle voie en nous demandant cette fois comment l'homme libre — ou l'homme tout court — se fait connaître comme tel à son semblable. Nous avons reconnu que le signe utilisé à cette fin proclame toujours un projet, un mouvement vers l'avenir, une poussée au-delà; justement par là apparaît une prétention à la liberté dans le signe lui-même et, si le métaphysicien en vient à nous refuser cette liberté, nous ne l'écouterons point, car le fait demeure de cette prise de conscience, erronée ou non, et il nous faut en rendre compte. Quelle est donc cette liberté que nous découvre un cairn ou une pierre dressée?

Humanité, originalité, liberté, tout cela explose ensemble dans le cairn ou dans quelque autre signe absolu. Mais, revenons-y, ce qui signifie ici, ce n'est point l'ordre, au sens que nous donnons d'ordinaire à ce mot, c'est une structure originale du geste et de la chose que marque ce geste. Ou plutôt l'ordre ne serait peut-être même point ordre s'il n'exprimait justement en quelque manière cette originalité. Inversement, le signe garderait encore sa signification si la maladresse de son auteur en rendait difficile l'interprétation ou le vouait à une prompte ruine, comme ces tas de sable que font les enfants sur les plages.

Le tas de sable proclame moins ouvertement l'homme que le cairn, mais il nous éclairera le cairn auquel il ressemble par sa forme conique, par son élévation, par l'œuvre humaine. En ce cas cependant, l'ordre ne proclame plus l'homme de la même manière. Le maniement le plus simple du sable, et qui a tenté tout adulte, consiste simplement à laisser filer le sable entre ses doigts. D'où le charme ici, sinon dans la commande aisée de l'acte qui suspend ou accélère l'écoulement: sable qui coule de ma main, ce n'est point sablier, et même si je cherche une régularité? Ce tas, de lui-même et sans que je le modèle comme pour faire un château, prend une forme, se dispose en un cône, se géométrise. Et là encore le résultat ne suffit point car je retrouverais des formes analogues dans le stalagmite ou le dépôt que fait la source au-dessous du rocher: l'ordre le plus simple appelle un ordonnateur, ou plutôt suppose un père ordonnateur; sinon, ce n'est qu'inertie des choses, sable qui coule ou eau qui s'écoule; mais nous y reviendrons.

L'essentiel maintenant pour nous, et c'est pourquoi nous y insistons, c'est d'avoir trouvé une sorte de valeur de liberté avant, semble-t-il, toute valeur d'ordre. Mais est-ce vraiment là valeur? Ce mouvement en avant, cet acte par lequel je me jette vers l'horizon et vers le futur, n'est-ce point là simple désir, peut-être même simple conditionnement?

Passons vite sur la prétention que l'on pourrait avoir de ne voir là que conditionnement: ce *deus ex machina* est parfois aussi risible que la *libido* des psychanalystes, ce qui est tout dire. Tenons-nous-en aux faits que l'on peut observer chez le bébé, et qui ne sont point équivoques. Il y a presque un siècle que déjà Preyer, ce magnifique observateur, faisait état de ce qu'il nommait le « plaisir d'être cause ». Sans doute le terme de Preyer ne peut être conservé sans réserves extrêmes, car la notion de cause n'est point si simple, et, en particulier, elle réclame un terrain de temps bien nivelé. Reste néanmoins que chez le bébé qui, vers un an, rit de produire des sons en tapant sur les touches du piano et répète indéfiniment ce même geste, se développe une conduite qui fait penser à une causalité interne: l'expression de Preyer est bonne en ce qu'elle fait bien image; sans compter que, après les travaux de Michotte et d'autres, il faut bien faire intervenir une sorte de sentiment de précausalité externe déjà au niveau perceptif: pourquoi pas tout aussi bien la conscience d'une sorte de précausalité interne? Une des choses qui me frappe le plus dans la psychologie récente de l'enfant et de l'animal, c'est cette nécessité où sont les chercheurs de faire intervenir ainsi, avant toute vie représentative, des notions (causalité, territoire, langage, etc.) comme ébauchées, et des mots dont on sait bien qu'en toute rigueur ils ne conviennent point. Comme si les conduites représentatives qui vont émerger comme formes avaient déjà trouvé leur matière dans des conduites préreprésentatives, comme si la représentation, ainsi que le coucou, pondait ses œufs dans un nid fait par d'autres. Comme si cette prouesse et ce drame, qu'est la re-présentation eût été impossible si, à l'avance, n'avaient été placés des décors bien solides.

Cet élan humain, sensible très tôt, c'est une puissance de création, de saisie, d'expansion, et d'absorption. On pourrait considérer que c'est lui que vise notre psychologie contemporaine lorsqu'elle se tourne avec tant de zèle vers ce qu'elle nomme créativité. Mais ne marquons point de répit avant d'attaquer ce fantôme.

7. La créativité

Je n'ai jamais aimé ce terme de créativité, aujourd'hui à la mode. Cependant lorsque je dirigeai un laboratoire, mes amis et moi-même avons mené à son propos, pas mal de recherches dont peu furent publiées. Ce qui m'a le plus frappé dans les résultats, ce n'est point la variation des corrélations avec le Q.I. en fonction de l'âge (qui s'explique par un artefact statique simple), ni la faiblesse générale de ces corrélations, car la mesure de l'intelligence réelle par les tests de Q.I. reste, malgré son incontestable utilité, assez élémentaire, et nul n'en doute plus aujourd'hui. C'est le fait que les notes de créativité, quelle que fut l'espèce envisagée car il en est au moins trois types connus, étaient ordinairement plus élevées chez les sujets que l'on nommait autrefois assez bien «caractériels», disons ces handicapés mentaux (comme on dit plutôt aujourd'hui, selon la mode du jour) que gênent des problèmes de caractère. Il est assez clair que cette créativité-là ne suffit point à une véritable création, que c'était surtout folle du logis, verve et verbalisme, ou (dans les épreuves non verbales) comme une vivacité motrice assez instable. Il m'est arrivé, à la même époque — où cela était possible — de mener une rechercher sur des populations d'élèves particulièrement entraînées à la créativité par une éducation spéciale (type Freinet) pendant toute leur scolarité, comparées à des populations nullement touchées par ce même mode de formation. Ce qui ressortait alors, c'était dans les premières populations une plus forte dispersion dans les réalisations, dans la solution de problèmes réels et dans l'efficacité des stratégies employées : plus de retardés sans aucun doute, et sans doute aussi plus de sujets avancés, comme si l'on avait promu là l'éducation non démocratique par excellence. C'est que, par ce biais aussi, ressortait l'inadéquation de la notion de créativité avec celle de succès ou de création réelle.

Ces recherches, corroborées par bien d'autres, doivent nous inciter à la prudence lorsque, cherchant la liberté, nous nous hasardons sur le domaine de l'indépendance et de la spontanéité. Que la prétendue créativité soit plus liée au Q.I. lorsque celui-ci est élevé que lorsqu'il est maigre, cela signifie assez que ce facteur ne vaut que par son alliance avec des facteurs d'une autre sorte. Il en est là comme en médecine où parfois deux médicaments se favorisent mutuellement ou, au contraire, sont une gêne l'un à l'autre : il n'y a point simple addition (ou soustraction) mais multiplication positive ou négative.

Serait-ce donc que le facteur de spontanéité que nous envisagions ces derniers jours s'apparente beaucoup plus à la discipline et à l'ordre que nous le disions ? Nous faut-il revenir en arrière et corriger ? Cela n'est point probable, mais des précisions doivent intervenir ici. Le problème, de toute manière, est de savoir comment et où intervient une certaine discipline de l'élan humain.

En soi, il nous faut le reconnaître, cet élan n'est point encore une valeur absolue, ce n'est qu'une sorte de vide par le refus des dépendances, mais, si j'ose dire, un vide plein car il y a dans ce néant primitif un dynamisme, un mouvement en avant : une force perce à travers ce trou dans l'être. Si nous ne considérions que le trou dans la dépendance externe, nous pourrions certes comprendre aisément qu'il n'y a encore là ni valeur, ni même liberté. Mais la force transparente qui passe par là, n'a-t-elle point déjà une valeur, n'est-ce point la première valeur ? La valeur de liberté ?

Dire seulement cela, ce serait méconnaître toutes ces conduites folles qui ne sont jamais que refus et contestation, car cette contestation pure ne peut qu'elle ne se retourne contre elle-même. Nous en avons eu bien nettement l'expérience en 1968 ; ce n'était là que reprise sur le plan matériel du doute cartésien qui, si n'y intervenait quelque Dieu par une machine assez délabrée, ne pourrait que tourner sur lui-même comme girouette. Gassendi et Hobbes sont plus logiques, plus stricts que Descartes, ils voient bien que le doute ne peut de lui-même mener à une certitude, qu'il est capable de renverser tous les obstacles, même celui du *Cogito-Sum*. On ne démontre point l'existence de n'importe quelle valeur, sinon à partir d'une autre valeur. Le monde cartésien des valeurs est suspendu à un fil d'araignée et, si Descartes ne trouvait autre chose en lui, il ne serait point Descartes.

Il pourra sembler aventureux d'assimiler ainsi le doute dit «méthodique» à la folle du logis. Mais quoi de plus juste lorsque la prétendue méthode reste elle-même frappée du doute? Il y a un certain manque de logique à vouloir utiliser la logique pour prouver justement qu'elle ne vaut point, car que vaut en ce cas la critique qui use de cette logique? C'est le célèbre «Lycurgue dit que les Lacédémoniens sont des menteurs» qui reparaît ici. Et, si l'on refuse ce terme de méthodique comme il se doit, ne voit-on pas que le doute pique au hasard, comme une guêpe meurtrie? que ce que l'on trouve en fait, c'est une instabilité foncière, une succession folle d'images folles. Non plus même une négation. Non point du tout une affirmation. Seulement une existence d'images comme dans un kaléidoscope. A cet élan non dirigé manquent des points d'appui pour affirmer son action, pour accrocher ses déductions, pour bâtir son monument psychique. Nous sommes bien loin d'une véritable liberté. Bien loin d'une quelconque valeur.

8. La prouesse enfantine et ses limites

Ces points d'appui, il va falloir les chercher à deux niveaux. D'abord au niveau préreprésentatif où jouent les pulsions. Puis au niveau représentatif où sont créées des structures de projet. Mais auparavant, pour mieux établir ce vide de valeur qu'est d'abord l'élan humain, regardons un peu vers les conduites qui semblent tirer toute leur valeur de cet élan, et d'abord vers les conduites de prouesse.

Qu'est-ce qu'une prouesse? Rappelons d'abord qu'en un sens la matière n'y compte point: je puis montrer ma puissance d'équilibre aussi bien au haut d'un toit, sur le bord d'un mur ou sur un tronc d'arbre abattu: c'est là un thème que nous avons si souvent développé depuis trente-cinq ans que nous répugnons à l'approfondir plus. En revanche, si, dans le jeu enfantin, l'objet n'est qu'une occasion, cet objet reste nécessaire parce qu'il fixe et discipline le dynamisme ludique. Insistons ici, avant d'aller chercher d'une manière plus générale les points d'appui de ce dynamisme créateur qui est notre objet de recherche.

Déjà, nous le rappelions récemment, avec son «plaisir d'être cause», Preyer avait signalé cet aspect formel de conduites enfantines que l'on peut considérer comme ludiques ou préludiques. Mais la moindre observation de tout jeunes enfants ou la lecture d'observateurs aussi minutieux que Piaget et Malrieu montrent assez que le sens de la prouesse est fort précoce. Prononcer telle ou telle syllabe, faire tinter une clochette ou un hochet, masquer la vue en tirant un drap, autant de prouesses; ce ne sont plus là simples conditionnements mais recherche de résultats qui vaut moins pour l'effet lui-même que pour la réussite. Piaget, en particulier, a bien insisté sur cette apparition d'une activité avec son étude de «L'expérimentation active» (5e stade). Donc, avant même la vie représentative, s'affirme une force-forme, si l'on nous permet de parler ainsi, et une certaine conscience de cette force-forme, de ce pré-Je. Ce n'est peut-être encore qu'une sorte de pôle dans le champ cognitif, mais lorsque, avec la représentation, les pôles subjectif et objectif de ce champ céderont la place à une opposition entre deux types d'être, un Je et un non-Je, en même temps qu'apparaîtra un objet véritable, s'affirmera un sujet formel dans des projets, des décisions et des sentiments.

L'aspect formel des jeux enfantins, sur lequel depuis trente-cinq ans nous n'avons cessé d'insister, se comprend par suite mieux dans cette perspective. On pourrait, à propos de chaque jeu, montrer que la matière en compte généralement moins que la forme-force, que c'est surtout une occasion; cela est évident dès que l'on s'écarte des jeux d'imitation si chers aux psychanalystes, et que l'on étudie la marelle, les barres, les jeux de cubes, les courses, les sauts, etc. N'insistons pas une fois de plus sur ce point.

Ce qui nous intéresse maintenant, c'est tout autre chose, c'est le rôle exact que joue ici la matière du jeu. Nous avons montré jadis (*Le Réel et l'imaginaire dans le jeu de l'enfant*, § 21, pp.

165-177) que l'essentiel, même dans les jeux d'illusion, c'était la règle qui commande le geste; mais, en même temps, nous insistions sur le rôle de point d'appui de ce même objet (*Le jeu de l'enfant*, § 26, pp. 220-225): la matière du jeu peut apparaître comme une chose, comme un poids lourd qui conditionne le geste. Malgré sa puissance d'illusion, l'enfant ne fait point reposer sa structure illusoire sur n'importe quoi: il fera bien d'un trognon de chou un sabre, mais non une bicyclette, et des jeux comme les jeux de cubes, d'arc ou de cerf-volant réclament très évidemment une matière apte à constituer un support ludique adéquat. Les choses interviennent encore comme cadre physique (saisons, temps) (*ibid.*, ch. VIII).

Cependant, il n'est guère possible de chercher là des valeurs comme insérées dans les choses, dans les instruments et objets ludiques. Sans doute l'enfant peut-il tenir à tel ou tel jouet, mais le jouet ne prend point valeur par lui-même, il emprunte sa valeur à la structure ludique, illusoire ou non, qui l'implique. La poupée, par exemple, n'apparaît ici que comme une exception, une très rare exception à une règle d'oubli constant des objets de jeu; seule, ou presque seule, elle peut être presque constamment rattachée aux conduites ludiques de la petite fille; elle a un privilège unique comme support de la protection ludique (sans compter les implications bien connues des psychanalystes, en ce domaine bien plus fondées que dans les autres domaines ludiques). Même le bâton, si utile aux garçons de la campagne ne suscite point un tel attachement. Disons, de manière générale, que si l'enfant affirme fortement certains attachements à des objets de jeu, cela n'empêche nullement un oubli facile et rapide.

C'est que, et surtout lorsqu'il n'a point la chance de s'appuyer sur un objet aussi fidèle que la poupée, l'enfant ne joue guère dans une période prolongée. Les jeux, dit Alain, sont inscrits sur le sable comme la marelle. Plus nettement, disons que l'enfant cherche surtout la prouesse, non la pratique et l'entraînement. Cela se voit dès que l'on suit, jour par jour, comme nous l'avons fait la succession de jeux, et même de jeux collectifs. Sans doute, nous l'avons dit, entrent en action certains points d'appui externes (la pluie, le froid, etc.), mais les périodes de jeu sont beaucoup moins fixées que ne le laisse croire une observation superficielle de la marelle, jeu cependant privilégié en ce domaine (V., *ibid.*, §§ 43 et 44). L'activité de jeu reste chez l'enfant très libérée des choses, celles-ci ne lui fournissent guère que des cadres extrêmement larges et souples ou des instruments passagers. Ce sont les parents surtout et les adultes qui contribuent à mettre une certaine continuité dans l'activité de jeu — comme les maîtres dans l'activité scolaire.

Il y a ainsi chez l'enfant une disponibilité première. Si l'on écarte provisoirement les valeurs qu'il emprunte à l'adulte, il ne lui reste plus que des valeurs pulsionnelles (faim, sommeil, etc.) qui n'interviennent dans le jeu que pour l'illustrer ou dans des implications secondaires (celles que cerne le psychanalyste dans les jeux d'imitation), et surtout des valeurs du moment: l'objet illusoire apparaît très précieux lorsqu'on imite, comme l'arc lorsqu'on joue aux Indiens ou tel caillou lorsqu'on l'admire: mais ces objets de valeur qui entrent dans les poches ou dans les boîtes de jouets perdent trop rapidement leur attrait pour qu'on puisse en tirer une échelle des valeurs: il en est en ce domaine comme dans celui des «histoires continuées» qui ne se développent jamais pendant une longue période que dans des cas tout exceptionnels (*Le Réel et l'imaginaire...*, § 14), parce qu'à l'enfant manquent les conditions indispensables pour la création de traditions et de rites: l'enfance est trop courte, trop divisée, trop à l'écart du monde stable des travaux humains, trop prise aussi par l'acte présent, pour être susceptible de conserver ses trouvailles. Lorsque l'enfant invente, il ne sait point «faire valoir» ses inventions, il n'a pas la ténacité et le sens du futur qui en permettent une exploitation, une «mise en valeur». Lorsqu'on nous parle d'inventions dues aux enfants, il s'agit d'extraordinaires exceptions, à moins qu'on ne considère des sociétés dans lesquelles les enfants sont beaucoup plus mêlés aux adultes (mais là les sociétés animales sont beaucoup plus propices, où les classes d'âge ne sont point aussi brutales).

La psychologie de l'enfant peut bien nous montrer d'où sort la création primitive, son origine, mais elle ne peut nous faire comprendre comment cette force-forme dont nous parlions plus haut a pu, chez nos ancêtres, et peut encore aujourd'hui créer des valeurs individuelles et sociales. Il faut plutôt nous tourner vers le monde des anciens sauvages.

9. De Lagneau à Jarry: erreur à éviter

Ce qu'il y a de tragique aujourd'hui dans ce problème des valeurs, c'est qu'à la source, nous ne pouvons plus nous appuyer sur l'épaule de Dieu. Longtemps le problème fut pour les philosophes d'accorder une liberté qui se voulait infinie avec une norme transcendante infrangible. C'était, comme toujours, mal poser le problème en usant de termes absolus, en niant la relativité des concepts et leurs variations de signification en fonction de l'histoire. Cet essentialisme latent se retrouve fréquemment, même aujourd'hui, chez ceux qui s'en défendent. On ignore alors que, comme les concepts et comme les corps, liberté et loi poussent ensemble et sur le même humus organique, qu'il n'y a point lieu de renforcer plutôt l'un que l'autre, mais de bien s'apercevoir que la croissance de l'un ne peut aller sans une croissance parallèle de l'autre. Faute de cette vision génétique, on peut bien saisir quelques lueurs mais non toute la lumière.

Le cas est frappant chez cet admirable philosophe que fut Lagneau. A la fin de son *«Cours sur l'existence de Dieu»*, il affirme en magnifiques formules cette dépendance mutuelle de la liberté et de la loi que Rousseau avait célébrée (et bien d'autres aussi), mais en proclamant qu'en fin de compte la volonté est indépendance: «nous sommes libres, et en ce sens le scepticisme est vrai». Même si c'est nier son être que de répondre non à la loi, si c'est «être toutes choses», il reste que l'accord entre la liberté et la loi, entre l'idéal et le réel, c'est un acte de foi, également affirmation d'un Dieu intérieur et affirmation de soi (ce qui est même chose), foi qui est parfaitement libre. Or, à cette position religieuse et athée (qui séduisait jadis tous les élèves d'Alain), je répondrais volontiers, avec Spinoza, que l'homme n'est point naturellement libre, qu'il lui faut gagner sur le corps son indépendance par un travail de façonnement de soi. Mais cette réponse ne suffit point non plus, car elle suppose une indépendance absolue et comme garottée qu'il nous faudrait délivrer: cette position, celle du Platon du *Phédon*, pose d'abord une liberté sur le plan métaphysique, quitte à la voir plus tard esclave, puis libérée. C'est encore essentialisme, et la chose élevée au niveau divin.

Lorsque dans cet embarras, je me retourne vers les faits psychologiques, et particulièrement génétiques, je ne trouve certes point cette liberté absolue de Lagneau, mais je ne trouve point non plus la même liberté dans les chaînes ou, comme le dieu marin Glaucus, couverte de goëmon. Il est trop évident à qui surveille chez l'enfant la montée des fonctions spirituelles que l'apparition d'une activité libre ne provient point d'une émergence et comme d'une sortie de la mer, mais d'une construction à partir d'éléments plus primitifs. A la pédagogie d'Alain qui veut «délivrer» s'opposera alors une pédagogie qui voudra «construire». Cela ne changera peut-être guère les méthodes pédagogiques en elles-mêmes, mais le principe différera quelque peu, car, au lieu de «délivrer» ce qui était enchaîné, on s'efforcera de «libérer» ce qui n'a jamais accédé au niveau de la liberté.

Ce que donne la psychologie, c'est comme une esquisse de liberté ou plutôt d'indépendance, comme nous l'avons vu plus haut à propos du jeu. L'enfant n'a point encore à se délivrer — ce sera là le lot de l'adolescent et de son doute méthodique — mais à créer ses instruments d'indépendance. Or il trouve en lui assez rapidement dans notre culture, au-delà des conditionnements, des répétitions et des actions circulaires, une puissance d'aller plus loin qui peu à peu prend des forces, gagne du terrain et mène à des activités, en particulier ludiques, originales. Le problème véritable, le vieux problème philosophique, se réduit alors à observer comment cette puissance se donne une raison, une structure. Ne pourrait-elle donc s'en passer? Le «plaisir d'être cause» ne suffirait-il donc point à créer un monde de valeurs? Nous avons observé, à propos de l'enfant, que celui-ci n'y pourrait guère parvenir à lui seul, et nous avons pensé qu'il serait meilleur pour nous de nous tourner vers d'autres directions. Nous pourrons mieux le faire, après ces quelques réflexions.

Lorsque les premiers ethnologues ont connu et recensé les mœurs des sauvages, ils ont été frappés par l'absurdité de maintes traditions et de maintes coutumes. Sans doute était-ce là une preuve de l'effrayant égocentrisme, ou pour mieux dire religiocentrisme, des explorateurs jésuites ou plus largement chrétiens — qui déjà avaient bien localisé Dieu en Galilée ou à Rome — et Montaigne pouvait aisément se justifier devant ces visions restreintes de ses vues plus ouvertes et plus sages. Les sociologues, en leur début dans les deux siècles qui viennent de s'écouler, ont longtemps suivi la ligne de Montaigne et plaidé pour la réhabilisation des cultures sauvages, mis le Bororo sur le même plan que le Parisien et recommandé de procéder de la même manière respectueuse envers les mœurs de l'un et de l'autre. Certes cela était impliqué dans une saine méthode objective d'enquête, mais l'on passait vite de la méthodologie à la doctrine, comme on le voit par exemple, chez un Durkheim et chez combien d'autres : puisque les faits sociaux doivent être traités comme des choses, ils sont tous sur le même plan et ont la même valeur.

Or, à considérer ainsi les faits sociaux, on ne pouvait — comme l'a bien montré Monnerot — qu'effacer l'une des plus importantes de leurs composantes, celle précisément qui pouvait justifier l'absurdité réelle de telle ou telle conduite rituelle. C'était ou bien s'interdire toute explication intégrale ou s'astreindre à tout ramener à une explication par des causes matérielles au sens le plus restreint du mot, et variables. On comprend pourquoi, dans ces conditions, les causes invoquées ne pouvaient être que des causes pragmatiques ou organiques : sexe, économie, nombre de membres du groupe, frayeur des grandes forces naturelles, etc. On retrouvera cette tendance aussi bien dans les explications marxistes que dans les explications psychanalytiques, toutes portées à chercher dans les pulsions corporelles ou dans les instruments l'explication de toutes les institutions sociales.

Grâce aux acrobaties intellectuelles qui, dans les sciences humains les plus récentes, ont retrouvé parfois les anciennes acrobaties des théologiens, tout devait donc pouvoir s'expliquer, tout devait s'expliquer. L'absurde n'avait point de place dans le groupe social.

A l'époque où naissait le surréalisme, c'était vraiment là une conception bien limitée de la société humaine. Comme si l'homme ne savait point s'enchanter du faire-semblant et du rire; comme si l'humour n'était point au cœur même de l'humanité; comme si la pensée n'était point d'abord négation du sérieux, jeu d'acteur, hypocrisie et faire-semblant. Malgré leur religiocentrisme, les tout premiers observateurs n'avaient peut-être point tout à fait tort de parler d'absurdités, bien qu'eux-mêmes aient singulièrement manqué d'humour.

Il est vrai que l'absurde lui-même suppose une cause, mais cela ne change rien à sa nature. D'autre part, il serait certes excessif de vouloir voir quelque Jarry derrière le chaman sibérien dont les divinités ont plus de logique que le père Ubu. Ce qu'il ne faut point oublier, c'est que les institutions sociales ont leur source — et leur cause — dans une imagination créatrice humaine, qu'elles ne sont point aussi strictement fixées par l'environnement et les pulsions qu'on l'a voulu dire longtemps. Elles révèlent qu'il y a du jeu dans la conduite humaine; et ce terme de jeu, qui nous rappelle nos considérations des pages précédentes est bien significatif, car il nous indique que, en toute conduite vraiment humaine il y a une part de jeu, un élément ludique, une teinte de rêve. Et les progrès mêmes des hommes et des sociétés demandent que cette part ludique soit de plus en plus importante : ce n'est point hasard si Ombredane, constatant que l'intelligence de jeunes Noirs du Sud du Zaïre déclinait après 12 à 14 ans faisait appel, pour expliquer cette chute précoce, à un manque de mentalité ludique!

Essayons donc, à l'aide d'ethnologues plus récents, de voir si ce jeu, cet absurde, cet effort pour trouver quelque ailleurs, ne peut se retrouver dans la pensée sauvage.

10. A partir des ethnologues

Maintenant que les deux derniers paragraphes nous ont permis de situer un peu mieux notre difficulté, tentons de reprendre directement le fil que nous suivions auparavant. Nous avons dit qu'il serait bon d'abandonner quelque temps la psychologie de l'enfant pour chercher du côté de l'ethnologie plus qu'une description de cette force-forme qui se découvre à l'origine de notre activité libre.

Deux choses chez les peuples sauvages ont frappé, en ce demi-siècle, les ethnologues et sociologues les plus avisés. D'abord l'ordre en général, la puissance des rites, des traditions, des magies, des techniques. C'est là un point bien connu et depuis bien longtemps, sur lequel nous n'insisterons guère. Même si l'on a parfois exagéré le conservatisme et la rigidité des sociétés sauvages, on ne peut nier qu'elles paraissent affectionner les mises en ordre les plus sévères. Leurs institutions, comme les règles des jeux des enfants mais plus encore, sont soumises à un ritualisme très strict. Les généalogies sont parfaitement fixées, comme les parentés, et prolongées à l'excès (comme on le voit dans la *Bible*); les techniques sont soumises à des tabous sévères; les noms des choses, souvent complexes, dépendent d'un vocabulaire qui, pour être parfaitement défini, n'en pose pas moins des problèmes souvent insolubles. On ne peut que s'émerveiller devant une construction aussi méticuleuse, aussi formaliste et aussi figée des relations entre les hommes et entre hommes et choses.

Aussi frappant apparaît cependant, en bien des cas, le caractère arbitraire ou tout au moins peu justifié, des nomenclatures et des *tabous*. Les Jésuites qui les avaient dénoncés, n'avaient sans doute point si tort. C'est comme si, dans tous les domaines, apparaissait une sorte de refus de profondeur, une propension à se contenter de peu, à construire des mythes et des rites aussi absurdes que stricts. Et malgré tous les efforts des chercheurs occidentaux, en particulier des psychanalystes, il apparaissait vraiment malaisé de donner des raisons valables à des réseaux verbaux et sociaux sans souplesse aucune.

Un des mérites de Lévi-Strauss a été de bien montrer que justement ce qui justifiait nomenclatures et réseaux de relations, c'étaient moins des raisons fortes, des raisons logiques ou pratiques, qu'un incoercible besoin de mettre le monde en ordre. Lorsque par exemple les Chinois et d'autres répartissent tout ce qu'ils connaissent sous deux rubriques opposées, la raison en doit sans doute, à l'origine, être moins cherchée dans une conception dualiste imposée par une considération des choses ou un examen sérieux d'idées, que par le genre le plus simple de classification qui est la classification par couples (dont H. Wallon a aussi bien montré l'importance chez l'enfant). Il faut aussi reconnaître comme fondement à la pensée primitive une attitude humaine fort générale et fort vigoureuse, un désir de mettre en ordre si fort qu'il procède à cette mise en ordre avant même d'en avoir de solides raisons. Nous pouvons être étonnés des légères analogies, des similitudes bizarres que le sauvage invoque pour justifier ses classements: c'est que ce qui importe le plus, c'est le classement en lui-même, comme dans les jeux de nos enfants importent plus les règles que les matières.

Or ce que les démonstrations de Lévi-Strauss mettent ainsi en lumière, c'est à la fois une sorte d'élan que nous connaissons déjà bien, et un égal besoin de diriger cet élan, de le canaliser par des cadres bien fixés, même si ces cadres tiennent leur solidité moins de raisons logiques ou affectives que d'une tradition très forte et d'attitudes sociales toutes-puissantes. Spontanéité et discipline, liberté et ordre semblent aller de pair. Ou plutôt c'est cette discipline de la spontanéité qui permet à l'homme primitif de saisir à la fois son être humain et sa liberté. La liberté n'est pour lui ni une spontanéité totale, ni une discipline tyrannique, elle se trouve dans un heureux mariage de l'une et de l'autre. Pour lui, comme pour V. Hugo, «la définition absolue de la liberté, la voici: équilibre» (*Choses vues*: Gallimard, III, 232).

Mais d'autres remarques se tirent aussi de là. Et d'abord que cet ordre des sauvages n'est point si logique qu'on le pourrait penser: même si l'on a jadis trop insisté sur la mentalité «prélogique», il reste que des analogies fort légères y comptent souvent plus que les contradictions; la logique pure, la logique abstraite, si elle trouve là sa première esquisse, compte cependant moins que les attitudes sociales profondes: la preuve vient moins des syllogismes que de l'accord social, si bien que l'élan ici présent prend corps essentiellement par un appel à des attitudes profondes, à une sorte de poids intime, à une pesanteur psychologique acceptée, plus qu'à des concaténations de faits et de raisons. L'élan en jeu n'en est pas moins pur, bien au contraire, car ce poids qu'il prend en descendant dans les attitudes profondes du groupe, c'est aussi le triomphe de son absurdité même, de son formalisme, de son mépris de l'expérience [4].

Une deuxième remarque est que l'ordre ici n'est point nécessairement logique à notre sens de penseurs du XXe siècle, mais affectivo-social, en ce sens qu'une certaine disposition des choses ou des mots satisfait le besoin social. Mais c'est là déjà commencer une étude de la notion d'ordre que nous devons repousser un peu.

Une troisième remarque est que le terme d'équilibre n'est point parfaitement conforme à la réalité, car qui dit équilibre dit confrontation de deux forces opposées. Parler avec V. Hugo, d'équilibre en ce domaine, c'est pur éclectisme, c'est équilibrer l'autorité des pouvoirs et l'instabilité populaire, et sans doute cette liberté politique n'est point tellement différente de la liberté psychologique; néanmoins il serait erroné d'opposer ici autrement que dans une analyse heuristique la spontanéité et la discipline. Cela conduirait à penser à une sorte de dosage, comme le pensent souvent nombre de pédagogues contemporains, à propos de l'éducation, à un savant équilibre entre travail et loisir, entre commandement et obéissance. On voit se dessiner ici une sorte de philosophie mathématico-technique des plus dangereuses qui coupe l'homme en parts et en fait une sorte d'Arlequin à deux couleurs plus ou moins harmonieuses. Mais l'homme est un et indivisible, et sa liberté est en même temps et par le même processus spontanéité et discipline, ce qui implique une autre pédagogie et une autre politique. Reste que cette heureuse combinaison est souvent viciée et porte trop vers l'un ou l'autre pôle. Et cela même, c'est, nous commençons à le sentir, notre problème des valeurs.

11. L'impératif catégorique au bord du trottoir

Nous voyons mieux maintenant combien est trompeuse cette notion de liberté sur le plan psychologique, au moins autant que sur le plan moral. En effet, la spontanéité à elle seule, n'aboutit à rien. Le sage Montaigne l'avait bien vu, la spontanéité doit se donner une règle, un obstacle qui lui impose une signification et un but (*Essais*, I, 8. Voir notre *Montaigne*, p. 64, sq): «l'âme qui n'a point de but estably, elle se perd», c'est un cheval échappé qui s'emballe. C'est pourquoi l'enfant, dans ses jeux se cherche quasi toujours une règle, comme de suivre le bord du trottoir. Pas de prouesse, pas de valeur sans cette règle. Selon la célèbre formule du *contrat social* «l'obéissance à la loi qu'on s'est prescrite est liberté». L'étude psychologique rejoint ici les idéologies des moralistes.

Si l'on restreint ainsi la notion de liberté, on peut lui trouver un sens, bien plus il n'est guère possible de s'en passer. C'est la réconciliation de soi avec soi, par le moyen de la règle et de la prouesse qu'est l'accomplissement de la règle. Il ne s'agit plus d'une créativité débridée qui nous jette dans le vaste champ des imaginations folles, mais d'une sorte d'épreuve et même de création de soi. Ce qui frappe dans les conduites de liberté, c'est qu'elles paraissent sans raison, gratuites, en l'air. Et là il nous faut insister, car c'est le poids des valeurs de liberté qui est ici en cause.

Au premier abord, c'est dans les activités ludiques de nos enfants que nous sont apparues ces conduites et ces valeurs de liberté. Or qu'y a-t-il de plus futile, de plus inutile, de plus méprisable pour l'adulte que ces conduites de jeu? Est-ce vraiment là que se peut trouver le noyau de nos raisons d'agir; n'y manque-t-il pas justement ce sérieux qui caractérise tout acte vraiment motivé? Ces objections naissent de soi, et nul de nos philosophes n'a jamais voulu placer ainsi le jeu enfantin au centre de son système philosophique, encore moins de son système de valeurs. Or justement, c'est parce que nos philosophes sont toujours partis des conduites adultes les plus appréciées, des conduites les plus sages et les plus fécondes, qu'ils n'ont pu y trouver des motivations solides. De tous les grands philosophes, c'est sans doute Kant qui, avec son impératif catégorique, s'est rapproché le plus de notre position actuelle; cependant il faut faire effort pour accepter de considérer comme un impératif catégorique le : «Suis le bord du trottoir» qui constitue la motivation unique de la conduite enfantine en ce jeu si répandu et si étrange : s'il y a, de part et d'autre, un même formalisme, un même refus des pulsions, une même négation des incitations corporelles, une même ligne «droite» à suivre, il semble cependant que nous soyons en deux domaines différents.

Une fois de plus, la faute ici est d'ordre génétique; on pense comme si comptait seulement le niveau de l'adulte civilisé, comme si cet adulte civilisé était né tel quel, ainsi que les hommes semés par Deucalion et Pyrrha. C'est le temps qui manque alors, on considère le monde comme s'il était la réplique d'éternels modèles. Au contraire s'il intervient une dialectique temporelle, les motivations de l'enfant qui suit le bord du trottoir peuvent paraître comme le modèle, la première esquisse de ce qui sera l'impératif catégorique (comme nous l'avons déjà montré jadis, *Le Jeu de l'enfant*, 2ᵉ édition, App. 1), et une fois de plus les études minutieuses du psychologue de l'enfant rejoignent les intuitions et les analyses du philosophe.

C'est dans l'enfant qui joue que se découvre sans doute le mieux «l'homme de l'homme», comme disait Jean-Jacques — et il n'est point si affreux que le portrait fait parfois par Jean-Jacques! A cet excès il y a une raison majeure, c'est que la plupart du temps les valeurs de liberté sont masquées ou même écartées par les motivations pulsionnelles. Même dans les jeux de nos enfants, celles-ci jouent encore, et certains chercheurs qui ne voulaient point voir autre chose ont multiplié les analyses de conduites ludiques pour y retrouver des formes diverses de leur *libido*. Certes, de telles analyses ne sont point complètement folles, elles permettent bien souvent de dévoiler des attitudes cachées, et ce fut pour le psychologue un grand progrès que l'ouverture par le psychanalyste de cette voie nouvelle. Mais l'on fût parvenu à un tout autre résultat si l'on n'eût été obnubilé par l'attitude clinique et incité à voir dans des conduites aussi claires uniquement des instruments de diagnostic et d'exploration. Le psychanalyste, S. Freud ou M. Klein, a opéré comme le chimiste qui, analysant un sang humain, y cherche du cholestérol: il n'y voit même plus les globules rouges qui ne sont point son affaire. Or, au contraire, lorsque, pour notre part, nous avons longuement observé ces mêmes conduites ludiques, dans des circonstances très variées et surtout en liberté, nous avons pu, débarrassé que nous étions de préoccupations d'ordre clinique, y considérer beaucoup plus aisément les véritables moteurs. Au contraire du psychanalyste, nous avons pu utiliser pour notre étude des jeux qui, n'exprimant point uniquement des motivations pulsionnelles, nous ont mis sur la voie d'une perspective plus claire. A regarder le jeu de barres, ou la marelle, ou la simple course, on voit bien que l'essentiel ici, c'est une prouesse, une réalisation, que la forme y compte plus que l'occasion. Et, guidé par là vers une vue plus libérée, nous avons pu découvrir et étudier ces «jeux à régulation arbitraire» les plus significatifs pour le philosophe, qui parviennent à leur apogée — et même qui explosent — vers 7-8 ans, comme celui qui consiste à suivre le bord du trottoir — qui nous sert ici et nous a servi antérieurement d'exemple privilégié, en raison de sa clarté. Ce fut là pour nous une chance, car nous y trouvions l'enfant en liberté dans un jeu créé par lui; de telles créations ne devenant d'ailleurs possibles que tardivement et étant très vite comme étouffées par les jeux collectifs que va connaître l'élève; cependant leur persistance, et même chez l'adulte, ouvre une fenêtre sur les motifs volontaires de nombre de nos actes[5].

Nous n'ignorons point que cette sorte de réhabilitation de l'impératif catégorique, dans un temps où règne encore souvent une psychanalyse à courte vue, paraîtra bizarre à certains de nos lecteurs. C'est que, en retrouvant dans l'enfance ces impératifs catégoriques, nous pouvons en même temps voir d'où ils proviennent et, sans leur ôter leur caractère absolu, leur accorder une genèse non arbitraire. Dès lors la liberté n'est plus cette sorte de mode de notre être qu'en fait la philosophie classique; c'est un caractère d'une conduite réelle, elle fonce vers le monde sans encore l'atteindre toujours, mais en se conservant la direction qu'elle s'est donnée. Elle est prise dans tout un ensemble de manifestations ludiques dont l'importance nous apparaît de plus en plus. Elle correspond à un certain jeu qui nous sépare des choses, à ce détachement relatif qui est, plus qu'autre chose, le privilège de l'espèce humaine.

Il resterait maintenant à montrer que la liberté entre dans notre conduite journalière avec cette part de jeu que garde toujours l'action humaine, proprement humaine. Nous citions plus haut la remarque pénétrante d'Ombredane sur l'importance de l'attitude ludique dans l'intelligence. C'est dans cette direction que, après Schiller et bien d'autres, il faudrait nous engager, en montrant que la pensée humaine, ou plus précisément la pensée représentative, est née du jeu et apporte un caractère ludique dans tous les actes qu'elle inspire ou commande. Art, sport, guerre, amour, religion, éducation, humour, partout le jeu est là, à peine masqué, derrière des activités considérées comme «sérieuses». Partout l'enfance est là derrière l'adulte; et elle parvient à sourire et à se détacher, alors que l'adulte se laisserait aller à pincer les lèvres et froncer les sourcils. Précieuse enfance qui, enfoncée au plus profond de nous-même, y apporte, avec la liberté, l'orgueil de créer et la joie du jeu.

12. Jeu animal et jeu humain

Ce n'est point hasard si le mot de «jeu» revient si souvent dans notre discours actuel, car dans le jeu se rencontrent en effet existence, création d'imaginaire et de réel, risque et liberté. Nous ne pouvons avancer sans nous arrêter un peu ici. Mais notre exemple du jeu du bord du trottoir gagnera à être mis en place, à être situé comme proprement humain (qui a jamais vu un chien suivre le bord du trottoir?), dans une confrontation avec le jeu animal. Cela permettra de mieux suivre la genèse des valeurs ludiques et le saut brutal qu'elles prennent lorsque l'on s'élève jusqu'au jeu humain.

Sans doute est-il assuré que les animaux supérieurs jouent, en un certain sens. Groos jadis a parfaitement vu que ces jeux animaux ont une signification: ils préparent la vie adulte et par là ils contribuent à la pérennité de l'espèce; on pourrait aujourd'hui y voir une de ces prouesses que met en valeur une étude dans la ligne sociobiologique des activités animales. Mais, s'il en est ainsi, on peut se poser la question de savoir si les motivations restent du même ordre lorsque l'on passe du jeu animal au jeu humain — en d'autres termes si, au niveau animal, on retrouve esquissées les mêmes valeurs qui sont celles de l'homme, si l'homme est déjà esquissé dans l'animal, thèse que Groos a soutenue dans un ouvrage ultérieur (*Die Spiele der Menschen*, 1899); ce qui, dans notre langage, serait ramener les valeurs humaines aux valences animales, aux pulsions primaires.

Dans cet ordre d'idées, l'on peut poser deux questions:
- d'où provient cette activité efficace des jeux animaux?
- présentent-ils déjà des caractères humains?

La première question est si connue qu'on ne peut manquer d'entrevoir la ligne de solution. Disons brièvement que là triomphent le darwinisme et toutes ses perspectives nouvelles. Faisons intervenir les déviances de comportement inévitables en toute population, ainsi qu''une imitation dont, à ce niveau et sous sa forme élémentaire, nul ne discute la réalité et ajoutons-y une sélection, nous serons sûrs de ne point manquer de beaucoup une explication fort valable. A vrai dire, ce n'est heureusement point là notre problème. Mais il serait bien aventureux d'accepter, pour le jeu humain, une explication aussi simpliste, car il est trop évident qu'il implique sans cesse une initiative individuelle, comme nous y reviendrons — mais nous l'avons déjà vu à propos du trottoir.

La seconde question est plus ardue. Il se trouve cependant que nous disposons aujourd'hui d'études sur le jeu animal qui peuvent nous guider. Elles confirment certes les vues de Groos, mais commandent aussi de les dépasser car parfois apparaissent des éléments déjà en particulier chez certains Mammifères et certains Rongeurs, d'un élargissement des valences dont on ne peut aussi aisément dire que ce sont des conquêtes dues à l'évolution. Notons d'abord combien peuvent différer les activités de jeu d'une espèce à une autre. Un exemple frappant nous en est donné par deux excellentes études publiées dans le même fascicule récent d'une revue (*J. de Psychologie*, 2-3, 1981), l'une par J. Pelosse sur les Rennes et Elans, l'autre par B. Tollu sur les Otaries.

J. Pelosse nous décrit des jeux très stéréotypés (courses, bonds, comportements agonistiques) qui rappellent les jeux auxquels nous font assister des chiots ou de jeunes agneaux (je me souviens avoir jadis observé souvent chez mon chien des «galopades en forme de huit» dans les luzernes analogues à celles que signale Pelosse sur la neige chez de jeunes Rennes sauvages, p. 203). On reste en gros dans un cercle limité de jeux locomoteurs ou de conduites d'ébauche des conduites adultes (et c'est pourquoi les jeux sexuels des jeunes mâles posent des difficultés). Cependant l'auteur qui fait aussi une place importante aux jeux, également stéréotypés, entre la mère et son petit, note que, hors ce cas, ce sont essentiellement les jeunes qui jouent. Et, malgré de très rares notations (humer les flocons de neige, p. 205) et malgré les avertissements prudents concernant la grande variabilité d'une population à l'autre (p. 212), on ne peut guère considérer que ce jeu «ait du jeu» et cet apparent jeu de mots permet de bien couper entre ces jeux-là et ceux de l'homme.

Très différentes sont les Otaries de B. Tollu, et l'on vérifie chez elles que le jeu n'est point simplement cette «rupture de rythme dans le déroulement d'activités diverses» sur laquelle conclut J. Pelosse. Dès le début de l'article, nous sommes avertis: «Celui qui observe une population d'Otaries en liberté a bien l'impression que ces animaux passent une grande partie de leur existence à jouer» (p. 215). Dès la fin de la deuxième semaine, l'observateur signale: «leur curiosité se développe, et ils marquent un goût prononcé pour l'exploration» (recherche de cachettes, isolés ou en bandes) et ils «apprennent à nager, ce qu'ils ne savent pas à la naissance» (p. 218). B. Tollu décrit des jeux avec des objets (jeter en l'air et rattraper un morceau de bois, par exemple) «pendant lesquels l'animal devient indifférent à ce qui l'entoure» (p. 219). La curiosité envers l'homme (à peine signalée dans une observation de J. Pelosse) est ici source de jeux avec l'homme (p. 219). Enfin les Otaries adultes eux-mêmes aiment pratiquer des jeux de prouesses assez complexes avec les vagues avant et pendant leur déferlement: c'est presque le «surf» des hommes (p. 221).

Ce que nous avons voulu signaler à partir de ces deux solides études, de ces deux «approches en naturalistes» (ce qui, remarque bien J. Pelosse, 207, est le meilleur moyen d'élucider la question du jeu animal — et j'ajoute pour ma part «humain»), c'est que cette diversité de jeux chez deux espèces de Mammifères supérieurs, quelles que soient ses causes (et l'environnement est certainement d'un très grand poids) nous avertit que déjà, bien que de manière très inégale en fonction des espèces (mais peut-on vraiment séparer l'espèce de son milieu?), les conduites animales de jeu peuvent nous fournir le schéma, le *pattern*, de certains des jeux de nos enfants: il ne s'agit plus seulement de la préparation de tel ou tel comportement adulte, mais d'une préparation beaucoup plus large, d'abord physique dans l'exercice des muscles, mais aussi cognitive (jeux avec l'objet et l'environnement).

Depuis longtemps, au moins depuis les travaux des Kellog, on savait que le jeune Chimpanzé est capable de jeux qui mettent en activité sa curiosité. Comme le jeune Otarie, comme aussi les Dauphins, il fait la preuve qu'il y a dans sa nature originelle des capacités de dépassement que la moindre observation en «naturaliste» des jeux de nos enfants nous fait retrouver avec une tout autre ampleur. Notre espèce continue sur la même ligne que les Mammifères supérieurs, c'est là un fait biologique d'abord — comme le fait que le Lapin est social et non le Lièvre — et ce qui est proprement humain, ce n'est point l'existence de ce fait, mais sa qualité, son développement. Nombre d'animaux font, plus (Otaries, Chimpanzés) ou moins (Rennes), preuve de ce dépassement des conditions d'un environnement immédiat, dans des conduites exagérées ou gratuites pour le moment mais fructueuses pour l'avenir de l'individu et très rarement nuisibles (comme dit Kipling de l'Eléphant dans ses *Histoires comme ça* — et c'est justement par cette confusion entre le jeu du jeune Eléphant et celui du jeune enfant que Kipling nous amuse).

Même si souvent le jeu animal semble annoncer le jeu de l'enfant, celui-ci diffère fort du premier. A l'existant, à l'actuel, à l'immédiat il ajoute en effet le modèle absent, la règle, le re-créé (c'est «récréation» dit bien la langue). Il ajoute à l'existence et au réflexe la liberté et l'initiative du projet. Existence certes d'abord car il s'enracine dans les êtres et les hommes qui environnent le bébé. Dans la mère, dans le corps propre, ces premiers existants qui offrent les couleurs d'un visage et les formes de la main ou du pied. Par suite, du fait de cet enracinement, il n'est aucunement surprenant que l'invention de caractère humain soit d'abord si malaisée, ni qu'elle emprunte sans cesse au début, qu'elle suive des pistes tracées par l'environnement et avant tout par l'environnement humain. Les observations si précises d'un Piaget ou d'un Malrieu nous montrent assez cette incapacité première qui précède la simple répétition, la réitération d'un geste ou d'un son produits par hasard, ou, plus difficile encore, l'acquisition progressive de cette possibilité de réitération. Le jeu véritable n'apparaît que lorsque la recherche du nouveau, si bien décrite par ces auteurs, est recherche consciente, lorsque l'activité spontanée semble cerner un but et ne se contente plus de répéter une image, donc tout juste avant l'apparition de la première ébauche de représentation. C'est sans doute toujours la même ligne d'évolution, mais il se produit en ce point, sur cette ligne, une telle accélération que l'on dirait presque une coupure, que l'on a presque le sentiment de cette vieille coupure que notre philosophie classique plaçait indûment entre la mécanique et la pensée libre.

L'étude directe du jeu enfantin est aujourd'hui la meilleure preuve de l'existence en nous de cette part libre de la conduite, de cette capacité de jouer avec les choses, avec les autres, avec soi-même. Nous ne referons point ici une étude qui nous a pris autrefois bien des années. Ce qui importe, c'est de ne pas partir de données préconçues et, comme nous l'avons fait jadis — sans doute parce que nous ignorions alors une bonne part des idées à la mode! — d'observer avec soin: on reconnaît alors des évidences qui sont traditionnelles et se retrouvent aisément jusque dans notre langage, dans les diverses acceptions de ce mot de *jeu*. Dans les conduites humaines de jeu il n'y a point simplement des séquences de conditionnements, de quelque ordre que ce soit, mais une intentionnalité, une conscience et une affirmation, une première place accordée à un facteur interne qui ne dépend plus des pulsions primaires. Comme l'écrit E. Morin, nous avons trop pâti du «développement hyperdisciplinaire des sciences» qui «rend aveugle à ce qui tombe entre les disciplines, et qui est l'essentiel... c'est l'homme qui tombe dans les trous entre les disciplines humaines. C'est le sujet qui, depuis longtemps disparu de toutes sciences, est considéré comme pur fantasme, ce qui constitue le délire le plus subjectif qui se puisse concevoir» (*Pour sortir du XXe siècle*, p. 338). Or c'est justement le privilège du jeu de l'enfant que de nous permettre et même de nous imposer un passage d'une île disciplinaire à une autre, de montrer qu'entre ces îles s'étend un monde plus homogène, plus actif et beaucoup plus visible à qui regarderait les choses de plus haut. L'étude du jeu ramène nécessairement au monde des valeurs morales, et surtout personnelles: c'est pour cela que, voulant cependant nous en tenir à une étude d'esprit scientifique, à une vue d'éthologie de l'enfant (comme l'on dit parfois aujourd'hui, ce qui n'avance en rien), nous n'avons pu éviter d'être entraîné déjà autrefois sur le terrain non seulement pédagogique, mais moral: si «le jeu est juré», comme le dit Alain, nous retrouverons par cette indication une sorte d'impératif catégorique qui se donne à lui-même sa matière, ou tout au moins accepte, reconnaît et approuve celle qui vient du dehors.

Toujours ce qui fait jeu, c'est chez l'enfant le choix d'un projet et par là d'un risque, même si ce risque est souvent fort limité (par exemple, dans le chant des fillettes), et parfois même ridicule à nos yeux, car triompher d'un risque, c'est s'assurer une prouesse, s'élever. Le psychanalyste retrouvera ici, dans un autre éclairage, des faits bien connus, mais cet autre éclairage est capital car sous ces faits il nous révèle maintenant la création de valeurs humaines par la seule subjectivité, sans faire nécessairement appel aux pulsions que telle ou telle psychanalyse voudrait placer en tête de notre psyché. Dès que, avec S. Freud ou M. Klein, on couvre du voile d'une idéologie libidineuse les jeux enfantins, ce domaine privilégié des valeurs de liberté, il n'y a plus guère de raison de chercher et de trouver ailleurs les véritables valeurs primitives de notre espèce; on est conduit à tout ramener aux pulsions et aux valences des pulsions. Nous évitons cet abaissement.

Réexplication des faits souvent soumis aux psychanalystes, donc ? Ce serait trop dire, puisque seuls les terminaux sont les mêmes; en revanche les principes explicatifs que nous avançons sont clairs, évidents, et ne posent point les mêmes problèmes d'interprétation fantasmatique des conduites en général, et des conduites ludiques en particulier (V. *Le jeu*, § 10). L'homme nous apparaît plus comme un être de risque, un être de dépassement, que comme un *homo sexualis*, un *homo oeconomicus* ou un *homo machina*. L'espèce retrouve sa grandeur.

13. Le risque dans le jeu de l'enfant

Il nous faut cependant sortir maintenant du jeu en montrant qu'il y a une continuité de l'enfant à l'homme. Même si les conduites adultes semblent, au premier abord, bien différentes du jeu enfantin, nous y retrouverons les facteurs essentiels que nous ont livrés le jeu enfantin. Sans doute semblent-elles plus axées vers le réel; le sérieux ici dépend moins d'une règle fixée et d'une sorte de serment — d'un impératif catégorique, disions-nous plus haut — que d'une manière d'aborder les êtres, chacune selon son mode d'existence propre. C'est l'existence qui apparaît ici — nous retrouvons à nouveau une idée essentielle déjà mentionnée — et, par l'intrusion de l'existence dans la conduite, les valeurs risquent d'être tordues, déformées, brisées : la conduite adulte est plus aventureuse et plus créatrice, disons mieux : parce que plus créatrice.

Or, à bien regarder, il y a aussi dans l'activité ludique des petits de l'homme une sorte d'existence et ici aussi l'on trouve des aventures. C'est là le domaine extrêmement étendu du risque que l'enfant aborde sous plusieurs aspects. En effet cette apparition du risque recherché pour lui-même est caractéristique de l'activité humaine en général. L'animal n'y sacrifie guère. Dans les jeux, que nous avons rappelés plus haut, des Rennes et des Otaries, nous trouvons plus de répétitions lassantes que de risques. Une exploration même n'est point par elle-même un risque. Si un jeune se laisse aller à la découverte, si Bambi fuit dans la vallée, ivre de voir un monde nouveau — et cela n'arrive point aussi souvent que le chantent les poètes ! — il ignore parfaitement les dangers qui le menacent. La hardiesse enfantine suppose en bonne part des ignorances comme chez le jeune animal. Avouons, car il est bien impossible de nier des faits bien connus, que l'ignorance joue souvent dans les conduites exploratoires de l'enfant et même parfois de l'adulte. Notre jeune Otarie, poussée par sa curiosité, par son désir de nouvelles perceptions, n'atteint point pour cela le niveau du jeu humain qui suppose une tout autre prise de conscience, un horizon autrement ample. Même lorsqu'elle joue avec les vagues, elle ne craint vraiment aucun risque.

Au contraire, l'enfant qui joue — qui joue à l'homme — recherche toujours à partir d'un certain âge — d'une certaine humanité — une victoire, donc un risque : une tour de cubes, c'est un risque. Sans doute un son tapé sur le piano, répété, assimilé, ce n'est point encore un risque ou si peu que la prouesse ici est aisée et précoce mais déjà la tour de cubes suppose, un peu plus tard, un projet dans lequel entrent des existants, des facteurs étrangers : ces cubes ont parfois de bien mauvaises manières. A plus forte raison y a-t-il risque lorsque , encore un peu plus tard, l'on suit le bord étroit du trottoir. Tous ces jeux à règle arbitraire dont nous avons parlé plus haut, ne sont que des recherches de risque et d'exploits. Un enfant qui joue, c'est d'ordinaire un enfant qui se dédouble. Il joue contre lui-même aussi bien que contre des choses. On le voit bien dans les jeux d'ascétisme (fixer le soleil, manger de la pâte dentifrice, etc.) ou de maîtrise de soi (rester immobiles aux «statues», faire le pied de grue, etc.), mais aussi bien dans le jeu du bord du trottoir[6]. La chose n'est jamais que l'occasion, le prétexte. Il est vrai qu'elle «permet» de prendre des risques, mais sa nature ne suffit nullement à caractériser le jeu, à faire de lui ce qu'il est. Il faudrait aussi faire ici une part très grande à l'émulation. Envers soi-même certes, mais surtout envers les autres: si les jeux d'émulation ou d'équipe, surtout dans la grande enfance (marelle ou barres) présentent un adversaire, non plus simplement une occasion, l'adversaire n'est tel que par l'effet d'une règle que moi, le joueur, je dois respecter, par l'effet d'une règle que je dois suivre et qui m'est une sorte de contrainte (d'impératif catégorique, serait sans doute mieux dire). Suivre ainsi mon rôle propre, ce n'est pas rien, et ici le jouer-un-rôle est un s'affirmer-par-le-rôle en même temps que courir-un-risque-de-me tromper-dans-mon-rôle.

Il y a toujours un risque. Mais ce qui est le plus étonnant en cette affaire, c'est que d'abord le risque tend à prendre l'Autre comme base, comme point de départ, plutôt que la chose inerte. Soulignons à nouveau cette grande idée — sur laquelle nous reviendrons longuement au chapitre 4 — qui replace l'enfant dans le giron maternel plus que dans le berceau, et, considérant que l'Autre, s'il est un existant privilégié, reste cependant un existant, demandons-nous si le risque ne nous permet pas de distinguer plusieurs types d'existants et, rattachés à des types, plusieurs types de valeur. Mais auparavant précisons, s'il se peut, le sens du concept de risque.

14. Qu'est-ce qu'un risque?

Disons-le d'abord, il y a une relation certaine entre risque et existence; on ne risque guère lorsque l'on laisse couler les rêveries de sieste, comme dit Bachelard[7]. Mais l'objet à propos duquel on risque peut être de deux sortes: soit un Alter Ego plus ou moins bien dessiné, soit une Chose. Or, et cela est assez assuré, c'est l'Alter Ego qui s'esquisse le premier sur le plan de la représentation; c'est en lui que j'aborde d'abord l'indécis, l'étrange, l'inconstant, c'est lui qui porte le mieux mon élan vers un risque, vers un succès.

Tant qu'il n'y a point d'indécis, en effet, il ne peut y avoir de succès, il y a seulement un mécanisme qui se déroule sans grand appel à la conscience et sans nul appel à une représentation. Au contraire, dès qu'apparaît la re-présentation apparaît aussi un indécis qui forme problème; il me faut trouver mon chemin sur une piste mal tracée. Si bien que toute pensée représentative implique un risque et que l'homme est d'abord un *animal de risque* justement parce qu'il a le pouvoir de se représenter les êtres et les risques qu'ils nous permettent de courir.

Il ne faut point traiter ici le risque objectivement en statisticien; ce qui entre en jeu, ce qui entre dans le jeu, c'est la conscience du risque, le sentiment que j'ai de risquer. Or ce sentiment n'est point aussi précoce qu'on le pourrait croire. Il est très délicat de le traiter au niveau de l'animal où nous ne pouvons que faire appel à des champs ou plutôt à des sortes de plages de risque, dans la ligne que nous avons héritée de Lewin, avec des lignes d'équilibre qui limitent le champ d'un excès de risque. C'est ce que nous entendons implicitement lorsque nous faisons appel à ces distances de fuite ou d'attaque, signalées aux scientifiques par Hédiger, selon lesquelles un chien, par exemple, laisse triompher sa peur de l'homme ou, au contraire, attaque en fonction de la distance. Ce phénomène ou plutôt cet ensemble de phénomènes est bien connu du sens commun qui emploie nombre d'expressions (le «ras-le-bol», «il y en a marre») pour caractériser le point d'inversion des conduites en face d'une menace; mais il ne s'agit encore, à vrai dire, que de sentiments, non de cette prise volontaire de risque qui est l'activité appropriée. Entre le ras-le-bol et la-goutte-qui-fait-déborder-le-vase, il y a plus qu'une nuance et même plus qu'une goutte; il y a un homme qui s'est redressé, qui fait face, qui refuse de se conduire comme un animal, qui refuse la fuite. Et le point de rupture dépend dès lors d'une décision humaine, d'une sorte de susceptibilité ou d'honneur: «Une bête ne l'aurait pas fait...». Chez l'homme adulte, d'ordinaire, le passage se fait assez aisément, en fonction du caractère acquis («avoir du caractère»), mais ce passage suppose une longue évolution antérieure, un apprentissage du risque, une formation au danger de vivre en homme. De la peur, et même de l'hésitation (fuir ou faire face) il est passé à la décision, à la «prise de risques», car le risque est le contraire de la peur brute, c'est une audace, une acceptation de la lutte, une mise en guerre volontaire contre les obstacles naturels ou artificiels. Une conquête de son Je. Un jugement moral, toujours inhérent au projet, tient ici compte des valeurs humaines essentielles, de la personne morale[8].

15. Le risque partout chez l'adulte

Le projet humain, s'il ne conduit point directement ces trois quarts de nos actions qui, selon Leibniz, sont confiées à l'automatisme, reste cependant responsable, pour la plus grande part, des attitudes générales, des horizons qui encadrent et gouvernent jusqu'à ces automatismes dont se nourrissent nos conduites délibérées les plus élémentaires, les plus inspirées des pulsions primaires. Toute décision, tout jugement sont une manière de prendre une attitude, de nous placer vis-à-vis de l'avenir, peut-être pas toujours visiblement vis-à-vis de l'avenir lointain mais au moins vis-à-vis d'un avenir tout proche. Même pleurer sur mon passé, c'est engager ce petit morceau de temps que je vais consacrer à mes jérémiades, c'est abandonner cet avenir proche au passé lointain, c'est agir par une sorte de refus d'agir; c'est faire taire ma vigilance. On le voit bien si je perds ainsi ma gouverne dans une discussion avec un proche ou un ami et compromets par un regret jaloux mes relations futures avec cet Autre. L'abandon aussi est un acte, et il met en jeu des risques.

Redisons-le après bien des philosophes et des sages, il n'y a point de vie basse, il n'y a que des vies abaissées. Notre époque a trop tendance à se plaindre et à demander assistance, à rejeter la faute sur les gouvernants, les capitalistes, les communistes, les parents, elle cherche trop à diminuer ses risques, comme si le risque dépendait uniquement d'un certain statut social, d'un âge, d'un sexe, d'un événement. Tout cela n'est point faux, mais plus vraie encore est la vieille sagesse qui considère que l'homme est de partout menacé et doit faire face dans toutes les directions. Etre homme, c'est peut-être surtout prendre conscience de cette perpétuelle conquête à faire et refaire, au prix de continuels risques.

Mais n'écoutons point trop nos pleureuses et leurs consolateurs et psychanalystes. Disons-nous que, et même aujourd'hui comme dans bien des périodes de notre histoire — et même lorsque se propageait une religion de faiblesse —, l'homme se soucie généralment plus de son courage devant les risques que de l'accomplissement de ses désirs. C'est là aussi une bien vieille idée, Pascal l'a bien notée de plusieurs manières: «Nous ne cherchons jamais les choses mais la recherche des choses» si bien que, pour les hommes en général, «ils ne savent pas que ce n'est que la chasse, et non pas la prise, qu'ils recherchent» (*Pensées*, éd. Giraud, art. 2, §§ 43 et 45). Mais il ne s'agit point seulement du «divertissement» de l'homme éloigné de Dieu, il s'agit de beaucoup plus et de beaucoup mieux, de cette attitude générale qui, en l'absence d'un dieu trop lointain ou d'un dieu mort, constitue et ennoblit les conduites par lesquelles l'homme affirme son être personnel. Pascal est bon psychologue, mais il inspire trop encore nos pleureuses. C'est sans doute qu'il pense trop à l'homme de cour à qui manquent des intérêts et qui, comme un Saint-Simon, mettent des problèmes de tabouret royal au premier plan de la scène de leurs valeurs. Son analyse psychologique, au prix d'une légère correction de tir, vaut pour les conduites les plus honorables de l'homme, comme aussi pour certaines conduites condamnées.

Et, pour nous éloigner des gens de cour, citons d'abord (de mémoire) ce beau mot de Jules Monnerot à propos des ouvriers: «On ne se fait pas tuer pour une augmentation de salaire», on se fait tuer pour la Cause, j'ajouterais: «et pour le risque», car il y a toujours un fond d'esprit sportif, un souci de l'«image de marque» dans une grève. On pourrait analyser toute la vie politique, on y trouverait moins dans ses divers aspects des manifestations des pulsions primaires comme le voulait Freud dans son *Totem et Tabou* et comme l'ont voulu voir à sa suite tant d'autres, que ce goût d'une prouesse qui ne se peut gagner que par le risque. Alain caractérise cet état d'esprit lorsque, dans son *Mars ou la guerre jugée*, il juge que l'homme va à la guerre avec ce qu'il a de meilleur, avec son courage, son souci de l'honneur — et l'objecteur de conscience fait de même dans une autre direction — car, comme dans le jeu enfantin, l'essentiel ici est de s'affirmer, de proclamer son autonomie, de refuser la tentation vile, de risquer.

Il ne faudrait certes point exagérer dans ce sens, et l'on a assez dit que le soldat partait parce qu'il était forcé, à cause des gendarmes qu'il fuit et à cause de la foule autour de lui (V. Giono, par exemple). Cela aussi est vrai, mais là aussi la décision de ne point déserter est une décision de risque; parler de fuite avec un air de mépris est trop aisé car la fuite aussi est souvent un acte de courage et parfois même une stratégie (les Horaces). Ce que nous voulons seulement montrer, c'est que l'acte humain, et quel qu'il soit s'il reste humain, c'est un acte qui *joue avec le risque*. Oui, même lorsqu'il s'agit d'un cambiste qui calcule ses risques ou d'un truand qui refuse de dénoncer ses complices. L'homme ne peut être homme qu'il ne soit homme de courage, qu'il ne soit l'homme du *thumos*, un homme d'honneur. Un conquérant de l'inutile.

16. Degrés de liberté et degrés d'existence

Si le risque, et à sa suite la liberté, s'insinue ainsi partout dans les conduites humaines, c'est qu'il découle à la fois de l'existence et des conduites qui cherchent une prise sur l'existence. Le propre de l'existence, avons-nous vu et c'est par là qu'elle supporte la liberté, c'est d'être indéfinie, ouverte, de refuser une définition, une limitation strictes. On ne peut calculer l'existence, seulement le vêtement, le modèle que l'on tente de lui faire enfiler. Mais jamais ce modèle, toujours trop strict du fait de son origine rationnelle, ne lui peut aller parfaitement, et c'est dans ce jeu entre existence et modèle, dans cette inadéquation de l'existence, que se logent ensemble la liberté d'agir et le risque d'erreur.

C'est parce qu'il y a dans toute existence un champ d'incertitude que je puis assumer un risque et que j'aurai nécessairement à le faire si je veux agir. Dans toute activité délibérément risquée il y a ainsi, grâce à la prise de risque, un certain sentiment de l'existence comme ce qui ne peut être fixé, ce qui glisse des doigts, ce qui fuit ma saisie, ce qui compromet mon projet. Par ce biais on comprend bien cette interdépendance des concepts de liberté et d'existence que nous avons déjà signalée. Tout sentiment de liberté ne prend un sens que par un égal sentiment de l'existence, comme si c'étaient là deux faces d'une même réalité. Et il faut sans doute inverser cette affirmation en disant que tout sentiment d'existence implique un sentiment de liberté car, si l'existence était seulement l'obstacle, le Courbe de Peer Gynt, si elle n'était quelque peu poreuse, si elle ne laissait quelque place à la liberté, nous serions pris dans une telle machinerie que toute compréhension, toute représentation, toute conceptualisation, toute pensée seraient abolies. Si bien que liberté et existence nous semblent toujours porter en elles leurs contraires, comme l'être suppose le non-être selon Platon et Hegel. En toute pensée il y a du sublime.

Il n'est donc point étonnant que, comme nous l'avons dit plus haut, on retrouve en toutes nos conduites proprement humaines ce risque qui nous révèle le couple existence et liberté, et qui en est en quelque sorte l'indicateur.

Il suit également de là que nous pouvons prévoir des variations d'une situation à une autre à l'intérieur de ce même couple. Comme il y a des degrés de risque, il y aura des degrés de liberté; cette notion de degrés de liberté, bien connue des physico-mathématiciens, s'offre, sous une forme plus qualitative à tous nos projets. Agir, c'est risquer, le mondre pas comporte un risque, comme l'avait vu Descartes, ce qui est faire écrouler la parfaite certitude de réussite dans nos activités. Mais aussi rien n'est jamais complètement perdu, il y a également toujours place pour l'apparition d'une nouvelle donnée, pour une sorte de miracle. S'il est vrai que, dans notre activité quotidienne, nous négligeons d'ordinaire ces cas extrêmes, il les faut cependant rappeler pour deux raisons car ils interviennent en deux cas. D'abord dans le cas du savant qui, aujourd'hui, sait bien qu'il n'y a pas pour lui de Vérité en soi, qu'il ne fait jamais que corriger les erreurs, que ses hypothèses, même les plus vérifiées, restent susceptibles de gauchissements, d'élargissements et de rectifications. Ensuite chez certains malades qui en viennent, dans leur pessimisme, à ne plus voir que les chances extrêmes et la foudre qui choisit, pour tomber, leur maison dans la vallée. De plus la considération de ces cas extrêmes est une bonne introduction à la notion de degrés de liberté, que nous utilisons constamment dans notre vie quotidienne.

En effet, si nous négligeons les valeurs trop improbables d'existence ou de liberté, nous sommes amenés sans cesse à estimer pour chaque acte et chaque projet ses degrés de liberté. Notre monde n'est nullement ce monde cartésien que jadis l'on a souvent voulu croire l'objet de notre science, c'est un monde qui a du flou, plus ou moins de flou selon l'heure et le lieu, c'est un monde auquel nous ne pouvons totalement nous fier. Jeter un acte dans le monde, c'est inévitablement juger de ses degrés de liberté, de la probabilité de la réussite, d'une certaine incertitude des résultats. Même lorsque je sèmerai des poireaux dans mon jardin, je mettrai ainsi en jeu la constance du monde et la puissance de ma liberté créatrice. Il y a toujours place pour les pronostics hasardeux de réussite, et par suite pour les considérations des moralistes et les chants des poètes.

Or ce continuel pari, et c'est là qu'intervient ce que je nommerais volontiers le second ordre humain, il va dépasser la simple conscience du pari et se chercher un domaine plus apte à la réussite, plus doué en degrés de liberté. Telle est la source des structures rationnelles, logiques ou mathématiques, qui vont venir coiffer la pensée simplement représentative. Il s'agit non plus simplement de prendre son parti de ces corrections de l'erreur qui sont le lot le plus avisé des naturalistes et autres savants hommes, mais de créer un domaine dans lequel la liberté s'affirmera totalement sans nulle intervention de l'existence, sans aucun degré d'existence. Plénitude de la liberté donc. Voire, et il faut nous y attarder un peu.

17. Vers les valeurs formelles

Déjà, dans la première conduite caractéristique de l'humanité, ce jeu de faire-semblant dont nous avons souvent marqué qu'il constituait le premier pas, la première esquisse de la pensée humaine, cette imitation de soi-même, vers la couture de la première et de la seconde année, crée un domaine réservé, un domaine propre, celui des êtres dont on dispose totalement, qu'on peut initier ou faire cesser, des êtres qui ont du jeu, qui expriment une puissance de créer ressentie au moins implicitement (suite du «plaisir d'être cause» comme dit Preyer, mais plus élevée). Une valeur de liberté est née. Déjà elle met en jeu une règle et un modèle (ce seront là les deux objets principaux des deux chapitres suivants) et, de plus un être d'un nouveau type qui allie à sa valeur un mode nouveau et original d'existence.

Certes, toute pensée, parce que représentée, possède cette existence spéciale que donne la participation à la psyché, même le projet le plus banal, le plus terre à terre: c'est encore jeu à part du milieu, même si c'est détour pour retrouver et modifier ce milieu. Mais la nature de cette existence psychique se comprend mieux dans l'activité ludique. Il s'agit alors de l'objet illusoire, de cet objet, fée, carrosse, qui entre dans le jeu sous couvert de Suzanne ou d'une pomme. Sans doute peut-on, en un certain sens, dire que ce qui existe, c'est Suzanne-qui-joue ou la pomme-dont-j'use-dans-mon-jeu, mais l'être illusoire, fée ou carrosse, possède aussi une réalité, une telle réalité que sans lui le jeu n'aurait plus aucun sens. Il y a là une sorte d'existence qui ne se caractérise guère par les mots des philosophes, par un «pour-soi» en face d'un «en-soi», mais qui se sent immédiatement parce qu'il a été délibéré, choisi, construit, parce qu'il révèle mon pouvoir, ce pouvoir qui trouve un jeu dans le monde, qui est en jeu, ma liberté.

On dira que ce n'est là qu'une copie, mais la copie implique un copieur, le modèle un modéliste. Il ne s'agit plus de perception seulement, mais d'une «mé-perception» voulue si l'on autorise ce terme: dans la pomme je vois, je veux voir et je vois le carrosse. Avec ces objets illusoires, premiers des signes, c'est un monde des valeurs existantes, d'une existence psychique, qui apparaît. Non plus de simples valences attachées aux figures que comporte le monde alentour.

Disons mieux, c'est l'imaginaire qui commence d'exister, et cette existence de l'imaginaire, ne nous y trompons point, n'est point quelque existence vague : certaines nouvelles sont plus douloureuses que des réalités. A partir de cette invention des valeurs de l'imaginaire — et de la liberté — une vie nouvelle, une vie humaine peut commencer.

Contentons-nous de signaler en passant le rôle essentiel de ces valeurs d'imaginaires dans les sports qui continuent le jeu. Si le sport, comme la plupart des jeux enfantins, suppose des instruments, un matériel et même une industrie du sport, on ne peut nier le caractère «illusoire» que revêt très souvent le champ sportif, terrain de football, court de tennis, piste de course, vélodrome, etc. : le sport vit sur des abstractions et il tend à se clore de plus en plus sur lui-même, à se donner des lieux artificiels, des règles artificielles, des compositions artificielles d'équipes ou de scores. De plus en plus les «jeux du stade» l'emportent sur ce que l'on nomme les «éco-sports».

N'appelons point longtemps au secours de notre analyse ces domaines de valeurs de liberté que nous avons déjà utilisées plus haut : les affaires, la guerre, les jeux des adultes, etc. Il suffit de dire que ces valeurs de liberté sont toujours dirigées vers une abstraction de plus en plus marquée — comme si notre civilisation était cette même abstraction. Et la considération d'un bilan de fin d'année (des «valeurs» en banque), ou les stratégies utilisées dans une partie d'échecs, ou les rêveries d'un romancier sur cet être d'illusion qu'est un personnage, nous conduiront aisément à ces formes limites où il semblerait que la liberté veuille prendre comme objet elle-même et uniquement elle-même, sans rien sacrifier aux valences primitives; ainsi font entre autres le banquier, le fidèle (dont les mythes et les dieux ont été assez étudiés par les sociologues pour qu'il soit superflu d'en parler ici, tant ce sont exemples frappants) ou le poète.

C'est vers les valeurs purement abstraites qu'il faut nous diriger, qu'elles soient logiques ou métaphysiques ou mathématiques. Tout se passe ici comme si l'esprit humain, une fois constitué dans d'autres domaines, avait voulu quitter de son mieux ce monde d'existants lourds qui constituent notre environnement. Apparaissent alors des *entités* dont l'esprit est le seul père (ce qui apparaît moins lorsqu'il s'agit de forces dites surnaturelles, ou d'objets d'ordre culturel ou social). Comme si l'esprit trouvait enfin en lui une infinie liberté sans subir la pression de n'importe quel degré d'existence. Il y a là en effet des valeurs — comme dit d'ailleurs le mathématicien — d'un type très spécial, les plus éloignées qu'il soit de notre environnement. Mais, et quelle que soit leur origine qui ici n'importe plus, ces valeurs ne sont point aussi quelconques qu'il le semble. Ce n'est point sans raison qu'il y a un réalisme des idées mathématiques et que, depuis Platon, ces valeurs purement formelles ont été prises souvent non seulement comme les plus puissants moyens de changer le monde, mais aussi comme des individus régnant sur un monde à part, un monde des Idées mathématiques. Comme si les valeurs de liberté les plus élevées devaient finalement retrouver le mode d'être des choses[9]. C'est là le problème de l'ordre, cet appui indispensable de la liberté, que nous traiterons dans le chapitre suivant.

L'existence de degrés de liberté va donc nous mener à envisager diverses formes d'émergence ou plutôt de construction de la liberté, ou, si l'on préfère, cette diversification des valeurs de liberté que refuse la philosophie d'un Descartes.

Cette diversification s'impose dès que l'on refuse de voir dans la liberté cet «indivisible» des métaphysiciens pour y voir une synthèse progressivement installée dans notre être biopsychique. Nous l'avons déjà dit, les valeurs de liberté ne sont point des valences animales, mais la liberté n'est jamais que la liberté de mes organes corporels, des muscles autant que du cerveau; cette liberté est située dans l'existence, elle est apparue à un certain moment de l'évolution, à la suite de ce détachement progressif, de cet éloignement d'un centre homogène que sont les apparitions aux divers âges des diverses nouveautés prometteuses de succès. La liberté est une manifestation marginale de la masse biologique des vivants, même si par la suite cette manifestation marginale a — du moins pour nous — pris la place centrale dans notre tableau du monde. C'est un moment de ce détachement, comme la cellule animale qui déjà l'annonce malgré l'apparence. Une force de synthèse apparue dans un coin du domaine des vivants, grâce à laquelle ou plutôt dans laquelle l'organisme se constitue, se donne une forme, une nature. Non que cette force soit antérieure à l'organisation, ce qui serait poser une métaphysique aux forces mystérieuses et aux lignées indéfinies, mais elle est plutôt le caractère nouveau que prend, que réalise l'organisation en se fermant sur elle-même en un monde clos et se donnant des moyens de défendre cette réalité indivise. Par là l'organe préfigure l'activité libre, car toute organisation doit avoir, pour durer, une sorte de champ de jeu dans lequel se mouvoir et chercher les éléments dont elle a besoin. Cependant, à la différence des organisations cellulaires, par exemple, avec lesquelles émerge une certaine forme de vie, l'organisme humain est capable de se constituer en une organisation qui possède un certain jeu des produits mentaux, qui peut sécréter des images et des attitudes en dehors des pressions environnementales, qui peut se créer un monde en dehors des présentations qui lui viennent des choses alentour, un monde qu'elle recrée en représentation à son gré. C'est cet échappement au monde du hic et nunc qui, lorsqu'il est capable de se régler, de s'organiser en lui-même (et non de dépendre des stimulations du milieu ou de simples sensations proprioceptives comme dans les images de rêve ou les séquences mécaniques), parvient à créer un monde de significations dont chacune comporte une teinte de valeur.

Si nous avons ainsi rappelé des prémisses, c'est afin de mieux dessiner cette activité de position des valeurs qui les disperse en classes différentes à divers niveaux.

NOTES

[1] C'est ce que reconnaît Fromm, l'un des plus subtils psychanalystes de notre temps lorsqu'il dit de la célèbre «pulsion de mort»: «Elle relève de la *psychopathologie* et non, comme le supposait Freud, des *phénomènes biologiques normaux*. La pulsion de vie constitue donc une potentialité primaire et la pulsion de mort une potentialité secondaire» (*Le cœur de l'homme*, p. 64). C'est justement parce qu'il s'agit là, comme dit encore Fromm, de tendances qui vont «à l'encontre de la vie» — donc qui sont le domaine préféré des cliniciens — que nous ne pouvons chercher les sources des valeurs de ce côté-là.

² Une simple remarque suffit à montrer l'insuffisance nécessaire de tous nos appareils de mesure et de calcul, disons en bref de tous nos ordinateurs. Concevons un ordinateur le plus puissant possible, constitué de puces qui seront le plus miniaturisées et le plus nombreuses possible. Qu'il y en ait encore plus qu'il y a de secondes dans la durée mise par la lumière pour nous parvenir de l'étoile la plus lointaine que nous connaissions. Qu'une puce soit réduite au plus petit grain possible de silicium, à une molécule, à un atome, à un quark, et encore moins. Le nombre de relations susceptibles d'intervenir dans les calculs sera néanmoins toujours fonction du passage ou du non-passage d'un influx d'un élément à un autre; mathématiquement, s'il y a N éléments (N puces), il y aura donc N (N−1) relations. Or ce nombre, malgré son immensité, reste encore bien inférieur à celui des relations que l'ordinateur devrait fixer dans le Cosmos pour comprendre intégralement le moindre élément existant, car ici aussi chaque élément agit sur tous les autres, et *il y faut comprendre les éléments de notre ordinateur* qui sont aussi matériels et part du Cosmos. Notre ordinateur manquera donc toujours à saisir tous les existants. Faire intervenir le temps n'arrange rien, car c'est aussi faire entrer en compte et en valse les éléments du monde, notre ordinateur compris. L'existence échappe donc, elle offre une faille, et cette faille est un aspect inséparable de l'existence. Plus nous faisons intervenir d'éléments dans notre matériel et nos calculs, plus la faille s'agrandit. Il ne s'agit point là seulement en effet d'une contingence, mais de la nature même de l'existence qui est comme trouée des degrés de liberté, qui suppose un continuel *indéfini*. Et, ne l'oublions point, c'est justement dans cet indéfini, dans ce trou de l'existence, que se pose notre liberté — à la fois dépendance et indépendance des existants (par cette origine non plus contingentielle — non plus comme un *clinamen*, mais existentielle).

³ C'est là le drame de notre époque, tiraillée entre les ordinateurs qui figent les choses, et une vision éminemment temporelle de la société. Mais ce drame vient de bien loin; il s'est prononcé peu à peu à travers les deux derniers siècles.

⁴ On parle d'ailleurs ici trop vite d'absurdité, puisque le but visé par l'ordre imposé au monde se réalise dans un accord avec les autres (et par suite aussi avec soi). Les faibles raisons des classifications et des relations importent moins dans leur matière que dans leur nature de raisons; ce qui compte, c'est l'accord, disons mieux la communion entre soi et les autres, comme entre soi et soi, ce double accord, cette double liaison qui, selon A. Comte, est la définition même de la religion. Par ce biais aussi nous retrouvons la leçon des jeux du groupe enfantin (comme des rites mondains du savoir-vivre). Pour parler d'absurdité, il faudrait d'abord pouvoir faire état d'une vérité dont l'absurde n'est point contradictoire — d'une existence perçue comme incompatible avec notre propre existence, avec notre vécu, et provoquant ainsi cette «révolte de la chair» par laquelle A. Camus définit l'absurde.

⁵ Ces jeux ne sont point jeux de laboratoire — et c'est sans doute pourquoi les psychologues de laboratoire n'en parlent point. Mais ils témoignent, parce que d'invention individuelle et arbitraire, de ce qu'est le véritable esprit ludique qui ne se définit que par un but indifférent (marches rythmées, cloche-pied, inventions «bizarres»; voir des exemples nombreux et une analyse dans *Le jeu de l'enfant...*, § 18, en particulier p. 164.9 et table analytique des jeux) et des risques à courir pour atteindre ce but. L'observation de ces jeux est un coup de sonde dans les profondeurs de l'attitude ludique et nous indique ce qu'il faut d'abord chercher derrière des jeux d'apparence sociale (jeux avec cubes ou jeux électroniques que l'enfant programme tout seul, et même imitations classiques).

⁶ On retrouve cet aspect du jeu même dans des jeux qui apparaissent essentiellement comme jeux d'ordre, mais qui placent le risque dans une amplification des dimensions des objets de jeu ou dans une extrême complication. Ainsi des enfants de Maria Montessori collant de grandes pages pour avoir la place de faire de plus grandes multi-

plications; c'est même chose que la passion de tant de jeunes pour le cube de Rubik ou pour des jeux électroniques complexes. Plus l'obstacle est imposant, plus le risque est ou paraît grand, et plus l'on a du mérite à en triompher. C'est pour la même raison que les anciens Hindous grandissaient leurs héros en multipliant le nombre des armées : c'est encore porter un verre d'eau plein sans en renverser une goutte ou suivre le bord du trottoir.

[7] *Risque et danger.* Signalons en passant un problème mineur. On aura remarqué que nous prenons toujours le mot « risque » au sens d'une activité risquée du sujet. Or le plus souvent le langage commun ne distingue guère les termes de risque et de danger. C'est ainsi que récemment, dans un excellent ouvrage, P. Legadec, étudiant les dangers majeurs que notre civilisation fait courir à nos contemporains (pollutions, dangers nucléaires, etc.) intitule son ouvrage *La civilisation du risque*. Ce titre, contestable si l'homme ne s'avise pas des dangers que fait courir notre technologie, ne l'est plus s'il s'agit d'un homme qui perçoit fort clairement le caractère aléatoire et dangereux de ses inventions. Le langage dit assez bien que l'on *prend* un risque, mais non un danger; et l'on *affronte* seulement un danger venu du dehors. Le risque est un mode de l'activité; le danger est un fait. Et peut-être notre civilisation, qui ignore souvent les conséquences de ce qu'elle fait sans s'en soucier, apparaît-elle plus comme une civilisation dangereuse que comme une civilisation du risque : d'un côté les risques (généralement mineurs, il est vrai) que prennent certains sportifs, de l'autre l'Etat-assistance qui pare à certains dangers. De bien jolies études à faire pour l'historien psychologue sur les prises de risque à travers les peuples et les civilisations (croisades, grandes explorations, révolutions, etc.), ou pour le psycho-sociologue à travers les âges de la vie et les tempéraments. Travaux qui seraient bien utiles au philosophe.

[8] Le célèbre mot de Mallory à qui l'on demandait pourquoi il gravissait une montagne : « Parce qu'elle est là », reflète bien cette absence d'autre motivation que le souci de triompher d'un obstacle, de courir seulement une chance de prouesse et un risque d'échec.

[9] On voit par là comment les « valeurs » du mathématicien rejoignent les « valeurs » du banquier. Et toutes les autres valeurs.

Chapitre 3
Les valeurs d'ordre

> ... *La pensée, dans son mécanisme même, est d'abord un système d'empêchements et de coups de frein.*
>
> J. Romains *(Les hommes de bonne volonté, III, 66)*
>
> *Je hais le mouvement qui déplace les lignes...*
>
> Baudelaire *(La beauté)*

1. L'étrange

Avec l'ordre, nous touchons des valeurs très curieuses, car on peut les considérer tantôt du point de vue de l'affirmation d'un sujet libre, tantôt du point de vue de l'efficacité pragmatique : aller tout droit, c'est affirmer son projet, mais c'est aussi aller plus rapidement au but. Il est donc sage, avant d'analyser directement ces valeurs d'ordre, de chercher un fil directeur qui ne pourra se trouver que dans les modalités de leur genèse. D'où vient l'ordre, et comment en provient-il ?

Cette question est-elle bien posée ? Pouvons-nous lui répondre alors que nous n'avons point défini l'ordre ? Vieille objection de ces « chercheurs » qui s'imaginent qu'en sciences humaines on peut définir un objet avant d'en étudier la genèse, et qui, faute du temps, érigent ainsi en absolu, en essence, une définition encore discutable. Néanmoins, sans tomber dans cette faute que nous avons souvent dénoncée, il est sage de tourner un peu autour de la notion pour aider l'étude génétique; au fond c'est en même temps et en appuyant tantôt sur un pôle tantôt sur l'autre que l'on peut d'une part parvenir lentement à une définition réelle[1] et d'autre part établir la genèse.

Or ici deux remarques s'imposent. La première, que nous examinerons un peu plus tard, c'est que l'ordre semble, en particulier chez l'animal, précéder notre conscience d'ordre et notre projet d'ordre. La seconde est qu'il y a d'autres types d'ordre que l'ordre mathématique.

Examinons d'abord ce second point dans le domaine humain. Il arrive que mon ordre soit un ordre pragmatique, plus lié à mon organisme et à ses gestes qu'à une vision symétrique et régulière des choses : ainsi de l'ordre des objets dont j'use sur mon bureau, ainsi de l'ordre de présentation des boutons et pédales d'une machine dans une organisation vraiment scientifique du travail lorsque jouent à la fois mains et pieds. Or, dans ce second cas l'on voit que s'il y a ordre, c'est en raison d'une prévision d'adaptation, d'un projet et même comme d'un commandement que je m'adresse. Cette rencontre avec le commandement est, on le sait, un thème privilégié pour qui parle d'ordre, mais il faut le considérer dans toute son ampleur. Il y a des commandements qui paraissent, tout en étant des ordres, décréter le désordre : ainsi l'officier qui, devant un ennemi soudain, commande à sa troupe : « Dispersez-vous ». Bien plus, il existe une politique du désordre qui procède par des commandements anarchiques, qui vise une « déstabilisation » : c'est là une conception bien connue du mouvement révolutionnaire. Et, revenant de là à l'individu, ne puis-je mettre dans le même groupe ces conduites guidées par une sorte d'anarchisme individuel qui se veut originalité, fréquentes à l'adolescence, avec leurs bruits, leurs discordances, leurs provocations ? Dans tous ces cas l'ordre venu du dedans se fait désordre aux yeux du public, au-dehors, et cela non point par erreur, mais par action délibérée. N'y a-t-il pas là un type d'ordre bien déterminé malgré son étrangeté ?

C'est qu'en effet, nous l'avons vu au début du précédent chapitre, l'homme peut s'affirmer par l'étrange aussi bien que par le régulier et le symétrique et toutes les conduites auxquelles nous venons de faire allusion se caractérisent dans leur for intérieur, dans leur projet, par la recherche d'une étrangeté bien plus que d'un désordre. Cette étrangeté pourrait tout aussi bien consister dans la pierre dressée à laquelle nous avons déjà fait allusion que dans une sculpture spéciale et étrange des rochers qui y fait retrouver la marque du geste humain. A côté du cairn, type classique de l'ordre, il nous faut mettre la pierre dressée mais aussi la pierre sculptée, comme le rocher creusé de cupules ou de svastikas ou comme les têtes géantes du Mont Rushmore.

Cette introduction de l'étrangeté en notre propos paraît devoir être riche d'idées neuves, en permettant de mettre en parallèle et même en convergence les problèmes de l'ordre et de l'étonnement, ces deux types de conduites primitives du psychisme humain; mais elle nous rappelle aussi que, par l'étrangeté même, nous soulevons à la fois le problème des rapports entre ordre et désordre et celui des sources animales de ces deux notions car l'animal aussi semble connaître l'étrange — une souris se méfie du changement de son environnement. Gardons ces horizons derrière nos analyses, elles les alimenteront sans doute.

On pourrait maintenant aborder ce problème de l'ordre en tentant de distinguer entre l'étrangeté animale et cette «admiration» qui était pour Descartes la passion primitive, la source même de la pensée («Iris est fille de Thaumas» disait déjà Platon). Ce serait distinguer surprise et étonnement, comme nous l'avons fait ailleurs (voir aussi Artemenko). Mais, plutôt que de nous écarter ainsi en apparence, mieux vaut revenir à l'étrangeté en soi et chercher dans ce sentiment d'étrangeté ce qui est ordre et ce qui est désordre.

Or ce qui frappe alors, c'est que l'étrangeté est une sorte de dérangement de dispositions antérieures. Point d'étrange sans un monde familier, sans un monde ami. L'étrange est un trou dans ce familier (comme le Je est un trou dans le champ psychique), dans cet univers qui semblait fait pour nous comme s'il avait été fait par nous. On serait tenté ici de parler d'une sorte d'artificialisme à rebours, mais la notion d'artificialisme n'a de sens que par un retour sur la fabrication humaine, ou mieux sur ma fabrication, sur mon œuvre; elle implique une vie représentative déjà assez évoluée. Au contraire l'étrange peut naître du simple familier auquel je me suis accoutumé; bien plus l'étrange peut, à la longue, devenir familier — comme une plante ou un animal curieux. Point besoin donc ici d'autre chose que d'une expérience vague, non dirigée par le projet humain. L'étrange agit sur nous comme un désordre, c'est le désordre primitif, parce qu'avant lui il y a déjà un ordre dans les choses : son caractère subjectif n'apparaît vraiment qu'à l'observateur, non au sujet que surprend l'étrange. Après des automatismes, des conditionnements et des habitudes, survient une émotion, l'émotion peut-être la plus importante pour le psychisme; je n'ose cependant dire la plus primitive, il faudrait auparavant élucider les rapports entre étrangeté et peur, problème qui est justifiable de l'observation et de l'expérience animales. Mais il n'est point sans intérêt, à la source des valeurs d'ordre elles-mêmes, de retrouver une conduite émotive. Wallon n'insistait-il pas à juste titre sur cette pensée émotive qui aurait précédé la pensée intellectuelle ?

2. La pierre-bras

Qu'est-ce qui est premier ? L'ordre ou le désordre ? Fausse question, parce que bien mal posée, et il n'est point étonnant qu'Edgar Morin ait pu errer en répondant et plaçant le désordre à la source de la pensée humaine : la réponse ne peut valoir mieux que la question, elle reste aussi confuse et hasardeuse tant que l'on n'a pas assez tourné autour de la notion d'ordre.

Revenons à notre cairn (voir chap. 2, §3), en prenant un exemple précis. Il y a une quinzaine d'années, je partis avec mon compagnon ordinaire, à l'assaut d'un pic assez peu connu (Pla Alta, à l'ouest de Caldas de Bohi). Contrairement à ce qu'on trouve ordinairement dans ces Pyrénées espagnoles, la région, bien défendue il est vrai, était désertique : ni piste, ni animaux, ni même oiseaux, le pays tel qu'il devait être il y a bien des milliers d'années. Or, au sommet, nous trouvâmes non seulement un cairn semblable à ceux que les Espagnols construisent abondamment sur leurs pics, mais, au sommet du cairn, une pierre curieuse levée, comme un bras, dont je me demandai un temps si c'était là œuvre de l'art ou de la nature. Non seulement — comme il était bien sûr — d'autres hommes nous avaient précédé et avaient marqué leur passage d'un cairn, mais aussi ils l'avaient marqué par cette pierre étrange, qui, placée au sommet du cairn, témoignait d'un choix humain par cet accord évidemment humain entre la place et la nature de la pierre.

Une pierre dressée au centre du cairn eût fait aussi bien l'affaire, en ajoutant sa position dressée à la construction du cairn qui la soutenait. Mais ici, en plus l'homme se marquait justement par cette sorte de désordre de la pierre que l'homme avait noté et proclamé. La pierre, faux signe d'un bras, devenait ainsi signe de l'homme. Elle était étrange par son équivoque, par ce bras esquissé et non achevé, par ce faux sculpteur dont on voyait assez qu'il n'avait jamais existé, par ce mélange, cette confusion qui, par son illusion d'humanité, proclamait encore mieux son inhumanité. Mais en retour cette inhumanité même, une fois reconnue et signalée par l'homme, devenait humanité. Passait alors au premier plan le fait de l'avoir remarquée et mise en place, ce qu'aucun animal n'eût accompli, et encore moins aucune force physique naturelle.

L'homme a toujours fait attention à ces équivoques naturelles. Les préhistoriens ont ainsi découvert des collections de pierres colorées ou bizarres, de *curiosa* rassemblées par nos ancêtres, il y a des centaines de milliers d'années. C'est que de telles équivoques n'intéressent jamais que l'homme, car seul il se reconnaît en elles et s'apprécie. Une seule pierre curieuse constitue déjà une valeur; la réunion de plusieurs, d'un ensemble de ces bizarreries mystérieuses, est valeur bien supérieure non par le fait d'une simple addition, mais par l'étrangeté de telles rencontres qui crée une sorte d'étrange au second degré. Et il ne s'agit plus ici de bizarreries qui puissent constituer des signaux, ainsi que tel rocher notable planté le long de la piste du col, comme en connaît tout alpiniste; il s'agit d'une bizarrerie qui vaut en quelque sorte en soi — et cependant aussi par moi, qu'elle glorifie, car c'est moi qui l'ai trouvée et qui en ai pris possession. L'étrangeté ici, c'est cette sorte de valeur extérieure à moi qui ne satisfait ni ma faim, ni ma soif, ni mon sexe. Cette valeur de poète et d'artiste qui déjà, au niveau du Néanderthal et même plus tôt, annonce l'art moderne.

On voit assez qu'ici ordre et désordre semblent se confondre, et qu'une analyse s'impose.

Je noterai d'abord que ce faux ordre — et presque de sublime — de la pierre-bras, on peut y voir un désordre de la nature qui n'a point à copier ainsi l'homme, ni même à s'évader de ce qui paraît l'ordre naturel, comme le ferait une magnifique pierre hyaline au milieu des granits et des calcaires. Pour nous, et aujourd'hui peut-être seule la montagne déserte le fait-elle bien comprendre, la nature ne se présente point comme quelconque : elle a son style accoutumé, sa manière de se présenter à nous, sa constance : elle *doit être quelconque*, et ne lui conviennent plus ces hasards surprenants qui lui donnent une forme inattendue; c'est comme si elle nous trompait, ou au contraire comme si obscurément elle s'efforçait vers nous, nous tendait la main. Il y a du miracle ici, et mon émotion va faire naître les dieux, afin de retrouver, par un ordre divin, les dispositions constantes de la nature.

Dispositions, serait-ce donc déjà ordre ?

3. Constance perceptive et étrangeté

Ce qui paraît paradoxal dans les résultats auxquels nous avons été conduits, c'est cette contradiction et cette convergence des dispositions et de l'étrangeté sur le plan de l'ordre. Peut-être est-ce en faisant intervenir pleinement ces deux notions que nous saisirons mieux la signification de l'ordre.

Si l'on admettait que les dispositions du monde fussent déjà un ordre, l'ordre débuterait bien avant le niveau représentatif; il appartiendrait à toute conscience d'un percept, car percevoir, c'est toujours saisir une certaine disposition des phénomènes, disposition qui possède une certaine permanence (sinon elle ne pourrait même être perçue). Et cette remarque nous mène déjà à un résultat important, c'est que le terme même de disposition implique une certaine durée, une certaine fidélité des phénomènes; que cette fidélité soit encore plus accentuée dans un ordre, au sens le plus restreint du mot, que cet ordre possède un aspect en quelque sorte substantiel (au sens de la catégorie kantienne de substance), que sous l'ordre il y ait ainsi un objet, cela est sûr mais ne nous avance guère tant que nous n'avons point une compréhension plus nette du temps — et des niveaux conceptuels qui le concernent.

Plutôt que d'insister sur la permanence objective qui suppose tout un ensemble de catégories, considérons simplement la familiarité: sans une certaine familiarité du phénomène, il n'y a point de dispositions. Il n'y a disposition que si le phénomène me semble «posé» (position), ou même déposé; il gît là, il persiste par une certaine inertie, et c'est pourquoi je le connais et le reconnais, ou tout au moins conserve sa connaissance: il y a de la persistance dans une disposition. Inertie déjà? sans doute, mais nous allons la voir mieux plus loin.

Dire cela, c'est tout simplement reprendre la vieille considération, exprimée par Kant comme par H. Poincaré, selon laquelle nous ne pourrions même percevoir rien du tout si les phénomènes étaient soumis à un continuel devenir, à une mutation instantanée et continuelle. Toute perception implique une certaine lourdeur, une certaine viscosité des choses. L'idée, on le sait, n'est point neuve, mais il nous fallait la mettre ici en sa place, pour que l'on n'aille point y voir un ordre véritable: ce n'est jamais qu'une condition de l'ordre, mais aussi du désordre.

Cette condition est certes essentielle. Sans cette fidélité, cette familiarité des choses, il n'y aurait jamais ni étrangeté, ni émotion, ni même représentation et pensée, on le voit aisément. C'est sur ce fond calme, sur cette homogénéité de l'univers phénoménal que se détache la figure, perçue comme une sorte de trouble, de déchirure de l'étoffe, de discordance, disons le mot de désordre.

C'est là que va intervenir l'étrangeté sous sa forme la plus élémentaire. Ce que je perçois, c'est ce qui fait tache sur le fond uni du monde, comme l'oiseau dans le bleu du ciel, qui inévitablement attire notre regard. Ce que je saisis, c'est le désaccord dans le fond perceptif; ainsi si je sens qu'il y a quelque chose de changé sur mon bureau — mais je ne remarquerai rien s'il est toujours le même. En ce sens, je pourrais bien dire que toute perception commence par une sorte de désordre, mais qui ne voit qu'une telle affirmation est excessive, car cette figure qui se détache sur le fond du monde n'est point désordre, à moins que l'on ne veuille considérer perception et conscience comme des désordres:

> « Tu n'as que moi pour contenir tes craintes !
> Mes repentirs, mes doutes, mes contraintes
> Sont le défaut de ton grand diamant ! »

mais ne confondons point complètement poésie et psychologie, même lorsque le poète est aussi philosophe.

En réalité, c'est logiquement d'ailleurs que l'étoffe précède la déchirure, que le pseudo-ordre des dispositions précède le pseudo-désordre perceptif, car c'est à la lumière qui perce par la déchirure que nous voyons l'étoffe; si la figure suppose le fond, il n'y a point de conscience du fond sans la perception de la figure. Faux problème que ce problème-là, comme celui de la poule et de l'œuf.

Ce qui commence à apparaître ici, c'est une dissociation progressive de la disposition qui est familière et de la figure qui comporte un aspect de nouveauté. Cependant, au niveau où nous sommes descendus, cette dissociation n'est point encore assez prononcée pour opposer ordre et désordre; nous n'en pouvons rien tirer concernant les valeurs humaines; ce n'est encore que préparation du terrain, nivellement.

Cette disparité des intuitions primitives ne peut s'élever à un niveau supérieur, à une perception élaborée si elle ne bénéficie d'une certaine sérénité. C'est un fait bien connu qu'une trop forte discordance, qu'un trouble perceptif ne conduit point seulement à une émotion mais à une frénésie ou à une catatonie: la conscience même s'y perd avec la connaissance. Il y a de la maîtrise de soi dans la perception, bien que nos psychologues de pur laboratoire n'y insistent guère: c'est que la condition de laboratoire exige déjà, et en toute expérience et en tout moment de l'expérience, cette maîtrise de soi, si bien qu'elle n'apparaît plus dans les résultats: c'est un facteur commun, si commun que nulle part il ne se détache. Une vie réelle, et surtout dangereuse, instruit autrement sur cette possession de soi, condition d'une perception perçante: pour bien observer, il faut d'abord savoir braquer et retenir l'instrument visuel, je veux dire le corps. Cela demande bien de l'expérience, bien du temps et un bel apprentissage.

Ce pas nouveau est précieux, car ces remarques, pour communes qu'elles soient, vont nous mener à considérer l'étrangeté même comme un gain, comme un caractère qui n'apparaît qu'à un certain niveau de perception et de composition de soi, ce qui modifie profondément notre problème actuel.

Il ne s'agira certes plus de ce neuf qui se présente à nous dans la perception d'une Gestalt, mais de l'étrangeté véritable qui, à un niveau supérieur, détache un objet sur un horizon d'autres objets, en fait un individu très particulier, une souillure, un désordre. Au fond, nous dira-t-on, n'est-ce point le même problème que précédemment? Oui, si l'on veut, mais c'est que la démarche psychologique, que la dialectique de l'organisme pensant restent au fond les mêmes aux divers niveaux. Bien que nous insistions souvent sur la coupure entre pensée animale et pensée humaine, nous savons bien qu'elles impliquent les mêmes matériaux, et les mêmes modes d'avancée : ce qui change, c'est la disposition des pièces du jeu et la prévision du joueur.

Qu'est-ce donc, devons-nous maintenant nous demander, qu'est-ce donc que l'étrangeté pour la pensée humaine? Et ne commence-t-elle pas avec la première représentation?

4. La domination du phénomène

Parvenu en ce point, je me demande si je n'ai point assez mal posé le problème, car, en y réfléchissant, je découvre deux sortes d'étrange, et cela recoupe des résultats antérieurs. Comme s'il y avait un bon et un méchant étranges, l'un qui me séduit, qui en appelle à ma curiosité, qui m'ouvre des horizons, et l'autre qui, au contraire m'effraie et provoque en moi un recul. Il y a bien des années que je tourne autour de cette dualité, et que je me demande comment justifier la distinction entre étonnement et admiration dont Descartes fait état — mais dans une analyse qui vaudrait tout autant si elle était retournée. Les psychologues de l'enfant ont également buté contre cette difficulté depuis le début de leur science expérimentale : Stern et d'autres ont peiné à dinstinguer par quels caractères et quelles causes se distinguaient les deux effets de l'étrange qui tantôt fait pleurer le bébé, tantôt le fait rire. Or je vois bien maintenant qu'il me faut reprendre tout cela, si je veux saisir l'ordre.

Il est actuellement une certaine veine de recherche qui se prolonge dans cette direction, c'est celle que Walker et d'autres mènent aux U.S.A. sur les attitudes et conduites liées à la complexité. Sans doute est-il regrettable que des recherches aussi précieuses ne portent jamais que sur des adultes (et plus précisément des étudiants en psychologie) comme si les chercheurs américains avaient définitivement oublié que la psychologie fondamentale ne peut se développer sans trouver sa base dans des études génétiques; mais il nous est rappelé par là qu'un phénomène a sur nous des effets tout à fait différents si sa complexité peut varier. Or cette complexité elle-même ne doit point être jugée en soi, mais par rapport à un sujet qui assimile la complexité plus ou moins vite, qui s'habitue à elle : la courbe qui exprime le caractère agréable ou déplaisant d'un stimulus complexe glisse peu à peu sur l'axe des âges et des époques.

Peut-être pourrons-nous par là pénétrer mieux la nature de l'ordre et celle de l'étrange. L'étrange, lorsqu'il est trop complexe ou lorsqu'il brise trop avec nos habitudes (deux qualités équivalentes et même assez proches), nous déplaît, nous heurte, nous émeut trop vivement; mais, s'il reste dans des limites acceptables pour nos muscles et nos nerfs, il constitue au contraire un aliment de notre activité, il est comme l'oiseau que nous suivons des yeux dans un ciel pur. Il y a là un seuil entre ce qui peut ou ne peut pas être assimilé, dont la nature psychophysiologique importe peu pour le moment. Or ce seuil (comme toute la courbe dont nous parlions plus haut) se déplace par l'effet de l'habitude, et ce qui apparaît comme agréable n'est plus qu'une source d'ennui, alors que le désagréable peut réveiller notre palais émoussé, être l'occasion d'une prouesse cognitive ou motrice.

On comprend mieux dès lors que le sentiment d'ordre puisse donner une satisfaction analogue à celui d'étrangeté modérée : de part et d'autre, ce qui compte c'est une certaine domination du phénomène, un sentiment de détachement des contraintes existentielles. Un ordre simple, comme des pierres en cercle, enchante autant qu'une pierre dressée ou qu'une pierre qui imite un bras. Dans ces trois cas nous découvrons des indices d'une saisie possible pour nous et par suite d'une prise de possession, de percée vers des horizons cognitifs nouveaux : une sorte de

Mien cognitif se dévoile derrière l'élan imprécis de notre être, et comme une victoire sur les choses.

Il y a encore du sublime dans tout ordre comme dans tout déchaînement des choses que nous pouvons surmonter; il y a du sublime au fondement de toute pensée, à la source même de l'humanité. Parce qu'être homme, c'est conquérir, c'est risquer et gagner, c'est s'affirmer comme gouverneur des existences.

Nous sommes parvenus ici peut-être au point central des valeurs, au point d'où nous pourrons maintenant diverger de part et d'autre pour conquérir, nous aussi, notre terrain, pour asseoir nos pensées et nos valeurs. Regardons donc bien avant d'aller plus loin.

Ce qui paraît se résoudre ici, c'est cette opposition de la liberté et de la Loi, ce paradoxe humain qui a été si souvent contemplé. On sent bien, à voir se profiler dans notre psychologie plusieurs lignes nouvelles de recherche, que ces lignes ne peuvent point être complètement indépendantes, que c'est une nouvelle vision de l'homme qui s'opère, délivrée des sottises ou plutôt des excès du behaviorisme et de la psychanalyse (auxquels il faut cependant rendre hommage pour ce qu'ils nous ont apporté). Longtemps, je l'avoue, j'ai été quelque peu soucieux de l'accord de diverses notions et de diverses études qui préoccupaient les chercheurs de mon laboratoire. Il semblait surtout que d'une part, l'étonnement, d'autre part l'ordre, d'autre part l'élan humain tendaient chacun à se frayer sa route; à la rigueur s'entrevoyait bien un lien entre les deux derniers, mais non entre cet étonnement et cette liberté qui sont cependant également célébrés par Platon. Peut-être avons-nous enfin, en cherchant les origines des valeurs, trouvé les liens de parenté entre ces notions toujours neuves en psychologie. Mais, avant de l'affirmer, il faut encore tâter le terrain, essayer, risquer, explorer, douter et reculer, scruter les horizons, enfin réconcilier en moi la joie du risque et la joie de la découverte.

5. Ordre et sentiments

Ce qui nous intéresse maintenant, c'est le but de l'ordre plus que sa nature; c'est en effet par là qu'il faut en commencer l'étude et la définition si l'on veut y voir non point seulement une structure morte, mais un facteur dynamique. A commencer par la nature, on fige la pensée comme l'ont trop fait les philosophes classiques, on oublie le temps et plus précisément ce temps de conquête qui est le cadre de tout notre psychisme (mais est-il d'autre temps que celui-là?).

Il est parfaitement légitime d'aborder ainsi notre pensée et nos valeurs à partir de leur finalité. Ce serait certes une faute en biologie, cela impliquerait une Force Cosmique providentielle; mais lorsqu'il s'agit de sciences humaines qui ne peuvent éviter la prise en compte, comme moteur principal des phénomènes étudiés, d'une intentionnalité, d'une visée, d'un projet, la simple explication par les mécanismes est complètement insuffisante car elle élimine des sciences humaines ce qui est le cœur même de l'homme; une telle «réduction» à une science plus fondamentale dans la série des sciences, à un niveau inférieur, se pourrait poursuivre aux niveaux inférieurs, et toute science politique ne serait plus que physique pure. Chaque science doit, vaille que vaille, rester à son niveau propre et utiliser des notions qui caractérisent ce niveau. Autant qu'il serait absurde d'expliquer le cerveau humain par la finalité de ses organes, à moins de justifier cette finalité par quelque fait purement biologique, autant il est permis et même nécessaire d'introduire la finalité dans une étude psychologique.

Nous ramenons donc l'ordre aux motivations humaines. A l'élan, au désir d'horizons neufs, en premier lieu. Mais aussi, parce que cet élan vide n'explique encore rien, à des Formes spéciales qui favorisent cet élan en lui donnant une matière, en lui permettant de se réaliser en une prouesse, cognitive ou motrice. Plus précisément à une variété (complexité) qui puisse être dominée, subjuguée. Et la variété la plus aisée à dominer ainsi, ce sera évidemment celle que nous aurons presque entièrement créée, à la suggestion la plus légère des choses. Nous sommes ainsi conduit, dans cette analyse, à distinguer et rapprocher, comme nous l'avons fait, des structures d'ordre et des structures que nous pouvons nommer structures illusoires comme celle de la pierre qui évoque un bras. A cette première distinction, nous en ajouterons une autre, également esquissée déjà, c'est celle d'une structure neuve et d'une structure ancienne.

La première distinction mérite une analyse à part, nous la reprendrons plus tard. En revanche, il nous semble pouvoir en finir plus vite avec la seconde.

Nous savons aujourd'hui qu'une même Forme peut présenter un aspect tout autre si elle est présentée dans un environnement favorable ou non. Cela ressort de nombre d'expériences où un tout jeune enfant se voit confronté avec des objets nouveaux en présence ou non de sa mère; si la mère est là, il s'enhardit vite et explore, sinon il a peur et se rencogne. Un autre fait bien connu consiste dans l'accoutumance à l'étrange chez l'enfant; tout se passe comme s'il lui fallait des expériences répétées, une fréquentation prolongée, du temps, pour se familiariser avec des Formes neuves; il faut de la patience pour que Bébé, à la vue du chapeau nouveau de sa mère, cesse de pleurer et se hasarde à caresser les plumes qui l'ont effrayé — déjà Homère avait raconté la peur passagère d'Astyanax, et M. Montessori, plus près de nous, nous avait bien fait connaître cette peur du «désordre» avant que l'expérimentation ne commence à s'aventurer sur ce domaine de recherche. Si, précisant plus l'étude, on dispose d'objets qui puissent être rangés sur une ligne en fonction d'un gradient de complexité (par exemple, des airs musicaux) il est possible d'étudier le progrès de la familiarité qui fait passer l'objet du niveau de rebutant au niveau de l'agréable; ce qui est tout simplement étudier ce glissement de la courbe des estimations sur l'axe temporel dont nous parlions plus haut.

Environnement, familiarisation, deux facteurs liés (la familiarisation est, en fait, un changement d'environnement) qui permettent une saisie de valeurs d'ordre nouvelles; nous sommes tous comme Bébé qui pleure en entendant dire par un adulte peu connu le conte du petit Chaperon Rouge, mais qui ne pleurera plus si le conteur est Maman, et qui par la suite s'en enchantera — à condition toutefois qu'un nouveau terme, une nouvelle manière de conter ne vienne pas introduire un élément de surprise, une étrangeté dans un domaine parfaitement maîtrisé. Mais aussi viendra un temps où l'ancien Bébé ne sera plus très charmé de ces vieilles histoires. L'étrange ne se sera plus seulement fait ordre et familier, il a alors dépassé cette étape pour sombrer dans l'indifférent, toute sa valeur s'est évanouie, il ne donne plus lieu à la plus petite prouesse, il n'est plus un témoin de la maîtrise de soi, de ce survol des choses, de cette sérénité par lesquels Bébé est parvenu à conquérir des régions sombres de l'Imaginaire.

6. Les sentiments d'ordre ont-ils un appui physique?

D'une manière générale, la conquête des choses est d'autant plus facile qu'elles présentent certains caractères. Nous disons que «tout est en ordre» lorsque ces caractères sont présents. Par exemple si, revenant chez moi et inquiet de vols faits dans l'appartement du dessous, je trouve, en ouvrant ma porte que «tout est en ordre»: on voit alors qu'ordre est pris dans son sens plein — et primitif — de ce qui m'est adapté, ce que je puis prendre aisément comme appui de mes activités: un voleur, en troublant mon ordre, m'aurait imposé des démarches, une nouvelle adaptation au monde.

Cet exemple nous fait sentir que la conquête de l'Imaginaire est analogue à une certaine conquête des percepts, et, plus largement, des choses. C'est parce que telle ou telle situation, tel ou tel objet facilite cette conquête que nous les disons «en ordre».

Quels sont donc les caractères de cet ordre? Certes, nous le savons, on peut faire intervenir ici l'accoutumance, mais cela ne suffit point. En premier lieu, parce qu'il est des caractères qui facilitent l'accoutumance. En second lieu, parce que parfois les choses nous paraissent en ordre avant toute accoutumance.

On serait tenté de faire intervenir dès maintenant les caractères d'ordre universel des adultes, régularité et symétrie par exemple. Mais n'allons point trop vite. Prenons d'abord les pensées les plus humbles. Ce qui frappe alors, c'est que l'ordre, ou ce que, abusivement d'ailleurs, nous appelons alors ordre, c'est aussi à peu près ce qui nous paraît simple. Ainsi lorsque nous percevons une Forme régulière et symétrique, elle semble à la fois simple et ordonnée; les Gestaltistes, lorsqu'ils ont examiné ce problème ont bien noté que les caractères qui donnaient de la prégnance aux Formes étaient, ceux-là, des caractères d'ordre géométrique. Mais prégnantes aussi sont des formes ne possédant point ces caractères, des formes familières, comme la forme de la main ou celle du visage. Dès lors, on peut envisager trois types de facteurs contribuant à créer le sentiment d'ordre. L'accoutumance d'abord, nous n'y reviendrons point. Puis d'une part des éléments très larges et comme des principes, de régularité ou symétrie par exemple ou aussi bien de répétition; et d'autre part des éléments, également primitifs, mais plus précis et pour lesquels l'on serait tenté d'employer le terme d'instinctif, par exemple le visage humain pour l'homme ou l'aspect du socius pour maints animaux, éléments dont on est persuadé aujourd'hui qu'ils sont partiellement liés à des données constitutionnelles.

Les travaux poursuivis depuis quelques années sur la perception par le bébé du visage humain et sur le sourire de réponse à ce même visage sont trop convaincants pour que nous puissions continuer à nier en ce domaine des éléments qui précèdent l'apprentissage. Et, lorsque Bébé répond à un masque bien fait par un sourire, et par des pleurs à une figure horrible et complexe, nous saisissons bien là une sorte de simple perceptif qui est aussi l'équivalent d'un ordre de la nature. Sans doute est-il sage d'être prudent en la matière, car l'apprentissage précisera par la suite le flou de cette Forme primitive, mais l'existence de celle-ci, pour simplifiée qu'elle puisse être, n'en est pas moins la preuve d'une sorte d'ordre constitutionnel; nous y reviendrons longuement plus tard.

Plus difficile est le problème posé par ces sortes de principes généraux réclamés par l'efficace certaine chez l'animal de caractères comme la répétition, la régularité et même la symétrie. D'abord parce que les faits sont ici moins bien connus, moins bien étudiés, bien qu'aussi certains. Mais surtout parce que, en cette affaire, il semble impossible de ne pas faire appel à une sorte d'Ordre en soi, antérieur à toute construction psychique, donc existant par lui-même. C'est, dans notre domaine, l'équivalent du problème posé aux mathématiciens par le fait des nombres, et qui a mené beaucoup d'entre eux à affirmer l'existence de Nombres en soi, et Nombres absolus.

Peut-on éviter cette retombée dans le vieux platonisme? De toute manière, ne tentons point d'écarter rapidement une difficulté qui ne mérite point d'être traitée à la légère, et que nous retrouverons. Sans le vouloir, nous sommes parvenus ici à un problème central en toute philosophie, ce problème des essences (qui ne diffère point du problème des rapports entre la liberté et la Loi, déjà cité il y a quelques pages comme problème central) qui reparaît aujourd'hui encore jusque chez Husserl avec clarté, mais de manière plus cachée sous bien des idéologies, même marxistes.

Le seul moyen de ne plus avoir besoin des Essences, c'est de leur attribuer une origine terrestre. C'est d'expliquer ces propensions de notre psychisme par la nature de ce monde terrestre, de ramener l'Ordre aux lois de la nature physique et organique. Certes, d'autres tentatives ont été faites, qui ont cru trouver une issue dans un appel au social, expliquant par exemple, avec Durkheim le caractère ordonné du cercle par la disposition des hommes qui discutent en assemblée. De telles tentatives ne sont point toujours mal dirigées, mais elles ont deux défauts, elles ne creusent pas assez profondément et elles n'envisagent point les premiers éléments du psychisme.

Ce que nous voulons dire par la première critique, c'est que, derrière les cadres des institutions sociales, il y a des régularités de la nature: ainsi le cercle social suppose une qualité de fait du cercle dont tous les segments regardent en quelque sorte vers un centre — ce qui ne vaudrait ni pour une ellipse ni pour un carré; cette propriété du cercle, les participants à une assemblée sont commandés par elle: non seulement ils en ont toujours un sentiment confus, ils constatent que c'est cette forme-là qui les rapproche le plus les uns des autres tout en les laissant également distants du centre également aptes à intervenir, mais elle s'impose comme mécaniquement parce qu'elle est couramment utilisée en raison de ses propriétés pratiques (le volume le plus facile à modeler; le plus résistant parce que tous ces points sont bien «appuyés», qu'il n'y a pas d'angles fragiles; le plus «plein» pour un même volume, etc.), et par suite se présente aisément à l'esprit. La notion de cercle — sans doute avant celle de carré, comme chez l'enfant — est une notion vite jouée, vite assimilée, vite utilisée, vite disponible.

A vrai dire, c'est un principe beaucoup plus large encore qui va intervenir ici, celui qui veut que les principaux cadres sociaux continuent d'abord des cadres organiques et physiques, et aussi bien chez les hommes que chez les animaux. A parler peu strictement, l'ordre à chaque niveau continue et précise l'ordre du niveau inférieur. Comme nos fêtes religieuses coiffent d'anciennes fêtes solaires, elles-mêmes fonction des variations de l'orbite solaire, comme Noël signifie un solstice, et Pâques un équinoxe, de même toutes nos notions principales d'ordre dérivent d'événements physiques.

7. L'ordre naturel du temps

Avançons ici, pour commencer, deux idées qui nous semblent mériter chacune une analyse stricte et prudente:
- la première est que toute conduite suppose des séquences ordonnées dans le temps;
- la seconde est que la ligne droite s'impose comme un support essentiel de l'ordre, encore plus important que le cercle (voir ci-dessous, § 12 sq.).

Que toute conduite suppose des séquences ordonnées, c'est là même, pourrait-on considérer, la définition d'une conduite. Mais aussitôt cette définition formulée, nous en voyons le défaut, car elle ne s'applique point entièrement aux conduites de liberté — et c'est en cela que ce sont des conduites de liberté. Il nous faut donc, une fois de plus, distinguer des niveaux.

Au niveau de pur réflexe ou du conditionnement de premier ordre, la structure de l'action s'impose comme si elle était ordonnée; c'est pourquoi les naturalistes ont, au début de ce siècle, été si intéressés par des séquences apparemment sans apprentissage ou presque sans apprentissage qu'ils mettaient en lumière dans l'activité des Insectes. Nous savons aujourd'hui que ces admirables séquences de mouvements sont moins fatales que l'ont cru certains, qu'elles demandent un certain épaississement par une répétition motrice variable selon la structure; nous savons aussi qu'elles peuvent présenter ce que, dans une ligne déjà bien fixée par Darwin, Rabaud nommait les «ratés de l'instinct»; nous savons aussi que l'on observe parfois à l'intérieur de ces structures motrices des transferts ou des inversions (comme on en trouve, par ailleurs, dans les translocutions qui concernent les chromosomes). Reste cependant que, même si l'Insecte se trompe, c'est pour lui une nécessité de remplir un certain programme, de suivre un certain ordre en respectant intégralement les contraintes — j'allais dire déjà les consignes — de sa nature et des natures des êtres concernés dans son environnement: le trop célèbre Sphex ne doit pas pondre ses œufs dans un Grillon avant d'avoir anesthésié celui-ci et, pour l'anesthésier, il doit procéder selon certaines séquences. Certes il arrive cependant, comme on le sait bien de nos jours, qu'il parvienne à assurer sa lignée en faisant des erreurs, il y a plus de chemins de la réussite que ne le croyait Fabre, mais on ne peut nier qu'il y ait, même en plusieurs voies parallèles, des séquences qui s'imposent, et que le Sphex a intérêt à ne pas pondre dans la rivière ou dans une fissure d'arbre[2].

La contrainte existentielle peut être plus ou moins vigoureuse, plus ou moins précise, mais nul être vivant ne peut s'y soustraire complètement sans danger; toujours il hérite de ses parents et du milieu un certain mode imposé de vie et, de plus en plus ce mode de vie comprend des séquences, met en jeu l'irréversibilité de la durée.

Que cette irréversibilité ne soit point cependant aussi lourde que le voudrait le métaphysicien — ou certains naturalistes et behavioristes attardés —, cela doit pourtant s'accepter, car souvent, à un certain niveau des vivants tout au moins, il est possible de revenir comme en arrière, d'opérer des *retouches* comme fait le peintre. Notons d'abord que l'intervention de retouches reste encore une affirmation d'une structure à suivre, à réparer, à retrouver. Cependant l'apparition de la retouche joue un grand rôle dans la genèse des intelligences et des valeurs. Grâce à la retouche, c'est un peu comme si je recommençais une certaine durée, comme si j'avais un pouvoir sur cet irréversible temps, comme si je pouvais revenir sur mon passé, le refaire mieux, le fignoler. Il me semble qu'il y a là un carrefour d'importance parce qu'il introduit à deux types de durée.

Une fois de plus, nous suivons de trop près les mathématiciens qui ne voient que le temps de leur symbole t. Ce temps-là, s'il est commode, s'il entre dans les calculs de nos ingénieurs, s'il fait en quelque sorte partie de nos bâtiments et de nos meubles, ne caractérise jamais qu'un type d'intelligence, l'intelligence à voie unique. Reconnaissons que cette intelligence en est venue depuis longtemps, et très magnifiquement de nos jours, à élargir ses vues, à envisager des chemins parallèles, des stratégies équivalentes en temps divers, des redondances temporelles; il ne faut point se laisser aller à trop restreindre la puissance des structures purement rationnelles. Mais le temps vécu, que cette intelligence-là intègre malaisément, possède déjà chez l'animal une tout autre variété. Le temps vécu — par rapport aux observateurs que nous sommes très évidemment — par des êtres inférieurs et même des Amibes qui procèdent par essais et erreurs, ce temps moteur de leur vie procède par un continuel retour en arrière; sans cesse l'Amibe remet son acte en jeu. Et n'en est-il pas de même du baliveau à qui l'on coupe son bourgeon final et qui, plus bas, recommence de nouveaux bourgeons? Il est vrai qu'il faut nous méfier en ce domaine et ne pas verser dans la poésie en célébrant le renouvellement des choses comme Lamartine célébrait ses amours sur le lac du Bourget en pleurant un temps irréversible — mais la poésie même n'était-elle pas une sorte de recommencement? Cependant il y a lieu d'appliquer ces considérations au niveau humain et de voir que par ses retours en arrière, l'homme pose des valeurs d'ordre dans la durée bien différentes de ce que nous mènerait à croire le simple t du mathématicien.

Laissons donc ces considérations sur la durée infrahumaine, ses reprises et sa ligne plus ou moins dure, ne regardons que l'homme. Dans ce domaine, il nous faut très clairement distinguer au moins deux ordres du temps qui coexistent également dans nos conduites les plus élémentaires comme dans les plus complexes.

8. Les retouches

Il n'est pas besoin, elles sont trop connues, d'insister sur les conduites fondées sur le caractère irréversible de la durée, sur les conduites ou séquences intérieures à nos conduites, que l'on peut qualifier de linéaires. Par exemple sur les programmes industriels, sur les emplois du temps, sur les rites temporels des repas, etc. Il y a là un ordre assez féroce parfois, sur lequel il nous faudra revenir plus loin sans doute, mais qui, pour l'instant, ne fait aucun doute.

L'autre ordre, c'est l'ordre des retouches (prolongeant les célèbres «remaniements» évolutifs des biologistes). Or le temps des retouches est certainement beaucoup plus important chez l'Homme que chez la plupart des animaux supérieurs. Nous touchons là un si vaste domaine qu'il nous effraie un peu. Tentons un peu de l'éclairer en choisissant nos terrains de jeu. D'abord la recherche scientifique qui ne fait jamais que retoucher les acquis antérieurs, comme l'on sait, mais qui garde toujours des assises aussi solides que la suite des nombres et les faits découverts. Ensuite les sports qui nous présentent une indiscutable division, selon que le sportif peut ou non faire des retouches : d'un côté le concours de courses, la partie de football, de l'autre les lancers, les sauts, les records — et, entre les deux les concours où l'on a droit à un nombre limité d'essais, alors que pour un record le nombre généralement n'est pas limité.

Insistons ici car le sport, par son caractère comme abstrait de l'environnement naturel (n'est-ce point toujours un «de-sport» qui se passe hors de la maison, sur le pas de la porte? «Le jeu se fait devant la porte» dit Chrétien de Troyes, *Perceval*), permet une meilleure analyse des divers types de durée que l'homme peut créer et se donner comme cadres de son action, et par suite de ses valeurs. Or, à y mieux regarder, le sport permet généralement bien des retouches, car, et justement parce que, la partie, comme celle de jeu, étant assez détachée de son environnement, elle peut être recommencée. Cela est clair pour les lancers et les sauts, même si le nombre d'essais peut être arbitrairement limité. Cela est vrai aussi parce que le concours peut être repris, et que le champion A rencontrera alors à nouveau le champion B dans une autre ville du monde. De même à l'intérieur d'une «partie», et surtout lorsqu'il s'agit de compétition individuelle ou par équipes, l'espoir de gagner est légitime jusque dans les plus grands désastres, le sort peut «basculer» comme l'on dit; cette nature de la durée sportive est éminemment connue des spectateurs de matches de tennis ou de football, bien que le décompte des points ne soit point le même; ce décompte met cependant en jeu une nouvelle valeur, une nouvelle teinte du jeu, car la distance temporelle est limitée dans un cas (prolongations écartées) alors que dans l'autre cas elle était si susceptible de se prolonger que les dirigeants du tennis ont dû imaginer des règles nouvelles (le «tie-up») pour resserrer cette durée, ce qui, comme le savent bien les amateurs, a créé une durée et un suspens d'une qualité neuve (la durée d'un début de partie n'est plus celle d'un «tie-up» au cinquième set).

Par l'instauration de règles, on peut donc modifier la valeur d'une durée dans une activité sportive. Mais il faut généraliser cette possibilité dans les élections périodiques, dans les compétitions d'affaires, et dans un grand nombre d'autres activités, même religieuses — si un remords juste avant la mort suffit pour sauver une âme, au lieu d'une sorte de sommation des bonnes et mauvaises actions pendant toute une vie. Disons-le brièvement, nous pouvons jouer avec la valeur du temps, et une bonne part de nos problèmes et de nos discussions porte justement sur des problèmes de ce type: un ou deux tours à des élections par ailleurs plus ou moins éloignées; des semaines de travail de 40 ou de 35 heures et dont la composition est variable; une majorité à 18 ou 21 ans, un achat comptant ou à tempérament, que sais-je encore?

Or dans ce *ménagement* du temps, il faut encore distinguer deux cas, celui où des retouches permettent d'améliorer ce ménagement, et celui où il est fait une fois pour toutes. Nous retrouvons ainsi, cette fois par un autre aspect, la distinction de ce début de paragraphe.

C'est qu'il y a deux sortes de valeurs temporelles, sans compter celles qui naissent d'une composition de ces deux types. L'une concerne non l'irréversibilité d'un temps transcendantal, mais le ménagement de notre temps; l'autre fait intervenir non seulement un ménagement donné une fois pour toutes, mais, en quelque sorte, un aménagement de ce ménagement grâce à des retouches. Il y a là deux stratégies, et peut-être aussi deux caractères, qui conditionnent nécessairement deux sortes d'ordre et de valeurs. Ecartons à nouveau cet ordre que nous avons dit linéaire, et qui vient à nouveau se représenter en intrus devant nous. Essayons d'abord de comprendre ce qu'est la durée des retouches, et ce qu'est la retouche elle-même.

Or celle-ci peut advenir de deux manières, selon qu'elle est ou non programmée. En effet, je puis croire que je réaliserai une œuvre, que j'atteindrai un but sans coup férir, d'une traite; il arrive que cela se produise dans une ascension sur une voie inconnue du montagnard. Mais aussi souvent il lui faut se reprendre, revenir en arrière malgré lui parce que le rocher ou la glace l'y contraint, auquel cas il peut penser que son programme était erroné, qu'il avait mal vu ou mal compris ce qu'était la face abordée de la montagne; s'il est un guide, un conducteur, la retouche au programme est évidente et peut être prise pour la suite d'une erreur. C'est dans ce sens que le peintre qui retouche son tableau parle volontiers d'un «repentir». Ce «repentir» est bien autre chose qu'une étape du travail prévue par avance, qu'un arrêt, c'est un retour en arrière, une sorte de reculade (reculer pour mieux sauter).

Au contraire de cette retouche qui procède d'erreur et qui doit effacer une part du travail antérieur, la véritable retouche, celle qui est prévue, marque un succès. Tel fut le cas à un moment de notre préhistoire, lorsque nos ancêtres sont passés du simple silex éclaté (du «chopper») né d'un unique choc et plus ou moins réussi, plus ou moins efficace, à ces admirables bifaces acheuléens dans lesquels l'*Homo erectus* témoignait d'une stratégie toute nouvelle, plus patiente, plus capable de long trajet, plus réfléchie. En fait, il y avait là une véritable révolution. C'était déjà une révolution que de ne point se contenter de ramasser des galets roulés par la rivière et comme de cueillir un silex éclaté; mais prévoir des retouches, une suite de retouches de plus en plus fines, des retouches de retouches et ainsi de suite, c'était bien autre chose. C'était là une stratégie à long terme et comme un organigramme complexe — c'était aussi fixer, localiser ce travail en un atelier, et sans doute faire intervenir un certain talent, que tous ne pouvaient posséder, prévoir les petits éclatements et leur enchaînement successif. Une fois acquise cette technique de la retouche bien délibérée, de la retouche sur la retouche, tout un champ de travail s'ouvrait à nos ancêtres. Peut-être même pourrait-on considérer que c'est à ce tournant-là de la technique que se situe vraiment l'apparition du travail.

Il y a là impliquée une sorte de technique des «petites variations»; on pourrait même se demander si ce n'est pas avec la retouche ainsi délibérée qu'apparaît cette technique. Or c'est un problème important dont la résolution concerne à la fois la théorie des valeurs et la théorie de la volonté, car c'est une vue prospective qui émerge alors de manière indubitable. Imaginer une retouche, cela n'est point simple, en n'importe quel domaine : il y faut à la fois une saisie du matériau utilisé sous une vue instrumentale, une critique de ce matériau déjà modifié une première fois, et enfin une vision dans l'imaginaire de ce qui peut sans doute être réalisé par un nouvel effort. La re-touche suppose par là une re-présentation déjà ample; la conduite de la re-touche suppose une acquisition antérieure, une attitude acquise de prudence — ou critique — et de patience. Elle est retour sur l'objet ou plutôt sur son propre acte de modification de l'objet. Elle est déjà ré-flexion.

Il y aurait lieu d'étudier plus précisément cette conduite de retouche chez l'enfant à tous ses niveaux, depuis la retouche verbale qui polit la prononciation et la structuration des mots depuis le début du langage jusqu'à la correction de l'orthographe et même du style. Je ne connais point moi-même encore de travail directement dirigé vers ce domaine aussi ample qu'intéressant. Il en est peut-être que j'ignore; mais il est sûr que l'attention des chercheurs ne s'est guère portée vers là. Cependant on touche le sujet lorsque l'on aborde la formation du langage et tous ces autres rodages que suppose en général l'apprentissage. On entrevoit alors une certaine continuité possible entre des formes implicites et la forme délibérée qui est la véritable retouche, la retouche-représentation qui utilise pour elle-même ces formes antérieures. On voit aussi s'éclairer quelque peu la genèse de ces valeurs de critique qui prendront tant d'importance par la suite :

toute retouche suppose une conception du but à atteindre et également des techniques de détail qu'utilise la manipulation: c'est là un horizon du travail de retouche ou, pour mieux dire, une certaine attitude constituée de plusieurs horizons concentriques, qui cerne et guide la main laborieuse.

Il semble que cette technique de la retouche de retouche s'applique essentiellement aux choses, qu'elle vient y parfaire et coiffer les apprentissages implicites. La technique de la retouche simple, linéaire comme nous avons dit, est évidemment plus précoce, et elle s'applique mieux aux hommes dans les communications les plus élémentaires. C'est d'ailleurs la première technique que présente l'enfant dans ses copies: dessiner un homme, c'est là une sorte de retouche de l'homme qui lui est plus facile et qu'il effectue bien avant de savoir parfaire quelque peu son dessin. De même, nous le disions plus haut, il peut retoucher quelque peu sa prononciation sans le faire méthodiquement. Cette retouche linéaire correspond seulement, nous semble-t-il, à l'utilisation d'un fait perçu par hasard, dont on sait quelle est l'importance comme l'une des toutes premières étapes de l'enfance chez Piaget. Cela ne veut cependant point dire que cette étape disparaisse par la suite lorsqu'elle est coiffée par la représentation. C'est là un apprentissage délibéré par essais et erreurs, emprunté aux conduites animales supérieures, et que nous utilisons encore bien souvent. Le propre de cette conduite, c'est de chercher non point à corriger d'inévitables erreurs, mais à obtenir du premier coup un succès en utilisant des acquis antérieurs face à un nouveau problème. L'individu semble alors foncer devant lui, il s'imagine pouvoir corriger le monde dans un seul élan, il ne tarde point, ne médite point, il est tout action.

Au niveau humain, ces deux modes de la conduite correspondent évidemment à deux types bien connus de caractère, à deux attitudes envers le monde et à deux sphères de valeurs. D'un côté les valeurs de hardiesse, de pari, de risque, de l'autre celles d'intelligence, de patience, d'effort, de critique, de reprise de soi. D'un côté des tendances plus extraverties, et plus introverties de l'autre. Deux intelligences dont cependant nulle n'est supérieure à l'autre, mais qui, chacune, ont leur rôle à jouer en des moments différents. Achille et Ulysse, le lion et le renard, le héros et le sage.

9. Mixtes et petites variations

Nous touchons là, à partir de la notion de retouche, à un important nœud des valeurs, comme le montrent assez les oppositions que nous venons d'accumuler. C'est que, sur l'opposition fondamentale que nous avons analysée, se greffent, dans des domaines différents, bien des oppositions qui sont ses filles. Il faut se méfier de ces oppositions trop brutales bien qu'elles soient utiles pour mieux comprendre le sens des conduites humaines et mieux juger des valeurs humaines. S'il y a d'une part des tendances qui vont vers les êtres réels et concrets, et d'autre part des tendances qui tentent d'enraciner dans l'imaginaire et le rationnel, si s'opposent sans cesse le pragmatisme et l'idéologie, il s'agit là très souvent d'une exploration mentale qui use de passages à la limite plus que d'une activité réelle et efficace. Notre lot ordinaire, ce sont les mixtes qui unissent par exemple l'intelligence globale et ses intuitions concrètes aux calculs rationnels, ou bien qui mêlent en nous les enthousiasmes et les élans de la liberté aux prudentes prises d'appui et de bénéfice. Achille et Ulysse, ce ne sont jamais que deux faces de nous-même comme Don Quichotte et Sancho Pança. Il nous arrive bien de nous laisser aller trop vers l'un des pôles de cette dyade bien connue, mais la pesanteur de l'efficacité nous ramène la plupart du temps vers le centre. Comme le pendule qui se fatigue.

Les descriptions et définitions que donnent les philosophes sont ici souvent aussi précieuses que dangereuses. Socrate le précisait déjà lorsqu'il opposait (dans le *Lachès*) le vrai courage à la simple hardiesse: son courageux n'est point pour cela un lâche; l'opposé de la hardiesse, c'est la lâcheté qui calcule trop et nourrit par là sa peur. Il y a un moment du *fiat*, comme disait bien W. James. Ou, si l'on veut, disons que le courage doit plutôt se trouver dans les petites séquences qui composent une conduite, rarement dans un acte unique et décisif. J.J. Rousseau le savait au mieux qui demandait qu'on lui donne l'ouvrier des vertus, la menue «monnaie des grandes actions». Le héros est un homme dangereux, il peut s'être trompé de but, même si on ne le distingue point de suite, et il arrive que le futur découvre en lui simplement un dangereux fanatique. Voyez cette brute d'Achille.

Il nous semble donc qu'il faille ici souligner ces valeurs mixtes qui ne sont point simplement un mélange éclectique, mais une intégration en une seule conduite des deux pôles de notre psyché, de nos deux intelligences et de nos deux caractères. C'est ce que l'on saisit mieux en avançant la notion de retouche sur laquelle nous avons insisté. La retouche n'efface nullement la vision exacte, le talent du casseur de silex ou la saisie immédiate que le psychologue fait d'un autre homme, elle laisse une place au risque, mais elle mesure la part de ces éléments spontanés, elle les «mesure», c'est-à-dire qu'elle fait la part du risque, mais uniquement sa part.

J'aime ici la sagesse d'un A. Comte, que continue Alain, lorsque l'un et l'autre font l'éloge des «petites variations», comme celles que le pilote subtil donne insensiblement à la barre. Là est la volonté qui possède valeur, là le mérite du bon ouvrier et du grand artiste. La Muse ne parle jamais trop fort au poète, elle craint de le distraire de son travail. Aussi important que l'inspiration est, en tout acte, la juste mesure des poids des valeurs incitatives et des retenues. Non que parfois ne s'impose la décision brutale, prompte et comme sauvage, on ne peut et l'on ne doit point éviter cette sauvagerie: elle est raisonnable sans être toujours rationnelle. Mais le risque que nous faisons courir à l'efficacité de nos actes et à ceux qu'il concerne — et il y a toujours d'autres que nous — commande à la fois d'être aussi résolu en nos actions et aussi sage dans nos desseins qu'il se pourra.

Les valeurs d'orage sont réelles, mais elles ne fertilisent le sol asséché que si elles viennent en certaines heures et de certaines façons; elles peuvent aussi mener à des désastres. C'est que le monde existant n'est point fait pour nous et pour cette expression vaniteuse de nous qu'impliquent souvent les actes de courage. La Nature est comme une femme qu'il ne faut point prendre de force, on ne lui commande qu'en lui obéissant. Et, si l'on regarde les grands progrès de notre espèce, ces grands progrès qui constituent notre actuelle civilisation, il faut bien reconnaître qu'ils sont plus souvent l'œuvre des ouvriers tenaces et clairvoyants que des purs visionnaires. Les grandes découvertes, l'histoire le prouve de mieux en mieux, sont généralement l'œuvre de toute une suite de variations et de retouches, l'œuvre de générations successives qui ont eu une vague idée, puis ont procédé à quelque retouche ou conservé quelque phénomène intéressant, qui ont perdu puis retrouvé ces acquisitions, qui, à la suite d'avances et de reculées successives, ont dépassé des seuils d'efficacité ou d'assimilation ou de vulgarisation, qui ont pu rationaliser et comme officialiser des conduites nouvelles, qui enfin ont conservé ces acquisitions en les versant dans les banalités de la vie de chaque jour[3].

Pensons au feu, à la roue, à l'aiguille, aux moulins, aux modes de cuisson, aux fermentations multiples, mais les exemples sont trop nombreux pour qu'une énumération ne soit pas ici futile. Notons seulement que là où l'on a pu croire un temps qu'on trouvait un unique inventeur, on a toujours par la suite découvert des précurseurs, et ce n'est point diminuer le génie de nos grands hommes que de les placer ainsi sur des pistes déjà foulées. L'aviation était déjà rêvée par les Grecs et leur légende d'Icare, par Vinci, par ceux qui se jetèrent d'un rocher élevé pour éprouver quelque appareil pendant les siècles derniers — et il y en eut pas mal, à Angoulême par exemple — avant que vinssent la cohorte des premiers aviateurs et des ingénieurs actuels. On usait des moisissures pour soigner des blessures avant que Fleming découvrit le premier antibiotique puis se désintéressât de cette recherche que d'autres allaient reprendre. L'histoire moderne, l'histoire nouvelle qui n'accorde plus tant aux grands hommes — sans cependant nier l'efficacité de leurs actes et de leurs légendes — est pleine de ces suites de reprises et de retouches. La société progresse comme l'individu plus par de petites variations que par de véritables révolutions.

10. Rôle de l'ordre formel et humain

Peut-être cependant doit-on en cette affaire séparer quelque peu des domaines où la décision individuelle ou sociale prend plus d'importance et d'autres où l'emportent les retouches, en quelque sorte les régions des héros et celles des ouvriers. Il est, par exemple assez clair que dans le domaine de la vie pratique, dans la plupart des techniques concrètes qui cernent les matériaux existants pour les modifier ou les déplacer, la stratégie des retouches, si je puis ainsi parler, est prépondérante. C'est d'ailleurs pourquoi, s'étalant sur des familles et des générations, elle apparaît plus comme œuvre sociale que comme invention individuelle. Au contraire, lorsqu'on aborde les domaines de l'Imaginaire sous toutes ses formes, de la poésie à la sculpture et aux mathématiques, la décision individuelle peut prendre plus d'importance; si elle est loin d'être le seul facteur actif, elle apparaît alors comme plus valeureuse, les écoles cèdent alors plus aisément la place aux génies. Dans certaines activités, on en vient à ne plus guère concevoir d'œuvres collectives (poésie, musique, etc.). Dans les sports, au moins dans certains sports, on découvrirait des tendances analogues, comme nous l'avons dit plus haut.

Mention à part doit ici être faite de la politique qui, bien qu'œuvre collective, prête parfois moins aux retouches que l'enseignement ou le bâtiment. C'est qu'interviennent là les idéologies au sens le plus large qu'on puisse donner à ce mot. Parce qu'on est beaucoup plus loin des existants que ne l'ont cru les marxistes, on doit bien constater avec Montaigne que souvent le peuple agit «par ondées»: en témoignent ces grandes convulsions révolutionnaires ou religieuses, des premières Croisades ou de l'épopée guerrière des Musulmans aux Révolutions occidentales récentes — et la Chine serait ici un exemple encore meilleur. Mais sur cela il faudrait revenir longuement.

Cette différence du rôle des retouches en fonction des domaines abordés, nous mène à envisager une opposition et comme un équilibre variable entre deux attitudes et deux conduites dont tantôt l'une, tantôt l'autre prend la première place. S'il s'agit de tailler un biface ou de faire une tapisserie à la main, on doit bien procéder lentement par étapes et par retouches, prononcer lentement et par degrés la forme finale de l'œuvre. Mais on procède tout autrement pour faire «prendre» une mayonnaise ou tirer un lapin. En fait, notre vie ordinaire est un tissu d'actes immédiats, d'actes uniques, et d'actes qui se prolongent peu à peu en se rapprochant d'un avènement. S'il n'y avait que notre spontanéité, que notre élan, nous pourrions montrer plus de hardiesse et foncer comme dans un jeu; mais les choses résistent plus que la matière de nos jeux d'illusion, il ne suffit plus de dire: Je suis le roi, car le matériau nous montrera vite que nous ne sommes qu'un apprenti. A notre «mouvement pour aller plus avant» (Malebranche) doit se conjuguer un souci de toujours prendre appui, de toujours marcher sur une terre ferme, sur une terre familière (sur le «: porte-moi» qui soutient la *Jeune Parque*). Simple souci de ne pas perdre que ce resserrement vers un appui solide, que cette prudence dans l'avancée? Oui certes, mais aussi souci de ne pas se perdre, soi, car perdre matériau ou énergie, c'est aussi perdre son activité, gaspiller son mouvemnt en avant dans des gestes ou des émois inutiles. On est tenté, en face de cette stratégie progressive, de parler d'économie, de voir surtout une certaine utilisation parcimonieuse des éléments matériels. Mais les choses ne sont point si simples que le voudrait faire croire une vue aussi simpliste que matérialiste. Ramener cette stratégie, essentielle chez l'homme, à la simple «économie», c'est décapiter l'humanité, mettre son moteur non dans le thumos et la noêsis, dans la poitrine et la tête, mais dans le ventre, ramener l'humanité à cet «outre des vices» comme en disait V. Hugo. Tentation trop facile que cette tentation de voir seulement en l'homme l'être des besoins et des désirs: c'est là oublier toutes ces expressions de l'élan humain sur lesquelles nous avons insisté au chapitre précédent: je ne suis point le bord du trottoir, je ne m'astreins point à cette règle arbitraire pour refouler quelque faim ou quelque peur; là le matérialisme et le marxisme échouent, ils ne savent pas jouer, ils ne savent pas combien les passions et les guerres empruntent au sérieux du jeu.

Si notre vie ordinaire est continuellement une résultante de l'ordre et de l'élan, c'est moins parce qu'ils sont différents que parce qu'ils sont complémentaires. Parce que s'affirmer, c'est poser sur le monde une marque humaine comme le cairn ou la marche sur le bord du trottoir ou des cœurs entrelacés sur les troncs d'arbres, marques qui expriment une forme humaine, un ordre humain.

Il n'y a pas de liberté sinon dans l'ordre. Et inversement nul ordre vrai ne naît autrement que dans la liberté.

On peut répondre certes, que l'ordre, c'est d'abord du familier, du routinier, et cela est vrai en un sens. Mais d'une part l'ordre humain dépasse le familier, d'autre part il crée aussi ce familier. Par là nous débouchons sur une analyse qui répond aussi à la seconde question que nous avons posée au début du § 7 de ce chapitre.

Il est vrai qu'il existe un familier qui nous semble être un ordre. Lorsque ma femme de ménage se mêle de «ranger» mon bureau, je proclame parfois que «tout est en désordre»; c'est qu'elle a mis la gomme à la place du dictionnaire orthographique — dont elle ignore l'importance — et un manuscrit à la place de la machine à écrire. Dans ce cas MON ordre, c'est comme la forme de mes activités coutumières, et cet ordre-là peut se présenter à un autre comme un pur désordre parce qu'il ne sait pas s'en servir, parce qu'il n'a point les mêmes mouvements, les mêmes coutumes, les mêmes façons d'économiser sa peine, d'être efficace. Même chez l'animal on trouve un souci de cet ordre-là : une souris se méfie souvent des gâteries qu'on lui présente, et c'est là un souci d'ordre efficace pour son espèce. Cette acceptation du familier peut aller fort loin, par exemple lorsqu'une poule conditionnée et habituée à voir ses poussins sortir d'un œuf, voit aussi sortir un petit canard et en fait spontanément SON poussin. Tout chasseur et tout observateur des animaux sait combien il faut, pour ne pas troubler l'animal respecter son environnement et en particulier son nid : une odeur nouvelle, et le soupçon induit des actes de défense. C'est là dans ses implications complexes un lieu commun pour les éthologistes.

L'enfant aussi connaît ce familier, ses valences lui sont très vigoureuses. La présence de la mère est, en ce sens, un véritable facteur d'ordre par sa familiarité, et l'on sait combien elle lui est facteur de sérénité. En revanche, il est toujours difficile d'introduire un enfant très jeune, et surtout s'il n'est pas appuyé par une présence amie, dans un nouvel environnement : il refuse, il proteste ou il «évacue» le non-familier, par exemple l'absurde et le perçoit comme du familier, même si son souvenir jure quelque peu avec sa perception (Artemenko, 1977). Le familier lui est un appui précieux, même si parfois il entre en conflit avec la curiosité, car il fournit un autre appui, un autre ordre qui, né de la vie représentative, lui devient de plus en plus utile; c'est cet ordre qui réside dans une constance représentative qui produit une constance des attitudes.

Les meilleurs symboles en sont l'obéissance à la consigne et l'assimilation de la ligne droite, deux conquêtes qui, pour ne point survenir de la même manière et aux mêmes âges, n'en sont pas moins liées entre elles — la seconde supposant la première — et également sources d'un ordre rationnel caractéristique de l'espèce, et de valeurs morales également spécifiques.

11. L'ordre naturel et la constance naturelle

Avant d'aborder l'ordre au niveau représentatif de la consigne et de la ligne droite, il n'est pas inutile de faire un peu le point sur l'ordre du niveau inférieur et d'étudier ses fondements.

Comment se fait-il que l'animal présente aussi fortement que nous l'ont montré les éthologistes un attachement familier? Rappelons d'abord une première remarque qui remonte loin, c'est qu'il y a une certaine constance naturelle. Il ne s'agit point ici d'une considération d'ordre métaphysique, mais d'un fait, d'un simple fait, nulle vie n'aurait été possible, nulle pensée n'aurait surgi, si notre univers avait été commandé par une continuelle mouvance, par une complexité extrême des choses, par un perpétuel mouvement. On se souvient des remarques célèbres que fit jadis sur ce point Henri Poincaré, mais elles s'éclairent d'un jour nouveau plus d'un demi-siècle plus tard, au moment où nous cherchons s'il est quelque autre planète capable d'engendrer une vie; encore passons-nous alors sous silence cet ordre cosmique du Ciel que reconnaît aussi bien l'astronomie d'aujourd'hui que le prisait Aristote dans son monde céleste: nous nous plaçons à un certain âge du monde, à quelques milliards d'années du big bang, dans un univers suffisamment diversifié pour qu'une constance de cette diversité soit appréciable — constance d'ailleurs relative car toujours menacée par quelque catastrophe. Mais les conditions d'ordre dont on parle aujourd'hui ne sont point seulement physiques (thermiques, chimiques), il y faut ajouter des données que nous révèlent nos connaissances des vies les plus primitives.

Donnons-nous donc comme réalisées ces conditions, cet ordre physique que connut la Terre, il y a 4 ou 5 milliards d'années, et suivons la genèse de la vie qui portera et permettra plus tard la pensée, sa fille. Création de molécules complexes d'un certain type. Apparition d'unités vivantes, de virus d'espèces variées, création de cellules et séparation par une coque, par une paroi, de ce qui appartient à la cellule et de ce qui ne lui appartient plus: comme si on faisait le ménage et balayait hors des murs, au-delà de la porte. Naissance, avec cette mise en ordre vis-à-vis du monde externe, d'un ordre interne exprimé dans les célèbres hélices doubles, et création d'un schéma génétique dont la fixité est aussi la fixité d'une espèce vivante. On pourrait continuer, à chaque étape des progrès de la vie c'est un ordre nouveau qui apparaît, en même temps qu'un équilibre persistant, même s'il doit finir un jour (des galaxies, des planètes, des molécules, des cellules), car tout ordre est aussi émergence d'une nouvelle équilibration.

Passons donc aux animaux supérieurs et à leur préférence pour un environnement qui reste constant et par là familier (tempéré, mais nous le savons, par une certaine curiosité du neuf dans ce que l'on peut nommer les très hautes gammes de la vie). Il y a là une donnée d'importance pour le psychologue; et les anciens philosophes, Hume entre autres, l'ont bien compris, et en ont cherché des explications. Or il ne peut suffire ici, comme le croit Hume, de faire intervenir une induction généralisée à partir des multiples expériences, car ce choix du familier et du constant apparaît extrêmement tôt: c'est déjà le choix de la famille animale, celui du poussin qui se réfugie près de la mère poule dès que quelque nouveauté du monde l'assaille. Sans quelque attitude primitive, sans une donnée plus ou moins vaguement inscrite dans le code génétique, aucun petit animal ne pourrait distinguer entre le familier et le non-familier, et cette remarque est particulièrement forte lorsqu'il s'agit d'espèces nidicoles. Cela ne veut pas nécessairement dire qu'il s'agit toujours là d'une propension générale, car il se peut que certaines propensions particulières vers le socius puissent parvenir à en jouer le rôle et à permettre le développement d'une propension générale; c'est à des études particulières de se prononcer ici. Ce qui est déjà assuré par toute une gamme de recherches solides, c'est qu'il est en ce domaine des éléments spécifiques, déjà sensible à la naissance : le plus frappant étant chez le nouveau-né cette facilité à percevoir et goûter le visage humain et ses substituts corrects, et le plus large et le plus probant étant chez des animaux, même d'un niveau plutôt inférieur (Poissons, par exemple) la reconnaissance native du socius.

D'où vient donc cette préfiguration précoce d'un ordre ? La réponse vaut aussi bien et elle est aussi évidente pour les Formes particulières que pour une propension générale au familier : sans de telles richesses dans son trésor spécifique, aucun des vivants concernés ne pourrait vivre et se propager. L'ordre n'est ni un don de nature métaphysique, ni entièrement une conquête de l'individu aidé par le groupe, c'est d'abord une nécessité d'être. Si cela n'était, nous ne discuterions pas actuellement de ce thème, car il ne se poserait guère. Une certaine harmonie, une certaine entente entre le vivant et son milieu, et comme une compréhension continuée, s'imposent. Faute de cet accord, une espèce disparaît — et actuellement il est des espèces qui tendent à disparaître sur la Terre, parce que leur peur de l'homme, cet inédit de leur monde, n'est pas suffisante. Et, les conduites terrestres se modifiant, l'homme et la vie peuvent disparaître.

Il faut traiter l'ordre en général comme le rythme ou comme l'oxydation nécessaire à la vie. Ce sont là conditions de la vie, aussi n'y a-t-il point à s'étonner si elles accompagnent la vie. Le contraire serait un miracle !

Or cet ordre général ne s'exprime jamais, ne l'oublions pas, que dans et par des ordres particuliers. S'attacher à lui, et c'est là un des traits de notre civilisation, c'est le chercher et le découvrir tout autant dans notre monde sublunaire, pour parler comme Aristote, que dans le champ céleste où les Anciens l'admiraient. C'est là dire qu'il nous faut, derrière les représentations d'ordre, retrouver aussi des faits d'ordre particuliers. Regardons un peu par là, et nous comprendrons mieux ce qu'est l'ordre.

Nous allons reprendre un thème que nous avons effleuré au § 6 de ce chapitre, celui du lien entre l'existence et l'ordre. En effet, ce que nous venons de dire de l'ajustement, disons mieux de l'accord entre l'ordre du vivant et du pensant avec un certain ordre des choses, nous ramène à envisager une sorte de parallélisme naturel entre l'ordre de la nature et l'ordre de l'entendement, comme disaient les classiques. Remarquons d'abord ce double emploi du mot ordre, selon qu'il s'agit d'un monde, pensant ou non-pensant, ou de l'ordre comme qualité et familier : comme si l'organisation interne par l'ordre de nos pensées trouvait son répondant dans un ensemble de régions ou de niveaux qui se répondent et se correspondent. Le langage nous indique la voie.

Or il ne s'agit plus ici de je ne sais quel idéalisme. Plus n'est besoin de croire que l'esprit impose ses lois à tous les êtres — comme le kantisme nous penche si souvent à le croire — que cet Esprit soit simplement l'unité originelle de l'aperception ou un Esprit supérieur à nous dont la sagesse est visible en tous les êtres. L'accord relève maintenant simplement des lois de l'évolution, c'est un accord aléatoire, qui résulte uniquement d'événements de hasard, d'événements qui n'interviennent que dans des conditions exceptionnelles, celles qui ont présidé à la naissance de la vie, de l'organisme vivant, puis de l'organisation psychique à tous ses niveaux. Rien d'étonnant donc si nous retrouvons normalement déjà chez les existants des ordres et des ébauches d'ordre : nous ne pourrions plus penser, ni même vivre sans cet accord.

Dire cela, c'est poser, et maintenant en pleine lumière, le problème de ces séquences ordonnées que la nature des choses nous présente ordinairement. Si l'existence nous paraît et nous paraîtra toujours présenter du jeu, s'ouvrir comme nous l'avons dit plus haut à nos actes libres, elle nous impose également une sorte de statut qui comporte des contraintes. Je ne suis point physiquement libre de faire n'importe quoi. Si je remue mon thé avant d'y mettre le sucre, le non-sucré de mon thé me rappelle à l'ordre. Si je veux cueillir une pomme trop tôt, l'aigreur du fruit vert me sera de même un signe. Si je pose une boule de plomb sur un coussin, celui-ci s'effaissera. Si je lâche un caillou tenu dans ma main, il tombera. Autant d'exemples dans lesquels l'existence se révèle sous un nouvel aspect, son aspect de loi physique ou mieux de causalité (car c'est aussi existence si un chien martyrisé en vient à mordre ou si en moi la frustration provoque agression).

Nous nous trouvons ici en face de ce point où les valeurs s'enracinent, par le biais de la causalité ou de la loi physique, dans l'existence, et, par cette contrainte, affirment l'existence. Les valeurs intellectuelles aussi bien que les morales plongent dans l'existence, et il n'est point étonnant par la suite que notre organisme bio-psychique lui-même emprunte souvent des façons d'opérer et d'être à l'existence : on le voit bien dans les magnifiques résultats obtenus par Michotte, il y a plusieurs décennies, à propos de ce qu'il appelait la « perception de la causalité », manifestant dans notre perception la plus spontanée une sorte d'esquisse de la catégorie de causalité qui, elle, ressortit évidemment d'un niveau beaucoup plus élevé que cette perception élémentaire que nous partageons avec l'animal.

Les valeurs scientifiques ne sont point de fausses valeurs, elles copient bien les modèles que fournit l'existence, même si la copie reste inexacte, imprécise, et le restera toujours. L'ordre de nos lois scientifiques comme l'ordre de nos pensées et de nos paroles est déjà gravé dans les choses, plus ou moins profondément selon l'occasion. Nos réseaux rationnels ne sont pas de simples réseaux construits par notre ingéniosité, mais des réseaux qui visent — comme déjà les réseaux cristallins — à se mouler sur les choses et qui par là bénéficient de ce que l'on peut nommer une certaine valeur existentielle. Comme aussi les célèbres cellules hexagonales des Abeilles.

Les valeurs morales et sociales de leur côté ont sans doute plus de jeu par rapport à l'existence, mais elles ne seraient rien sans un fondement existentiel. Le maître de la pensée, c'est aussi le maître d'un organisme qui peut se tenir debout, qui possède des mains agiles, un regard qui suit les lignes des formes spatiales. Un organisme qui ne doit point seulement par l'effet d'une contrainte, mais qui sait et qui veut contourner les choses, épouser leurs formes temporelles et spatiales, leurs ordres, presser ses saisies contre elles et par suite est capable de les modifier selon d'autres ordres temporels ou spatiaux.

Notons maintenant, mais comme un simple jalon dont il faudrait se souvenir en d'autres occasions, que l'ordre social garde toujours peu ou prou une teinte de cet ordre naturel. Il est sûr que les ethnologues ont fait un gain appréciable et fort avancé notre compréhension de la nature humaine lorsqu'avec un Lévi-Strauss ils ont insisté sur l'aspect arbitraire des réseaux sociaux et institutions sociales. Mais il ne faut point pour cela négliger l'autre aspect — celui sur lequel insistait fortement un Caillois —, je veux dire cette recherche avare d'un Ordre en soi, cette véritable passion de l'Ordre qui reste à la source de toutes les cultures, même des plus libres en apparence, et qui parfois explose dans des ritualismes et des rêves effrénés comme dans les anciennes Inde et Chine.

On serait tenté d'aller plus loin encore, et de considérer l'importance d'une morale naturelle — ce qui nous retiendra plus tard —, et aussi d'un droit naturel — mais on a tellement abusé de ce dernier terme que la méfiance doit être de règle, et que mieux vaut parler des droits naturels de l'homme comme aussi de ses devoirs naturels.

12. La ligne droite

L'exemple de la ligne droite, que nous annoncions au début du chapitre 7 va nous permettre de mieux saisir cet enracinement existentiel des valeurs qui nous occupe actuellement. On sait comment Piaget et Lambercier ont mené de fructueuses expériences sur la conquête par l'enfant de la ligne droite, en faisant aligner des plots sur une table. Ce joli travail concerne seulement la représentation de la ligne droite car sans cette représentation il serait bien impossible d'aligner les plots, et même en les rapprochant tous du bord de la table comme font certains enfants. Nous sommes ici en face d'une conquête qui n'apparaît qu'en un certain stade de l'enfance et vers un certain âge. Il semblerait donc, au premier abord qu'avant cet âge l'enfant ne dispose point de la notion de droite, et cela est vrai si l'on comprend la «notion» comme un élément de l'intelligence représentative, de l'intelligence humaine; mais non si l'on se contente de lui donner un sens aussi vague que celui de facteur psychique — et c'est en quoi ce terme, que des puristes rejettent, nous semble utile, car il permet de dépasser le structuralisme strict sans cesse menaçant à notre époque. Bien avant cette conquête de la ligne droite représentée, la ligne droite est présente et active dans les conduites de l'enfant parce que c'est là un ordre physique et organique qui précède la pensée humaine.

Disons en premier lieu qu'on ne peut séparer la droite et l'inertie. Il n'y a pas là une évidence, mais un fait de nature suffisamment caché pour que les physiciens en aient amplement discuté à une certaine époque. Sans doute est-il clair à la perception immédiate qu'un corps qui tombe le fait en ligne droite s'il n'intervient aucun facteur perturbateur comme le vent; mais la perception de cette ligne droite ne mène point nécessairement à faire de la ligne droite le trajet que suit tout corps en mouvement lorsque n'intervient aucune force perturbatrice, à lui donner une sorte de priorité naturelle décelable dès qu'il y a du calme dans le monde. Lorsque, en suivant les réflexions de Galilée, Newton formula cette première loi de sa mécanique, il abandonnait la physique inspirée, pendant des siècles, d'Aristote pour laquelle si les corps terrestres suivaient une ligne droite en tombant, c'était pour rejoindre leur «lieu propre», tandis que les astres suivaient leur mouvement propre en décrivant des orbites circulaires. En séparant ainsi la ligne droite de sa manière perceptive, en lui donnant une autre vocation, Galilée et Newton parviennent à mieux cerner le monde des existants; ils élèvent la ligne droite au niveau d'instrument privilégié pour comprendre le monde, ils en viennent ainsi à la considérer comme un véritable élément du monde puisque c'est le trajet primitif, la piste originelle à laquelle obéissent toutes les choses en mouvement. La droite devient moins subjective, elle conquiert une sorte de primat non seulement scientifique mais existentiel: le monde est fait de droites aurait pu dire Pythagore; mais le monde pythagorien, encore trop éloigné des choses, reste un monde de dieux, un monde seulement de nombres créés par les dieux.

Chez les Anciens, en effet, et cela annonce déjà la droite d'inertie de Newton, la droite est moins étonnante, moins mystérieuse, moins sujet d'admiration que le nombre. C'est que la droite entre plus communément dans nos perceptions spontanées, alors que le nombre suppose la répétition des gestes, qu'il est une forme abstraite de gestes fonctionnels. La droite s'impose dans la pesanteur, et, par l'effet de cette même pesanteur, dans les constructions, dans les murs et les colonnes, dans les escaliers, dans les tracés sur le sable que faisaient Socrate ou Archimède. Mais aussi, chez tous les enfants des mondes anciens comme du monde d'aujourd'hui, la droite intervient parce que c'est bien autre chose qu'une piste d'inertie, parce que c'est le plus court chemin d'un point à un autre pour un organisme constitué selon un modèle large qui comprend aussi le modèle du corps humain. Hors de tout obstacle, l'homme marchait droit: en gros, toute déviation reste intentionnelle, elle est un tournant et énonce une nouvelle séquence de la marche. L'homme qui marche plongé dans une profonde réflexion marche «droit» devant lui. Et le vieillard qui chancelle hésite à tourner.

Ce primat de la marche droite n'est point le seul à nous imposer un certain ordre selon la droite. L'œil aussi regarde droit, parce que la lumière se propage en ligne droite — en gros, car ici encore il nous faut nous référer à une science classique approximative parce qu'issue de considérations perceptives: Einstein ne peut rien donner au psychologue, du moins dans ce domaine. Et là aussi on peut s'étonner de cette convergence entre le regard et la marche accordés sur une même ligne droite comme par miracle. Mais il n'y a point de miracle, car si la marche progresse de face, il est utile qu'elle soit éclairée par le regard et que celui-ci donc trouve en quelque sorte son équilibre dans le en-face-de-soi; on ne peut imaginer un homme qui marcherait devant lui en regardant en arrière ou sur le côté! Point de miracle non plus si la marche procède naturellement en ligne droite, on retrouve simplement ici, à un niveau de composition supérieur, comme une loi d'inertie: continuer devant soi en reprenant toujours les mêmes gestes est plus simple et moins fatigant en général (on profite de la «force vive»), c'est une conduite plus probable que de danser à droite et à gauche — et c'est aussi pourquoi la danse, cette démarche originale par courbes et entrelacements plus que par droites, sera expression d'une nouveauté psychique et morale.

Par ces remarques, si terre à terre, si simples qu'elles ne sont même point formulées par une philosophie parfois plus soucieuse de sophistication ou de bassesse voulues, nous avons cherché seulement à retrouver, au niveau d'une philosophie antique, ces éléments existentiels qui, à peine cachés dans notre perception et notre motricité, fournissent en quelque sorte sa vigueur à la droite de nos pensées représentatives, aux réflexions de nos géomètres, de nos architectes, et même de cette morale commune qui, dans le droit chemin du probable, retrouve la voie à suivre.

13. L'ordre de la consigne

Cette dernière remarque, en ramenant notre attention sur l'éthique, nous invite à revenir à ces valeurs humaines qui reprennent à un autre niveau, à un niveau supérieur, et qui intègrent les valences inférieures animales comme celles de la droite ou celles des séquences causales. C'est maintenant d'intention délibérée qu'il va s'agir et de la création de valeurs par l'individu, avec ou sans l'aide du groupe social. Comment et pourquoi l'enfant conquiert-il les valeurs d'ordre, parallèlement à celles de liberté?

Nous entrons ici dans un domaine qu'éclairent un peu les recherches effectuées pendant pas mal d'années dans notre laboratoire. Celles-ci ont certes concerné surtout les attitudes intellectuelles, et guère les attitudes morales, mais elles se sont toujours appuyées sur le thème primitif de la conquête de l'attitude d'obéissance à la consigne, prélude à la fois des attitudes intellectuelles et morales.

Qu'il y ait chez l'enfant, comme plus tard chez le vieillard, une tendance à voir partout règles et consignes, il y a longtemps que des auteurs et observateurs l'ont dit. M. Montessori fut l'une des premières à parler ouvertement d'un amour de l'ordre chez l'enfant de deux ans, et elle en fournit quelques très jolis exemples; l'enfant de deux ans croit et veut que quelque chose ait une place et s'y trouve, il refuse les modifications trop brutales des Formes particulières (le père avec un chapeau bizarre), il n'admet pas qu'on lui change son environnement familier. Mais cet amour de l'ordre — auquel j'ai jadis consacré un important chapitre de ma grande thèse — a des racines plus bas et se prolonge plus tard. Pensons d'une part au célèbre jeunet qui se plaignait que la nouvelle nourrice était méchante parce qu'elle le prenait sur le bras droit et non, comme l'ancienne, sur le bras gauche; on sait d'ailleurs l'importance d'un emploi du temps très régulier dans ces premiers âges. De l'autre côté, plus tard, l'affirmation de soi prend sans doute d'autres formes que cette sorte de béni-oui-ouisme des deux ans; on peut même considérer qu'avec la «crise de trois ans» et son pseudo-négativisme, elle prend le chemin inverse. Mais ce négativisme, cette régulation selon la consigne du Non, tend seulement à faire le vide pour faire place à une autre régulation, celle qui aboutira plus tard aux jeux à régulation arbitraire (le trottoir) dont nous avons déjà fait longuement état. Seulement, entre la crise de trois ans et les jeux arbitraires, l'enfant est parvenu à assimiler la puissance de se donner des consignes pleines, de transcender les suggestions d'ordre venues du dehors. C'est pendant ces quelques années, en gros celles de la «maternelle», que se construit vraiment la maîtrise de soi.

Comparons deux affirmations comme celle du bébé qui tape vingt fois une même note sur le piano, ce qui est comme un ordre spontané, et celle de l'enfant qui suit le bord du trottoir. Dans le premier cas, le geste s'achève sur une donnée sonore qui, en quelque sorte, le proclame, mais il ne faudrait point faire de ce geste, vers les deux ou trois ans, une sorte de Te Deum; s'il implique une affirmation de soi, celle-ci reste incluse dans un événement sensible, et de plus dans un événement sensible répété. Rien de tel dans la consigne que suppose la marche au bord du trottoir: là l'arbitraire n'emprunte plus un vêtement sonore, il est entièrement contenu dans une intention, le geste du pied n'est point attiré par le trottoir comme jadis le geste de la main était attiré par le souvenir récent du son. Tout se passe comme s'il s'agissait désormais d'un ordre en soi, disons mieux d'une règle.

Luria et son équipe, en U.R.S.S. ont commencé l'étude de l'acquisition de l'obéissance à la consigne en étudiant la genèse des actes volontaires — car c'est même problème pour ne pas dire même chose. Ils ont bien montré les premières étapes de cette genèse des valeurs volontaires d'ordre et le sens de cette genèse. D'abord la simple injonction venue de l'adulte (et de l'homme chez l'animal) qui reste très passive, à un niveau animal («Couché», «Silence») et annonce peu l'homme. Puis, parallèlement à l'acquisition du langage, une intervention progressive d'une intention spontanée à travers diverses étapes. Continuant ces études à Bordeaux selon d'autres méthodes et prolongeant la recherche à des âges supérieurs, G. Sounalet (1976), entre autres résultats, a montré l'importance progressive de la création par l'enfant de «consignes additionnelles» qui, en compliquant la tâche, lui fournissent une régulation plus stricte: interviennent alors plus visiblement des attitudes d'ordre, des ritualisations, des soucis d'achèvement, et l'on voit naître et prendre un corps de plus en plus ample des réseaux formels de consignes qui fournissent leurs règles à des jeux nouveaux, aux jeux arbitraires des 6-7 ans.

Cet enracinement de l'intentionnalité dans une consigne d'ordre (par exemple, dans un enfilage de perles, faire des alternances complexes), cette soumission de l'acte à un commandement, à un ordre qu'exprime la consigne, c'est, avec le développement des thèmes proprement humains, la création de valeurs qui peuvent, au moins en apparence, n'avoir plus aucune relation avec l'environnement. Alors naît le véritable jeu, en même temps que la volonté, ce jeu plus sérieux encore; ainsi vont se créer les réseaux et les valeurs de l'art et de la morale. Mais cette explosion de l'humain n'est possible que par la réconciliation de l'élan humain et d'un ordre humain. Il n'y a point là deux opposés, comme on le voudrait si souvent, mais deux êtres qui ne s'achèvent chacun qu'en complétant l'autre.

14. Importance des consignes

Il est bien impossible de rien comprendre à la pédagogie, à la politique, à l'économie, à l'amour, si l'on n'assimile bien cette idée que, en chacun de ces domaines, l'autonomie de l'acte humain n'est telle que par une continuelle obéissance à une multitude de consignes. Il ne s'agit nullement d'être soi ou de seulement construire son Moi, de conquérir son identité comme l'on dit assez bêtement aujourd'hui? Il faut trouver les canaux par lesquels on parvient à une fin. La liberté, ce n'est pas de marcher n'importe où et n'importe comment dans la solitude d'un désert, c'est d'abord de savoir comment aborder le désert, avec quels matériels, avec quel rythme, en gardant quelle direction. On ne progresse jamais, nous ne saurions trop le répéter, qu'en prenant appui sur le monde, sur ce sol fait de choses et de symboles qui supporte nos moindres pas. Non point d'ailleurs sur un sol indifférent, mais sur un sol auquel nous accordons une utilité, sur un sol habillé de mille valeurs.

La grande faute de l'anarchisme adolescent, c'est de ne pas encore reconnaître l'importance des valeurs, non comme de valeurs en soi, mais comme d'indispensables instruments d'action. Ô le sot élève de Jean-Jacques qui refuse toute habitude et toute consigne, il tombera dans le premier bourbier venu. La liberté comporte une accumulation d'habitudes, de consignes, de savoirs qui sont autant de limites de notre action. Comme dit joliment Montaigne, elle comporte des « orbières » qui nous aident à marcher droit. Un acte libre, c'est un patchwork dans lequel on doit mettre de tout et tout remanier. Reste encore à accorder les morceaux : c'est-à-dire à constituer l'unité du Je.

Dire cela, c'est dire que nous sommes comme environnés de ces orbières, que là consiste l'essentiel de notre monde, de ce monde terrestre sur lequel nous nous appuyons et du monde mental qui l'avoisine et le pénètre. Il ne s'agit point là de dénoncer l'intervention en nous du social, des adultes, de l'établissement, comme le font les disciples de Marcuse. Marcuse a vu juste, mais il n'est pas allé assez loin et il a, par suite, manqué le but, il n'a pas rencontré l'autonomie véritable. Car ce n'est pas seulement le social qui nous envahit jusqu'au centre de nous-même, c'est la technique, c'est le moral, c'est l'attachement, c'est le temps, c'est le sol et la pesanteur, c'est tout le présent et le passé de notre espace-temps penché vers une durée incertaine.

Est-ce à dire que tout cela est valeur véritable, et que, comme nous affirmions plus haut, notre sol est habillé de valeurs ? Il faut bien distinguer à nouveau entre les valeurs d'utilité saisies immédiatement, les valeurs sociales, les valeurs de refus, et bien d'autres types de valeurs au sens très large du mot. Notre but n'est point de tenter une classification que bien d'autres ont tentée avant nous. Mais nous ne pouvons nous dispenser de soulever le problème des valeurs d'ordre humain. Or celles-ci sont les consignes par lesquelles j'ordonne à mon moi d'agir et j'ordonne mon Moi.

Il est assuré que les consignes venues du dehors restent de simples valences comme chez l'animal domestique ou le bébé : elles sont plus des parts rigides de notre être, comme les manies ou les besoins, que de véritables consignes. Celles-ci ont été formulées mentalement, elles n'ont pas été gravées en moi par l'hérédité ou l'environnement, et parfois très tôt dans notre existence. Lorsque débute la conquête de l'obéissance à une consigne interne, il existe déjà en nous toute une vie d'ordre essentiellement animal constituée de réflexes et de coutumes grâce à laquelle peut naître et se développer la consigne autonome, la consigne représentée. D'autre part, cette dernière consigne, n'étant point à l'origine d'une motricité spéciale, empruntant les mêmes muscles et les mêmes voies nerveuses que les régulations animales de la conduite, il ne se peut qu'elle ne tombe aussi peu à peu dans le rigide, dans l'automatisme, si elle n'est sans cesse régénérée. Que de bonnes résolutions passent ainsi progressivement, et passent souvent justement et efficacement, dans notre être machinal. Que de principes d'action ou de morale, que de jugements éthiques stéréotypés, que d'éléments dans n'importe lequel de nos actes, et qui parfois les fait manquer de souplesse.

Mais ne déplorons point trop ce qui nous paraît être souvent la partie morte de notre Moi. S'il se trouve là des éléments inutiles ou même nuisibles, c'est aussi dans ce stock que s'inscrivent tous ces garde-fous, ces orbières dont a trop besoin la spontanéité pure, capable sans cela de se briser elle-même en voulant briser les idoles.

Tout psychologue devrait opérer, sur un autre plan, comme le fait le psychanalyste, une analyse d'un acte ordinaire, sans même recourir aux complexes et transferts qui intéressent le clinicien. Il y trouverait toujours nombre d'horizons, de consignes, de savoirs bénéfiques. Je prends en exemple l'activité qui est maintenant la mienne, lorsque je tape ce texte à la machine. Cherchons-en les éléments constitutifs, du moins ceux qui sont visibles à l'analyse purement intellectuelle. Les ordres et consignes vont y abonder.

D'abord tout ce savoir confié surtout à ma mécanique organique qui donne un sens, une utilité à cette machine artificielle. Chaque touche répond à une lettre donnée, à un signe de ponctuation, à un intervalle, à un chiffre, enfin à une consigne bien déterminée (soit 54 × 2 = 108 consignes). Ces consignes sont-elles représentées ou non : en fait elles se représentent à mon esprit lorsque surgit une difficulté, mais elles persistent sous une autre forme, disons organique, lorsque je frappe les touches, elles s'organisent en lettres et phrases, elles s'entraînent aussi parfois l'une l'autre en tel ou tel mot bien familier. Est-ce donc là simple habitude? Non certes, car les consignes gardent leur caractère mental en même temps qu'elles dirigent mes doigts. A vrai dire il faudrait parler ici plutôt d'attitudes conceptuelles qui s'activent ou dorment, mais qui subsistent toujours présentes à l'horizon de ma conscience intentionnelle lorsque j'use de ma machine. Consignes «d'horizon» donc, et qui subsistent en foule tant que je continue la même activité, mais qui s'évanouiront si je la cesse, si mes horizons changent.

Or je n'ai encore considéré que les touches de la machine. Il y aurait à faire intervenir bien d'autres consignes d'horizon, virtuelles ou actives, comme de garder la machine face à moi, de fixer du regard mon texte par moments, de changer de feuille de papier, de la disposer en face de repères (qui sont autant de consignes) afin de donner la même marge, d'écouter sans trop faire jour mon intentionnalité le son aigu d'annonce de fin de ligne. Il y aurait aussi peut-être à surveiller de temps en temps l'horloge qui me dira si j'ai encore le temps de finir un développement avant le repas (cet autre amas, cette constellation de consignes que je dois maintenir à un horizon plus ou moins lointain selon l'heure). A répondre au téléphone sur ma gauche, à répondre au soleil s'il avance trop sur ma droite. N'insistons pas.

Nous n'avons encore envisagé que des consignes concernant les choses extérieures. Or c'est là le moindre groupe de consignes d'horizons. Beaucoup plus ample celui de toutes les règles de langage, d'orthographe, de ponctuation, de français et de style, de composition et de clarté (bien importantes celles-là parce que plus difficiles à satisfaire), de logique. Et, en éveillant en moi la conscience claire de toutes ces consignes, je remarque aisément que la plupart proviennent de la société, mais aussi beaucoup de mes propres choix passés, et de propensions qui me sont propres, peut-être même de sources innées bien que relevées au niveau de la représentation.

Qui dit consigne dit aussi ordre. Il me faut reconnaître que de partout on me donne des ordres, on me commande. Je ne suis pas pour cela esclave des choses, des instruments, du groupe : c'est là affirmation trop facile et un peu enfantine, car sans ces consignes je ne pourrais disposer ni de ma machine à écrire, ni de n'importe quel autre outil, ni de conduites indispensables à la vie sociale et à ma vie tout court, encore moins à ma pensée. Je ne suis pas lié, au contraire, je suis délié, délivré par toutes ces consignes d'horizon qui sont aussi des consignes d'appui.

Qui dit consigne dit aussi valeur à respecter. D'autant plus importante, d'autant plus grave aussi cette acquisition des consignes pour les parents et les maîtres à travers ces années pendant lesquelles s'acquièrent les indispensables outils que sont les premières consignes d'appui — les plus importantes ; et d'autant plus précieuse la connaissance que nous commençons à soupçonner de cette acquisition qui est la mise en place des valeurs de l'utile, mais aussi des valeurs de tous les arts et de toutes les pensées. Du Beau, du Vrai et du Bien.

Or, par la manière dont nous sommes parvenus à aborder la notion humaine de l'ordre (non comme une simple Gestalt ordonnée, ce qui est beaucoup moins), cette intervention de la consigne nous permet de mieux voir le rôle exact et la nature de l'ordre. Il ne s'agit plus du conditionnement qui suit une simple injonction, il s'agit de la forme la plus élémentaire d'un projet et d'une représentation. Il y aurait ici lieu d'exposer plus en détail, et en remontant encore plus haut l'origine de cette consigne, mais nous aurons à y revenir assez dans le prochain chapitre ; pour le moment, disons seulement que la première consigne ne vient point du dehors, sinon ce serait rejeter l'homme en dehors de soi, n'en faire qu'un robot social, elle vient de la première imitation représentative, du premier faire-semblant : c'est là que se trouve le germe du modèle à suivre, de l'ordre, germe d'autant plus significatif qu'il n'est d'abord que l'imitation de soi, que le « jeu de soi». C'est ce détachement, cette forme première de l'activité humaine, qui vient par la suite coiffer et comme coloniser les séquences primitives de la vie animale, greffer ce qui sera l'intelligence rationnelle sur les automatismes que la société avait déjà demandés de nous dès la naissance.

Ce qui tromperait aisément ici, c'est la notion que l'on se forme ordinairement de la consigne, comme d'une règle imposée par le groupe social. Les psychologues sociaux ont trop voulu, dans les premières décennies de ce siècle, voir un peu partout dans le psychisme humain des consignes dictées par le groupe. C'était là nier à la fois les virtualités acquises par l'organisme, et leur activation par la spontanéité très large, le mouvement pour aller plus avant qui est caractéristique de l'homme. C'était supprimer trop vite «l'homme de la nature» et le remplacer par «l'homme de l'homme», comme dit Jean-Jacques. Mais l'homme de l'homme, dont on ne peut nier la réalité, c'est encore beaucoup l'homme de la nature; les valeurs continuent les valences à l'intérieur d'une naturelle spontanéité. La preuve en est dans toutes ces conduites par lesquelles l'enfant se regarde lui-même, s'essaie, se donne des ordres, cherche des régularités et des régulations sans trop se soucier du terrain sur lequel il procède. A la base de l'humanité, il y a une sorte d'activité formelle qui se prend elle-même pour objet. C'est ce que nous avons voulu montrer à travers les deux chapitres précédents. Dans le prochain, nous aborderons non plus l'aspect formel des valeurs, ou pour mieux dire les valeurs formelles, mais des valeurs plus proches des autres existants et d'abord des valeurs de l'Alter Ego.

A la fin de ces deux chapitres, nous voudrions cependant esquisser quelques pas dans des voies qu'ils nous ont ouvertes. Nous avons étudié le mouvement humain du psychisme et son principal instrument: l'ordre. Il est déjà possible de confirmer notre vision en pillottant un peu du côté des marges. Pour l'ordre, cela est très visible, car il s'avère surtout nécessaire dans les moments de faiblesse. Chez l'enfant encore jeune, nous l'avons vu. Chez le vieillard aussi, dont les manies, souvent acceptées et clairvoyantes, sont avant tout un moyen de se défendre contre les fautes de la mémoire, contre une désorganisation, un décousu de la vie qui se prononce de plus en plus et par lequel le vieillard rejoint le décousu psychologique du jeune enfant. Mais, et pour les mêmes raisons, Goldstein a pu dans un célèbre ouvrage insister sur ce véritable culte de l'ordre que partagent certains malades du cerveau avec enfants et vieillards. En revanche, lorsqu'afflue l'énergie physique et mentale, pendant quelques années d'adolescence, l'individu humain, et surtout dans la société relativement paisible des trois dernières décennies, rejette volontiers les béquilles de l'ordre, en commençant évidemment par les ordres qu'il perçoit le plus aisément, je veux dire les ordres familiaux et sociaux — et il le fera d'ailleurs à l'aide de ces ordres plus profonds, acquis pendant ses activités enfantines et qui permettent ses conduites physiques et mentales. L'ordre, en ces cas marginaux, apparaît toujours essentiellement comme un instrument, non comme la valeur première, mais, et c'est là un problème majeur, il n'est point de pensée humaine sans ordre et sans consignes. L'ordre, par son aspect de nécessité formelle, nous fournit une valeur d'utilité précieuse; mais aussi, et dans la même voie, il nous fournit aussi des valeurs, comme celles des mathématiques ou des jeux des adultes, si éloignées de nos attachements quotidiens, qu'elles semblent des valeurs en soi. Métaphysiciens et mathématiciens sont tentés de construire sur ces instruments des édifices qui garderont d'autant plus de valeur qu'ils seront tenus uniquement comme des moyens de «mettre en valeur», d'éclairer des valeurs plus profondes disons même des valeurs primordiales. Le malheur est que le mathématicien pythagorise parfois et ne voit pas que la contrainte des formes d'ordre qui lui sont chères provient d'un fond d'existence qui reste dans sa marmite; et que le théologien ou le métaphysicien érigent l'Ordre et le raisonnement ordonné en seule valeur au monde. C'est là trop oublier notre enfance, oublier notre création par la chair et par le sang, par cette chair et ce sang qui nous lient à toute notre espèce à travers notre mère.

A vrai dire, il n'est point si facile qu'il le semble de séparer le souci de l'ordre et celui de l'Alter Ego, et nous serons obligés de retrouver, à propos de ce dernier, nos problèmes d'ordre. Ajoutons aussi que nous y retrouverons par la même raison les valeurs de liberté. C'est qu'en effet, il est nécessaire d'assurer, de bien assurer ces trois pieds du psychisme pour faire bouillir correctement l'âme humaine sans qu'elle déborde. Une dernière remarque sur certaines activités ludiques nous paraît devoir éclairer ces relations de dépendance.

Nous pensons à ces jeux purement abstraits qui ont la faveur non seulement des adultes, mais des enfants à partir d'un certain âge. Sans doute ne peut-on pas remonter aux toutes premières années, même dans notre culture occidentale si rationalisée: il faut attendre l'apparition des opérations abstraites; auparavant l'ordre abstrait reste trop linéaire, il se développe d'ordinaire sur une seule dimension. Mais, avec les opérations abstraites, on retrouve, quelques années après les étonnants jeux à régulation arbitraire, une attitude aussi étonnante envers les jeux opérationnels. On sait combien précocement l'enfant peut se montrer un bon joueur d'échecs ou de dames. Chez les Abyssins, ce sont combinaisons avec des ficelles qui font penser à la typologie (V. Griaule, *Les jeux abyssins*). Surtout, récemment le développement des instruments opérationnels dans le domaine mathématique s'est avéré source de nombre de jeux auxquels n'eussent point pensé les psychologues et même les psychanalystes de la première moitié de ce siècle. Le plus récent, le cube de Rubik ou cube hongrois nous jette pour ainsi dire au visage cette perspective de l'enfance qu'est l'amour de l'ordre et de ses combinaisons, car ce sont les enfants qui parviennent aux plus étonnantes réussites. Or des jeux de ce type naissent en ce moment sans cesse à partir des attitudes qu'utilisent les informaticiens et autres spécialistes des ordinateurs. Certains pédagogues disent qu'il faut habituer l'enfant à ces étonnantes machines très tôt parce qu'elles commanderont partout dans le prochain siècle; c'est mal dire en un sens, car toute prospective en ce domaine reste bien aléatoire, et surtout parce que bien souvent la machine commandera sans doute la machine, dans un réseau inouï et encore bien inattendu. C'est cependant aussi trop peu dire, parce que cet engouement n'est point passager, il procède de jeux élémentaires de jadis comme la marelle, les ficelles, les dames, et chez l'adulte tous les jeux qui sont objets de recettes pour l'Etat, qu'ils aient lieu sur champ de courses, au P.M.U., aux lotos, ou dans les casinos. Et c'est encore trop dire, car la vogue actuelle de ces jeux — dont on ne peut cependant contester le caractère éducatif — enfonce trop souvent l'enfant dans sa solitude. Il manque généralement là le groupe des pairs et l'émulation, cette grande maîtresse de prouesses et de caractères; il manque les amitiés, les attachements que nourrissent les jeux en commun et même en équipes. Il manque le cœur. C'est lui que nous allons trouver maintenant, avec les berceaux, les rondes et les amours de notre enfance.

NOTES

[1] Il ne s'agit évidemment pas ici de la définition opératoire nécessaire à toute expérience (et provisoire), mais de la définition qui colle avec un existant.
[2] Le jeu de ces données instinctives est fort bien marqué dans un fait étonnant observé par J. Thuillier (*Les dix ans qui ont changé la folie*, 95) et aujourd'hui bien connu: «la particularité la plus étonnante de l'action du L.S.D. sur les toiles d'araignée était que... ce produit, à petites doses, augmentait la régularité des angles..., donnant une apparence de plus grande précision géométrique à la toile»; d'autre part, elle «travaillait plus régulièrement, tissant au plus court sans s'arrêter, sans s'occuper des bruits...».
[3] Cela est au plus haut point vrai, comme le prouve l'histoire des grandes découvertes, en ce qui concerne la conquête des chemins, des voies, des vallées, des comptoirs et lieux d'étape. J'ai tenté de faire revivre l'une de ces découvertes, à travers les avancées, oublis et retours des générations, dans une suite de nouvelles: *Le chemin de Clarabide*.

Chapitre 4
Les valeurs du cœur

Plus on donne et plus il vous reste

R. Gary, Clair de femme, 130

1. Importance de la psychologie du jeune enfant

Nous n'avons pu étudier les valeurs de liberté et les valeurs de l'ordre sans faire intervenir déjà par moments les valeurs du cœur. C'est que les attitudes qui leur fournissent leur être et leur valeur ne sont point aussi simples, aussi précises, aussi exactes que le voudrait parfois l'analyste. Ce sont toujours là teintes mêlées que l'on obtient à partir de nos trois couleurs fondamentales; il est bien rare, il est même à peine concevable de trouver des couleurs pures. Valeurs, ce sont là eaux humaines, eaux mêlées, interpénétration d'eaux de trois fleuves majeurs qui ont pris leur source bien avant le territoire de l'Homme et sont arrivés déjà colorés, fleuve rouge, fleuve jaune, fleuve bleu, à la frontière de l'humain pour s'y déverser dans ces vastes marécages pleins de vie, dans cet énorme Bahr et Ghazal qu'est la pensée enfantine. Plus tard seulement, on pourra distinguer, mais non sans risque, des courants distincts, et comme deux versants de l'intelligence. Encore est-ce seulement l'un de ces versants qui nous permettra de faire des distinctions nettes, de dénommer et d'articuler des structures rationnelles, et cette précision sera souvent atteinte au dépens de la richesse, de la vigueur des courants.

Il est remarquable que, pour caractériser les valeurs à l'intérieur de la société on use de ce terme de « droits » qui, nous nous y sommes arrêté au précédent chapitre, nous est donné par les attitudes d'ordre, et ceci même lorsque, envisageant le citoyen, l'individu-dans-la-cité, on invoque les droits de l'homme et en particulier le droit à la liberté. On voit là combien ces valeurs appartiennent à une même famille humaine et combien leurs natures doivent être analogues.

Si les valeurs de liberté et les valeurs d'ordre se sont révélées souvent si proches, malgré la première apparence, c'est qu'elles procédaient d'une même position de l'acte, du premier acte, humain. Elles avaient certes des racines dans les strates inférieures du psychisme, mais elles ne prenaient de relief, elles n'imposaient leur couleur qu'à l'apparition de la pensée représentative. Or l'on ne peut songer à cette apparition sans faire intervenir l'Alter Ego, si bien que déjà la société est présente dans notre liberté et nos ordres, quels qu'ils soient. C'est que l'Alter Ego et les compositions qu'il présente, peuvent seuls fournir une véritable matière à la pensée, lui donner l'appui solide en même temps que certaines dimensions qui signent la pensée humaine. L'Autre reste toujours au fond de l'Ego. *Cogito, ergo sumus.*

Or l'Autre est, semble-t-il, encore mieux enraciné en nous que la liberté ou l'ordre, parce qu'à lui seul il implique déjà une liberté et un ordre de qualité inférieure. C'est pourquoi il est plus épais, plus fourni, plus du côté de la matière que les valeurs de liberté et d'ordre. L'animal supérieur ne persisterait d'ailleurs point si déjà on ne trouvait dans son comportement un souci de l'Autre, sous forme de conduites sexuelles, parentales, sociales. Ces conduites sont indépendantes de toute considération de liberté et d'ordre humains, car elles n'en ont nul besoin, elles comportent en elles-mêmes leur propre spontanéité (nourrir le petit, suivre le groupe) et leur propre ordre. Au contraire, le comportement du petit d'homme reste assez limité dans ces deux directions : dès la naissance, il s'appuie en quelque sorte sur un comportement essentiellement animal mais parfaitement insuffisant à réaliser cette aptitude à survivre que connaît toujours, à des degrés divers, le petit animal. Parce que son avenir est plus ouvert, plus prometteur — selon nous au moins — parce qu'il englobe beaucoup plus de possibilités, il dispose en ses premiers jours de moins d'efficacité. On pourrait dire, en termes aristotéliciens, que toute la Forme animale est déjà presque présente à la naissance du petit animal, alors que, chez le nouveau-né humain la Forme humaine est presque entièrement à conquérir. C'est pourquoi, faute de cette Forme humaine, l'enfant doit dès sa naissance, disposer d'auxiliaires, d'aides qui le guident: ce sont les autres humains plus âgés, plus avertis. Il n'est point concevable qu'un enfant subsiste hors du groupe.

Or cela implique dès le début une sorte d'accrochage au groupe plus solide encore que l'accrochage du petit animal. La future indépendance de l'homme libre se paie au début par une plus grande dépendance du jeune: il lui faut trouver en lui-même dans un domaine préhumain, et dans le milieu humain environnant, des attaches organiques si fortes qu'il ne se sente jamais isolé, affamé, en danger.

On l'a souvent dit, la grandeur de l'homme est liée à ce qu'il vient au monde fort démuni. Mais, en écho à cette remarque il faut écouter la remarque inverse qui en procède, c'est qu'il existe donc chez l'enfant des processus primitifs qui parent à ce caractère démuni. Et ces processus ne peuvent jouer que grâce à un ensemble de liens subtils et précoces entre l'enfant et les adultes. Si l'on veut encore, entre le milieu inhumain qui plus tard lui fournira les valeurs essentielles et l'enfant, il faut que soit dressé un autre milieu qui à la fois le protège et le nourrisse. Cet enclos primitif, ce giron maternel étendu, on n'en trouve guère d'équivalent chez les animaux supérieurs, même ceux que l'on dit nidicoles.

Dire cela c'est diriger l'étude plus sur les avancées de l'enfant vers les humains que sur ses avancées vers les choses. Il y a là un point d'importance et, si l'on n'en tient compte, on risque de privilégier indûment l'*homo faber* sur l'*homo sapiens* d'ignorer que ce *sapiens*, n'est point seulement l'usager de techniques qui continuent l'*homo faber*, point seulement un créateur de structures, un scientifique, mais aussi un sage, plus préoccupé des valeurs humaines que des valeurs de «pi».

Or, depuis quelques années, s'esquisse enfin, en psychologie de l'enfant, un retour vers cette attitude. Ce retour prend corps dans des travaux divers, mais il mène à privilégier l'étude du tout jeune enfant sur l'étude des cobayes scolaires. Gouin-Decarie au Canada, Bower en Grande-Bretagne, nombre d'autres en France — et je me garderai ici de personnaliser ce mouvement pour des raisons évidentes, car il est assez général et encore trop diffus pour qu'on puisse sans danger l'inscrire au crédit de quiconque —, tendent ainsi parmi les chercheurs scientifiques à rejoindre sur leur terrain les psychanalystes qui ont suivi l'une des multiples directions en ce sens signalées par Freud[1].

2. Sur les limites de la psychanalyse

Ici je dois enfin au lecteur quelques remarques qui paraîtront d'ordre plus personnel en ce qui concerne mon attitude envers la psychanalyse. Disons d'abord que la ligne de recherches à laquelle je me rattache, qui rejoint celle dont je faisais mention dans les lignes précédentes, procède beaucoup plus d'Alain (en particulier des *Dieux* et des *Propos sur l'éducation*), auquel j'ai emprunté toutes mes lignes de départ, que de Freud auquel je ne dois guère : dès mon premier ouvrage (1947) je dénonçai les positions sur le jeu enfantin prises par Freud et sa disciple Mélanie Klein. Depuis ce temps-là, cependant le paysage psychanalytique a beaucoup changé. Il est vrai qu'il n'est pas un seul psychanalyste qui ne se réclame de Freud; mais Freud, tout comme Marx ou comme la Bible sont de ces marécages riches et d'où partent plusieurs fleuves poissonneux et bien des envolées d'oiseaux différents. Les trois ont en commun d'avoir été la source d'une religion sévère envers ses hérétiques, parfois même très sévère. On l'a souvent redit ces temps-ci, on entre en freudisme ou en marxisme comme on entre en religion; à des degrés divers — car malgré tout le freudisme n'a pas son Goulag — qui y est entré n'en sort pas ou si malaisément qu'il reste en lui cette empreinte qui, selon Estaunié, restait toujours sur les élèves de certaines écoles catholiques ou qui devait, selon Makarenko, muer ses élèves en «le nouvel homme soviétique». Mais depuis quelques années on sent des fissures dans ces grands édifices: leurs habitants aspirent visiblement à un changement, et ils en viennent aisément à torturer leurs ancêtres, dans des interprétations fort libres des textes sacrés. Face à ces idéologies, le philosophe qui veut se garder libre de tout sectarisme, peut peut-être enfin tendre la main.

Certes je n'ignore point les remous qui traversent le monde des psychanalystes. La méthode, jadis plus facilement acceptée que la doctrine, est elle-même souvent mise en question et présente des prolongements multiples, parfois même en liaison avec les vieilles techniques orientales ou religieuses qui ont longtemps joué le même rôle curateur. Un élargissement des vues a mené certains à ne plus voir dans les résultats de l'anamnèse un portrait véridique de l'enfant de jadis, mais une création faite «après coup» d'un enfant «mythique» plus important dans le psychisme du malade que l'enfant réel d'autrefois (c'est le célèbre mot de Valéry sur «la légende plus vraie que l'histoire» qui transparaît ici en psychanalyse après avoir été pris en considération par les historiens dans leur histoire des légendes). Cette vue récente ne manque pas de séduction car elle fait part à ces mutations mémorielles que connaissent bien le romancier et le psychologue de chaque jour; il n'est plus guère question, contre toute expérience, de faire remonter la mémoire aux premiers jours sinon même avant la naissance! Mais cette reconstruction d'un passé mythique à la suite de l'anamnèse, si elle est capitale pour le clinicien, si même elle intéresse le psychologue des adultes, ne peut guère offrir du nouveau au psychologue de l'enfant, qui regarde uniquement l'enfant réel[2].

Sans aller si loin, rappelons le glissement qui s'était rapidement produit vers une psychanalyse sociale qui ne se contentât plus seulement de faire coller l'habit freudien (ou jungien ou adlérien) sur des groupes réels, mais en vint à tirer ses hypothèses et ses lignes de recherches en bonne part des recherches portant sur des groupes, des institutions et des familles, et qui aujourd'hui, sur cette même ligne, en vient à prôner souvent une étude de la famille entière, une psychanalyse familiale, en vue de soigner l'un des membres de cette famille. Cette attitude sociolisante a permis même assez souvent à la psychanalyse de rencontrer ce que j'appele volontiers la sociologie de l'enfant (non seulement des adultes, mais aussi des pairs) : on peut ainsi noter des rencontres fort précieuses entre les deux disciplines — par exemple chez Wallon — dès que chacune cesse de parler dans une terminologie qui lui est propre, par exemple sur la position chronologique de cet amour de l'ordre auquel nous avons consacré le dernier chapitre (mais qu'il nous semble assez inutile de faire ressortir d'un stade anal). De même à propos de la crise de personnalité de la troisième année, abusivement ramenée aussi à une pulsion primitive du stade anal, alors qu'il y a là d'abord affirmation négative (c'est-à-dire par la négation) d'une forme vide du Je, puis — ce qu'il ne faut point oublier — affirmation positive par approbation d'objets à placer dans cette forme vide (Angela Médici, que l'on oublie trop, a excellemment décrit ces deux moments, dans une étude «éthologique» de 1940).

Les deux remarques qui précèdent conduisent notre prudence à se défier quelque peu d'un stade anal né d'abord dans l'imagination des malades et de l'analyste, et dont l'utilité reste médiocre au simple observateur. Mieux vaut, nous semble-t-il, faire confiance comme nous l'avons fait à propos de l'ordre, aux lignes qui lient le comportement animal et le comportement humain en cette affaire, et qui permettent également une meilleure précision due à des distinctions entre l'animal et l'homme sur cette ligne commune. Or ce n'est là qu'un exemple de la valeur heuristique d'une méfiance qui semble excessive aux yeux du clinicien.

La même méfiance vaudrait pour la théorie de la libido et ses divers développements, en particulier la théorie de l'étayage — récemment attaquée par des psychologues de l'enfance comme Zazzo et moi-même — selon laquelle la libido sexuelle s'appuierait un temps sur une fonction vitale et ses plaisirs. On la trouverait aussi vérifiée dans bien d'autres exemples, mais point n'est utile ici d'entreprendre des critiques qui doivent plutôt céder la place à une construction. Notons seulement une constatation générale, c'est que, vaille que vaille, la psychanalyse s'accroche toujours trop aisément à de vieux phantasmes freudiens (ou jungiens, ou...), si bien que souvent aujourd'hui, pour exprimer les résultats récents des recherches de laboratoire ou des observations éthologiques (de naturalistes), il lui faut se tordre sur elle-même et présenter une face jadis inconnue. Cela s'explique sans doute en bonne part par le caractère comme initiatique de cette doctrine et même de cette croyance, par la place importante qu'elle a pu prendre dans le créneau laissé vide par les confesseurs, directeurs de conscience et autres gourous dont l'utilité morale et sociale fut indiscutable. Aujourd'hui, confrontée aux recherches scientifiques, disons mieux aux recherches du type fondamentaliste menées sur son propre terrain, elle procède comme les idéologies voisines à côté desquelles nous la placions plus haut, il lui faut interpréter le Maître, le tirer en diverses directions, afin de tenter de faire mieux coller la doctrine avec le réel. C'est là il est vrai, le sort de toutes les idéologies — et c'est en quoi elles ne sont point d'ordre scientifique, mais métaphysique ou magique — et, devant ce spectacle rassurant pour les observateurs des faits les plus communs, des sujets les moins pathologiques, je ne vois pas pourquoi ceux-ci s'embarrasseraient de théories encore vieillottes et déchirées.

Cela ne veut évidemment pas dire que le terrain psychanalytique nous est indifférent. Reconnaissons que, comme Hegel sur un autre domaine, les psychanalystes, par leur hardiesse même, par leur déviance, ont mis à jour ou contribué à mettre au jour bien des modes et faits du psychisme. Quel psychologue aujourd'hui hésiterait à profiter de ces apports, pris chacun à part de la doctrine générale? Lorque nous aurons la chance de pouvoir en profiter, nous ne nous en gênerons point. Mais notre ligne générale est autre: c'est de l'enfant normal que nous partons, non des légendes qui tournent autour du malade.

Une dernière considération sur ce sujet nous ramènera à notre psychologie des attitudes et des conduites élémentaires; c'est que le psychanalyste n'est que fort peu attiré par les éléments intellectuels de notre conduite. Lorsqu'on pratique la littérature psychanalytique, on est frappé de cette absence constante de l'intelligence, qui est à peine mentionnée, généralement en passant. Ce refus de chercher l'explication des glissements psychiques du côté de l'intellect afin de mieux privilégier l'implicite et les profondeurs nocturnes de l'âme, c'est certes là une attitude assez naturelle pour le clinicien qui n'est point un psychologue occupé d'abord des processus mentaux et spirituels. Il est remarquable qu'à travers toute l'œuvre d'un Freud, celui-ci ait ainsi tourné le dos délibérément aux excès trop évidents de l'intellectualisme des philosophes. Mais n'y a-t-il pas aussi quelque excès à tenir pour très secondaire l'intervention de l'esprit dans les affaires de cœur? Peut-on couper ainsi l'homme en deux? Ne faut-il pas, maintenant, réconcilier l'homme de Freud et l'homme de Descartes, tenir compte à la fois du clinicien et du mathématicien spiritualiste, en écartant leurs excès à droite et à gauche? Retrouver le Platon du *Phèdre* ou de la *République*. Et, même en écartant le spiritualisme des théologiens, refuser de se trouver «du côté de ceux qui sacralisent le cul et en font les deux sources du bien et du mal (R. Gary, *Les cerfs-volants*).

3. Les valeurs du cœur

A y bien regarder, le langage même nous y invite, malgré des biais communément acceptés. Réfléchissons un peu sur ce terme d'affectif qui est de bon français lorsqu'on se tourne, comme nous allons le faire, vers cette région du psychisme qui constitue comme le troisième pied de notre marmite. Ce terme n'est plus accepté volontiers par la psychologie moderne, parce qu'avec l'affectivité débutent ces éléments flous, cet être confus qui, dans ses effets marginaux, est le lot du clinicien, mais qui est aussi notre être le plus quotidien, cet être que le psychologue enserre si mal dans ses conditionnements et ses calculs, cet être qui paraît échapper aux ordinateurs et à la «Science». Pour notre part, nous refusons de ne point voir, entre les structures nettes de la psychologie qui se dit scientifique et les tourbillons changeants qui intéressent le psychanalyste, cette région capitale qui se classe plus sous le vocable d'âme que sous celui d'esprit. L'homme n'est point que conditionnement divers ou troubles obscurs; en son centre, en sa profondeur la plus normale, il est aussi autre chose.

Or le terme d'affectif que nous envisageons d'employer ici nous invite à prendre garde, car le mot même souligne qu'il ne vise point simple déviation et trouble de l'âme. Affectif, c'est la même racine que faire, qu'effectuer, et qu'affecter: il y a de l'activité dans ce concept-là, et non cette passivité maladive qu'on peut y voir. Par l'affectif je m'affirme ou mieux, je me pose, comme le signifie l'ancienne racine indo-européenne *dhe* (d'où vient un *facere* latin, source de notre affectif) qui signifie d'abord mettre en place, poser, et d'où provient aussi l'*artifex*. L'*homo affectivus*, c'est aussi l'*homo artifex*, qui construit ses affections comme ses instruments. Sous l'affection, il faut découvrir le rôle (l'affectation) et comme une volonté d'accepter, de souffrir (quel beau mot que celui-là!, auquel répond la passion, également Passion acceptée pour une bonne part).

Le psychanalyste a bien vu, mieux que la pensée commune, cette implication d'éléments actifs dans toute affection: ce sont ces éléments actifs qu'il traque dans son analyse, qu'il tente de dérouler, d'apporter sous la lumière. Mais il les conçoit trop facilement — ce qui est naturel à propos des malades — comme constitués seulement de nœuds, d'entrecroisements de pulsions, d'oppositions (ces dualités que Freud a énumérées et variées selon les époques de sa pensée), ce qui nous ramène à la vision mécaniste qu'avait tant recherchée le siècle dernier sans pouvoir lui trouver un accomplissement comme le siècle suivant l'a réussi avec le behaviorisme ou la psychanalyse. C'est cependant là trop rabaisser l'homme au niveau le plus bas de la commune pensée, de cette pensée des siècles récents, sans dieux véritables, qui ont perdu le fidèle et ne retrouvent encore guère que le sujet, qui n'osent encore faire confiance en des hommes maîtres d'eux-mêmes que par rares moments, qui les enserrent dans les liens gluants des pulsions, des économies ou des réflexes conditionnés, dans les sécurités des partis, des ensembles, des modes et des amours frelatées. L'homme vaut plus que cela, et il l'a déjà montré à certaines grandes époques de son histoire, il le montre encore souvent dans sa vie quotidienne.

Si nous n'avons point voulu prendre pour ce chapitre le titre de «valeurs affectives», c'est justement parce que nous voulons appuyer plutôt sur ce qui constitue la noblesse de l'homme — n'hésitons point à le dire — et la noblesse de la plupart de ses affections. Parce que cette vie affective n'est point les Sodome et Gomorrhe des premiers psychanalystes, ni la passivité humble de l'esclave de ses passions, mais un ensemble de conquêtes et de conduites de risque qui la mêle à la vie volontaire ou plutôt qui finit par s'identifier avec elle. Parce que ce qui est un jeu, ce n'est plus seulement les pulsions primitives, mais le cœur *humain*, cette source des grandes amours, des grands sacrifices et des actes les plus nobles accomplis pour les siens et pour soi-même. Parce que l'homme s'achève autant grâce à son cœur, au sens plein du mot (c'est-à-dire dans tous les sens), que grâce aux structures d'ordre qu'invente son esprit et aux élans déréglés de sa spontanéité.

Notre objet, ce sont les valeurs humaines dont nous cherchons les genèses, ce sont les serments et les courages, non les défaillances, les régressions pathologiques vers le primitif et l'automatisme. C'est pourquoi, délaissant le terrain qu'explorent les psychanalystes, nous sommes amené à chercher dans d'autres voies les sources de ce que nous nommerons amplement les valeurs du cœur.

Djilas disait du pouvoir que c'était « la jouissance des jouissances » : voilà un mot qui va loin. Il plairait à la *Sémiramis* de P. Valéry qui oppose dans deux vers :
« Repas de ma puissance, intelligible orgie, » et
« Baisers, baves d'amour, basses béatitudes »
Mais c'est dans et par le groupe que Djilas ou Sémiramis voient l'accomplissement suprême de l'homme. C'est donc dans l'attachement au groupe qu'il nous faut chercher d'abord la genèse de ces valeurs du cœur qui sont maintenant notre objet. Revenons donc à l'enfance en sa première aurore.

Qu'il y ait originellement chez l'enfant une certaine volonté de puissance, cela est assuré, mais elle s'exerce moins sur les choses que sur les adultes proches; si elle vise ainsi surtout les personnes, c'est qu'elle trouve là un terrain privilégié, terrain qui devient de plus en plus favorable en fonction de l'âge. Il semble sage de distinguer dans la résultante Djilas ou Sémiramis deux composantes distinctes : l'une vise le au-delà, le derrière-l'horizon, l'autre vise la compréhension des personnes de la même espèce et les interactions les concernant. On serait certes tenté d'insérer le lien social primitif dans la volonté de puissance : cette position, assez adlérienne, ferait état de la véritable tyrannie que très tôt l'enfant peut manifester envers les parents par ses cris et ses attitudes, comme s'il les domestiquait. L'activité naturelle et conquérante du bébé resterait par là une fonction d'ordre vital bien distincte en fait de la fonction interhumaine : cette dernière — disons en gros la libido des psychanalystes sous une forme plus neuve — ne jouerait point un rôle primaire aussi important, elle ne servirait guère que d'étai, comme l'on dit, à la volonté de puissance, elle lui permettrait de jouer et de s'exercer sur un champ de jeu disponible.

Nous pensons cependant qu'il nous faut nous méfier fort de ces théories qui veulent faire appel ainsi à un étayage, en réservant il est vrai, d'ordinaire, la place majeure à quelque libido. Il convient d'abord de chercher si vraiment, de ces deux tendances qui interviennent dès le début de la vie humaine, l'une l'emporte sur l'autre et se l'asservit en en faisant sa propriété, sa matière. On peut, certes, dans une analyse abstraite, esquisser des schémas, des modèles divers. Mais les faits sont têtus, et ils nous imposent sans doute d'être d'une prudence extrême. Il ne faut point renouveler une fois de plus ces réductions philosophiques qui, de Spencer à Lorenz, en passant par Freud et bien d'autres, ont cherché à ramener tout le psychisme à un unique facteur, adaptation, identité, libido, agression, etc. L'homme est une réussite à laquelle ont concouru bien des facteurs aléatoires.

C'est une grande faute que de chercher chez le tout jeune enfant les facteurs — ou le complexe — qui l'emportent à un certain moment. C'est là refaire l'énorme faute de Jean-Jacques et de ceux qui, à sa suite, ont voulu que l'enfant ne soit plus un petit d'homme, mais un petit homme, un être complet en soi-même à tous les âges. C'est effacer cet avenir d'homme et d'adulte qui pousse sans cesse le petit d'homme, ce désir de devenir grand qui constitue les premières prouesses du bébé. C'est faire fondre tous ces horizons qui font les valeurs humaines. Enfant ou homme, c'est toujours un dynamisme, un élan vers le futur, une fusée qui monte dans l'espace. Nous ne sommes que mouvement et le repos est la mort, dit bien Pascal. Cherchons donc la flamme première et plaçons-la dans la durée, suivons sa trajectoire.

Nous savons déjà l'importance de cet élan, de cette spontanéité qui gît puis s'anime chez l'enfant. Mais tout autre chose, et aussi originel est l'élément social, la réponse à l'appel muet de l'autre. De nos trois facteurs premiers, l'ordre est, malgré sa nécessité, le moins enraciné dans le passé, les deux autres sont enracinés jusque dans la vie animale.

Nous ne voulons parler ni de libido, ni d'attachement, bien que ce soient là les deux formes essentielles qu'a pris cet élément social dans les disciplines psychologiques récentes. Les débats qui ont entouré récemment le concept d'attachement ont certes amplement montré combien le terme, déjà bien confus, de libido était médiocre, mais le terme d'attachement reste généralement encore trop statique, il ne fait pas assez place à la dynamique que comporte le mouvement vers l'autre; la relation interpersonnelle est sans cesse mouvante; outre ses avatars dans un plan horizontal, elle implique une élévation — ou même parfois une récession — sur un axe qui traverse des niveaux divers. Pour remplir notre projet actuel, il nous faut au contraire insister sur ce mouvement.

Quatre points nous paraissent plus importants dans cette ligne de recherches :
1. L'attachement biologique;
2. Le sourire et la compréhension du visage humain;
3. La montée d'une Forme de l'homme et ses avatars, à travers une rationalisation d'une part, une tendance à subsumer le réel d'autre part;
4. et par la suite la valeur de l'égocentrisme et ses limites.

4. L'attachement

En prenant en compte des observations et recherches qui parfois datent de loin, on peut aujourd'hui faire état d'un attachement originel du petit à sa mère; mais il faut bien préciser le sens des termes. En fait, parce que le petit des Singes ou des Hommes ne sait évidemment point encore ce qu'est un objet maternel et comment il se comporte envers lui, il faut faire des réserves sur ce terme de mère qu'on ne peut se dispenser d'employer. D'autre part, le prétendu attachement n'est peut-être pas d'un seul tenant, c'est peut-être un composé d'éléments distincts dont on peut signaler les plus importants : du côté de l'attachement comme du côté de la mère subjective, il y a donc à envisager une synthèse progressive.

Pour mieux cerner le problème et avant de faire état des faits certains, notons qu'il y a là une conquête de l'évolution qui était absolument nécessaire chez les Mammifères supérieurs, tout au moins — ne compliquons pas le problème — chez les Primates. Voilà en effet des petits qui naissent non encore achevés, et singulièrement celui du Primate humain; des petits qui doivent sans cesse revenir vers un adulte nourricier et protecteur et qui, faute de ce retour et du recours qu'ils y trouvent, seraient exposés aussi bien à la faim, car ils n'ont pas encore acquis une conduite alimentaire et digestive assez efficace, qu'aux convoitises des animaux pillards qui peuvent se trouver aux alentours. Ce peut bien être un avantage que de naître non achevés et généralement sans frères jumeaux, car on aura la mère pour soi tout seul et on pourra en sa compagnie assimiler des modes d'activité non fixés par le passé de la lignée dans les chromosomes, des modes traditionnels; mais ces avantages n'ont de sens que si entre le petit et sa mère ne peuvent s'interposer aucun être ennemi, que si l'hérédité a comme préformé ce couple, le premier des couples. Lorsqu'il s'agit seulement d'espèces inférieures, tout était prévu — par des succès aléatoires mais certains — pour qu'une surabondance génitale présidât à la survie de l'espèce : les formes inférieures des animaux gardent en cela quelque chose du végéral et l'on peut affirmer car c'est une nécessité venue de la sélection naturelle, que plus une espèce est démunie, plus elle tend à se défendre par une extrême fécondité (comme le Lapin). Or, au niveau du Primate, par le fait du développement énorme du cerveau qui assurera à ce groupe ses possibilités vitales et mentales, on ne peut plus voir se multiplier les descendants. De plus en plus, à mesure qu'on suit la montée de la lignée, on voit le petit plus volumineux naître dans un stade moins évolué, on découvre de plus en plus à sa naissance, un être dépourvu des moyens de subsister seul rapidement, et justement par là plus capable d'apprendre et d'ouvrir son champ de jeu. Mais aussi plus dépendant et condamné à une rapide disparition s'il ne portait déjà dans son stock génique des virtualités fortes de conduites qui l'accrochent bien à la mère, des attitudes d'accueil (non des «structures», même d'accueil, ce qui serait trop préciser).

Aucun miracle donc si l'attachement à la mère s'appuie sur des poussées héréditaires. Bien au contraire, c'est l'inverse qui serait miraculeux ! Les faits actuellement connus nous donnent-ils raison ?

Oui, sur deux lignes très importantes. La première, découverte déjà depuis longtemps par Zuckermann dans une étude sur les babouins (*La vie sociale et sexuelle des Singes*, 1937) concerne cet amour pour la fourrure que montre éminemment et très tôt le petit babouin. Lorsque je lus cet ouvrage, je m'avisai — et je le signalai en passant dans ma grande thèse (1947) — qu'il y a aussi chez l'enfant un amour très marqué de ce qu'un de mes petits amis appelait le «minou-minou» (fourrure ou chevelure de maman, par exemple). Par la suite les magnifiques expériences de Harlow (1961) ont permis de constater qu'un bébé singe s'attachait, en raison de sa fourrure, à de vagues «substituts» de mère, même alors qu'il devait aller téter ailleurs une «mère» en grillage pourvue d'un biberon. Preuve était faite — et un assez grand nombre de psychanalystes, à la suite de Bowlby, parvenaient aux mêmes résultats — qu'il y avait, à part de la pulsion alimentaire chez le jeune Singe une sorte de pulsion vers la fourrure, indépendante, qui se présentait comme un constituant plus efficace de l'attachement à la mère.

Ces belles expériences permettent de faire état de valences natives à propos de la mère, et elles ouvrent un champ très large aux recherches à la fois «naturalistes» et expérimentales. Depuis lors on a pu, surtout en reprenant la technique «éthologiste» des premiers chercheurs (qui, il est vrai, ne disposaient pas encore de ce néologisme utile, même au temps où Piaget, Malrieu ou moi-même usions de cette manière d'attaquer le problème), on a pu donc montrer que le tout jeune enfant était déjà sensible à tous ces facteurs qui constituent ce que l'on appelle depuis longtemps le *giron* maternel, à la peau (Anzieu) et à l'odeur (Montagner) comme à la pesanteur ou à la chaleur (et peut-être même à la voix humaine).

Mais une autre ligne de recherches se développait à la même époque, à la suite de considérations issues de la Gestalthéorie. Le giron, c'est aussi le visage de la mère qui regarde son bébé. L'enfant n'était-il donc pas sensible à cette figure, à ce visage de la mère ? Depuis les premiers travaux des « naturalistes » comme Preyer, on avait longtemps et complètement négligé les deux moyens les plus aisés d'aborder ce problème, celui qui use de masques et figures variées de plus en plus spécifiées afin de déceler l'époque à laquelle l'enfant s'intéresse à chacune de ces figures (par exemple deux taches colorées en haut de la page, première esquisse d'un visage) et celui qui considère le sourire, cet indicateur de la reconnaissance lorsqu'il est réponse au visage ou au sourire adulte : le sourire n'est même pas mentionné en 1946 ni en 1954 dans l'énorme *Manual of child psychology* de Carmichaël, qui a servi de livre fondamental à des générations d'étudiants. Heureusement les dernières années ont vu fleurir les expériences et observations concernant ces deux études — dont d'ailleurs il est évident qu'on ne les peut séparer l'une de l'autre.

5. Le sourire en réponse au visage humain

Aujourd'hui nous disposons enfin de nombreux faits qui permettent de tenter des explications. Sans nous perdre dans ces faits (on trouvera des exposés excellents et des discussions des faits et des théories chez Malrieu, *Traité de psychologie de l'enfant*, 1973, chez Bower, *Le développement psychologique de la première enfance*, 1978 et dans le numéro spécial de la revue *Enfance*: La première année de la vie, Janv.-Mars 1983) ni même dans les diverses théories qui ont été élaborées, nous pouvons faire état de données intéressantes pour notre quête des valeurs.

Premier point aujourd'hui peu discutable. Si l'on ne peut affirmer brutalement que la Forme du visage humain est inscrite dans notre stock perceptif héréditaire, on ne peut cependant nier qu'il y a là des données qui précèdent l'acquisition par l'expérience. Il faut rejeter à la fois, pour employer d'anciennes expressions, le nativisme pur et l'empirisme pur, et faire état de sortes de germes ou plutôt d'attitudes ou de Formes très ouvertes et mal structurées. Disons plus clairement que le visage humain et d'autres expressions de l'humain ne sont point complètement étrangères aux premières perceptions du bébé. Une réaction préférentielle à la voix féminine est notée dès la deuxième semaine comme le stimulus le plus efficace pour déclencher une ébauche de sourire. Il cède la place dans ce rôle au visage humain chez un bébé de six semaines. Bower, qui cite ces observations, ajoute que «c'est là une progression développementale intéressante, et de toute évidence entièrement déterminée par les mécanismes de croissance et par l'expression des gènes» (*op. cit., 53*), et il avance, entre autres, comme preuve que les dates d'apparition de ces réactions ne varient point en fonction de la date de la naissance qui inaugure l'influence de l'environnement adulte, mais sont fonction de l'âge conceptionnel: «les bébés sourient à l'âge conceptionnel de quarante-six semaines, indépendamment de leur âge chronologique, quel que soit le temps écoulé depuis qu'ils sont au monde» (54). Deux jumelles élevées sans voir le visage humain commencèrent cependant à sourire comme des bébés normaux à l'âge conceptionnel de 46 semaines (exp. de Dennis de 1938, citée par Bower)[3].

L'existence de ces données géniques ne suffit cependant point à faire du sourire un «sourire en réponse». Il y faut aussi un déclencheur et l'intervention d'une activité plus ou moins émotive, survenue à l'heure fixée par l'organisme. Généralement ce déclencheur qui réceptionne et multiplie comme un écho le sourire en réponse est évidemment le visage humain[4], mais il se peut, ainsi dans le cas d'un enfant aveugle observé par Bower, que le déclencheur soit une activité que le bébé réussit, comme de provoquer le son de clochettes (62). Il y a là pour nous une indication précieuse: la conduite virtuelle de sourire ne se déclenche que lors d'un succès, lorsque l'enfant peut comme jouer avec l'adulte; à ce niveau la simple perception de taches associées à un plaisir est saisie comme active autant que l'action sur les clochettes; une distinction nette n'est point encore faite entre l'agir et le percevoir — mais celui-ci, nous le savons bien aujourd'hui, n'est point simple passivité[5].

On conçoit par suite qu'il faille, pour expliquer le sourire, faire fond autant sur des éléments primitifs que sur des éléments qui proviennent de réactions à l'environnement. Le sourire est un mixte, ou pour mieux dire si les éléments primitifs sont incontestables, ils ne fournissent encore qu'une mosaïque imprécise, de gestes et de réactions mal coordonnés, comme locaux : ainsi la réaction aux esquisses du haut du visage ou certaines esquisses d'un sourire hédonistique. Il reste au bébé à accorder ces sourires encore mal conduits avec son environnement, à opérer déjà une synthèse motrice qui comporte en revers une synthèse mentale et morale.

Sourire en reconnaissance du visage adulte, et même distinction du visage de la mère et de sa voix (qui s'avère peut-être, en fin de compte, comme le plus frappant indicateur en ce domaine du primitif en stock), tout cela présente le même caractère. A vrai dire, on ne peut parler, comme on le faisait au début du siècle, d'une réaction innée de sympathie, sur ce point Malrieu (*op. cit.*, 50) a toujours raison, mais les éléments élémentaires de la réaction, les composantes de sympathie, sont présentés déjà par le stock héréditaire sans qu'il y ait encore une mise en œuvre : celle-ci ne se fera que dans une réaction à l'environnement adulte, dans une activité qui déjà explore et synthétise. Curieusement Bower retrouve à un âge extrêmement précoce à la fois un donné primitif et une activité qui le met en usage en le précisant.

Il faut ici sortir un peu de la psychologie de l'enfant pour comprendre «l'étrange cas du sourire» (Bower, 63), du sourire en réponse, s'entend bien, cette manifestation si précoce d'une humanité. On pense tout de suite à ces résultats si éclairants que nous a apportés l'éthologie animale, et l'on voit qu'ils ne suffisent cependant point à expliquer le sourire.

Du côté positif, il faut noter les ressemblances entre cette ébauche tâtonnante de reconnaissance et certaines conduites animales bien étudiées. Par exemple la reconnaissance de ses œufs chez certains Oiseaux: cette reconnaissance, nous ont fait connaître les éthologistes, dépend très clairement d'éléments innés, mais ceux-ci ne concernent jamais qu'une sorte de probabilité, l'oiseau refuse parfois un œuf qui a été touché par l'homme, bien qu'il soit le sien, et parfois accepte l'œuf d'un intrus; il lui arrive même de montrer des hésitations, comme si les critères que lui fournit son stock héréditaire n'étaient point suffisants, comme s'ils étaient approximatifs. Cette approximation des données qui contribuent à fixer les relations entre mère et petit varie d'ailleurs beaucoup selon les espèces, généralement plus solide chez les espèces d'un niveau inférieur : ainsi le Poisson, par exemple le poisson-voile du Siam, reconnaît parfaitement son socius. A côté d'instincts (il faut bien employer ce mot difficile) presque parfaits, il en est d'ouverts sur des élargissements, des adoptions de fils ou de mère d'une autre race. Sur ce point l'espèce humaine, même si elle s'ouvre plus que toutes les autres, reste passible du même schéma d'explication.

6. Fonction du sourire

Mais le sourire est un privilège humain, et c'est là l'aspect négatif sur ce point de l'éthologie animale. Il nous faut trouver des explications plus spécifiques propres à l'Homme, car enfin l'on ne trouve aucune réalisation de ce type même chez les Chimpanzés — à la rigueur trouve-t-on quelques ébauches qui annoncent et même parfois atteignent le rire, mais point vraiment le sourire. On peut le placer jusque dans ce langage absolu de l'homme que nous avons déjà signalé à plusieurs reprises: c'est reconnaissance de l'homme comme le cairn, le menhir, le carré ou le nombre. Or il se trouve bien avant l'apparition de ce que l'on peut concevoir comme l'humanité cognitive, je veux dire la pensée représentative inaugurée par le faire-semblant. Comment cette sorte de jalon peut-il déjà se trouver là ? Par quel miracle survient-il ainsi bien avant l'aurore de l'esprit humain ?

Peut-être est-ce que nous privilégions trop l'esprit au dépens de l'âme humaine. Sans doute est-ce avec le faire-semblant qu'apparaît sur le plan cognitif la possibilité de perspectives accolées, ce qui donnera l'Ego et l'Alter Ego; mais sur le plan de cette sorte de connaissance qui ne va pas vers l'opératoire ? Sur le plan de la connaissance globale, de cette vision du cœur dont parlait le petit Prince, le sourire ne serait-il pas, avec sa précocité et ses ambiguïtés, l'équivalent de ce qu'est le faire-semblant sur le plan de la connaissance rationnelle ? Ce serait sans doute trop dire et l'on ne peut comparer une conduite du premier mois et une conduite qui émerge vers la fin de la première année ou le début de la deuxième. Mais l'on peut sans doute dire que le sourire, par le contact humain qu'il établit et qu'il essaie, varie et parfait, est pendant cette première année l'instrument le plus efficace pour préfacer la double perspective, pour écraser l'égocentrisme naturel. Si le bébé n'avait d'abord possédé ou plutôt essayé le sourire en réponse, il est bien probable qu'il n'aurait point, par la suite, réussi à séparer les deux perspectives.

Il est vrai que, si l'on ne considère que l'esprit logique, que la représentation, que la pensée opératoire, c'est du faire-semblant qu'il faut dater l'apparition de l'esprit humain. Mais, avant l'esprit, l'humanité n'est point complètement absente : elle se dessine dans le sourire. Répétons-le, il est vraiment remarquable que, quoi qu'en disent parfois leurs amis, les bêtes ne sourient point. Ces jolies faces de siamois très futés, ces sympathiques mufles de setters affectueux sont toujours fermés : leur peur ou leur joie se voient plus mal sur les visages que sur leurs organismes entiers. Leurs visages ne possèdent point tous les muscles qui éclairent les sourires humains de peur ou de joie ou d'amour. Mêmes les animaux les plus intelligents comme les Dauphins ou les Chimpanzés n'offrent jamais que certaines physionomies liées au plaisir ou à la douleur, non à la seule et simple rencontre. On peut alors voir des esquisses de rire, à la rigueur, non de sourire, ce qui serait beaucoup plus.

Le sourire, chez nous, précède le rire; il y a longtemps que nous avons abandonné cette idée archaïque d'un sourire qui ne serait qu'une esquisse de rire, un début de rire. Le sourire est beaucoup plus, car, si l'on écarte certains sourires de simple plaisir, il marque la *rencontre*, c'est l'expression la plus forte de l'attitude de rencontre, de cette sorte de communion avec l'Autre-Même qui caractérise «l'intelligence de la rencontre» par une expression humaine. Le «vestibule de l'humanité» en disait bien Pradines, et cela, les peintres le savaient bien avant que les psychologues en conviennent. Comme si avant un an la psychologie de l'enfant sans le sourire ne pouvait être guère autre chose qu'un éminent faux-sens. Comme si l'on pouvait comprendre même la perception de l'enfant sans prendre d'abord en compte cette perception intéressée d'autrui qui s'exprime par ce premier langage du sourire susceptible, dans l'acte perceptif, de créer ou plutôt même d'exprimer le lien enfant-mère, ce couple premier duquel tout ne peut que partir dans le développement de la pensée enfantine. Il ne s'agit point ici de diminuer l'importance du langage, mais il ne se constitue point comme échange avant le sourire. D'ailleurs sourire et pré-langage vont ordinairement de pair : l'enfant souvent ronronne aussi, comme le chat, lorsqu'il entre en relations avec l'adulte aimé, mais il ronronne à sa manière, tout en souriant : le chat, lui, ne sourit point, le ronronnement lui suffit, et ce ronronnement du chat restera à peu près sans complication par la suite parce qu'il n'a point son écho comme le sourire en réponse, parce que le chat ferme les yeux : c'est plaisir et non rencontre.

Il est bien regrettable que nous ne puissions suivre toute cette histoire du sourire depuis quatre millions d'années, histoire qui serait encore beaucoup plus passionnante et plus précieuse pour le psychologue et le philosophe que l'admirable histoire de pierres taillées. Car le sourire n'est point une conduite simple, bien au contraire. Dans ce domaine, plus encore que dans celui du langage, l'enfant bénéficie très tôt des acquisitions des milliers de générations qui l'ont précédé et qui sont inscrites dans le sourire de la mère. Sans doute y a-t-il une marque dans le code génétique, et c'est pourquoi des enfants aveugles sourient à la date fixée par la nature, comme le dit Bower. Mais que de générations a-t-il fallu avant que s'inscrivent ainsi dans nos organismes les pierres qui servent à constituer ce monument du sourire, le plus ancien de tous les langages, le plus vulnérable des monuments ! à en faire une sorte de résonateur de l'allégresse de la rencontre !

Ici le philosophe ne peut qu'imaginer, à partir des traces laissées par cette longue histoire. Ce qui frappe d'abord, c'est que, dans les premiers jours, le sourire n'est point encore au point et que, en même temps, la perception du visage humain ne joue que sur des indices très limités comme le haut du visage. On pense alors, comme nous l'avons fait plus haut, à ces Oiseaux qui ne reconnaissent leur œuf que par sa couleur et qui se laissent aisément surprendre par les « leurres » de l'éthologiste. Aujourd'hui encore le mécanisme n'est point complètement au point dès la naissance, il faut, rappelons-le, que surviennent des déclencheurs qui l'aident à la mise au point, qui ajoutent un conditionnement aux données instinctives. Mais l'admirable est que ce conditionnement est extrêmement précoce comme si ce qui était en jeu c'était non l'enfant seul mais le couple mère-enfant, couple dans lequel la mère et son sourire et sa voix sont aussitôt présents et agissent comme un appel du sourire enfantin. C'est en effet le couple qui est ici en cause et, s'il est vrai que parfois les données manquent du côté enfantin (ô ces enfants qui ne sourient jamais!), elles ne manquent point aussi aisément du côté de l'adulte: la voix ici autant que le visage, l'ouïe autant que la vue comme nous le montre le sourire de l'enfant aveugle.

Par quel miracle cet étonnant accord dans la rencontre qu'est le sourire en réponse a-t-il pu émerger chez l'espèce humaine et préparer les élévations futures? Sans doute y a-t-il fallu beaucoup de temps, mais aussi l'on peut penser à des émergences successives. Déjà au niveau animal la rencontre du socius ne pose guère de problème chez les animaux supérieurs; c'est de là qu'il nous faudrait partir. Imaginer sans doute que s'est constituée d'une part et progressivement une Gestalt du visage humain, à l'image de l'imago du socius chez des espèces inférieures: on trouve des traces de cette constitution dans le fait que celle-ci n'apparaît point d'un coup mais lentement dans les premières semaines comme en témoignent aujourd'hui les enquêtes citées plus haut (v. Malrieu, *op. cit.*, pour les références antérieures à 73) à propos des leurres employés pour les nouveaux-nés[6].

7. L'égocentrisme

Par les dernières remarques nous sommes naturellement conduit à envisager le problème des valeurs enfantines — et des valeurs humaines qui suivront — en considérant cette sorte d'accroc à l'égocentrisme qu'est déjà la rencontre dans le sourire partagé.

Notons d'abord que l'égocentrisme est impliqué dans toutes les manifestations enfantines bien avant la conscience d'un Ego (avant un narcissisme). Nous retrouverons ici les deux niveaux que nous présentent aussi bien le sourire que l'imitation ou le jeu, ces deux niveaux qui se distinguent par l'apparition de la représentation. Par exemple, il faudrait examiner le sourire de rôle, ce sourire qui est constamment joué et qui a devant lui un magnifique avenir d'efforts pour séduire, d'hypocrisie et de politesse. De même les jeux de rôle — et d'imitation, ce qui se confond très souvent — qui demandent des consignes et supposent ainsi acquise cette obéissance à la consigne dont nous avons parlé au chapitre II. De la même manière, il nous faut séparer l'égocentrisme qui se montre au niveau du langage, où Piaget l'a étudié dans ses premiers ouvrages, de cet égocentrisme de situation, antérieur, duquel il faut partir pour saisir la genèse non seulement de l'égocentrisme, mais de la notion de l'Autre qui en est le contrepoint.

Nous avons autrefois longuement étudié les divers égocentrismes (*L'enfant et ses conquêtes*, ch. 3 sur l'égocentrisme), nous n'y revenons ici que pour éclairer la genèse des valeurs liées à l'Autre. Il faut souligner dès lors que, quoi que l'on puisse avancer sur ce point, un fait demeure, fondamental, le fait que j'existe, que je suis d'abord un organisme situé et daté, un organisme qui possède à chaque moment son hic et nunc et qui par là-même a sur le monde une certaine perspective. L'égocentrisme originel, c'est d'abord cela, cette perspective que — quoique sans en avoir conscience à l'origine — je suis seul parmi tous les humains à percevoir, du fait même que mon organisme situé et daté possède deux yeux, eux aussi situés d'une certaine manière ce qui conditionne ma perspective visuelle, des oreilles, des mains, enfin un ensemble d'appareils sensori-moteurs dont chacun, outre le hic et nunc général et passager de l'organisme, possède dans cet organisme un hic et nunc particulier qui ne se retrouverait point exactement le même dans une autre espèce et dont l'efficacité dépend de mes possibilités motrices et toniques, par exemple, pour le regard, de ma stature debout ou quadrupède : le monde du chien qu'un jour J. Romains s'est amusé à décrire avec tout son talent, ne peut être le même que le mien; et la stature dressée m'initie mieux aux verticales et aux hauteurs que, paraît-il, le cheval méconnaît et est près d'ignorer dans un monde où pour lui prédominent les horizontales, mais que l'oiseau intègre encore mieux que moi dans son vécu quotidien.

Il est de fait aussi que le sourire trouve, déchire cet égocentrisme. Avant le sourire humain, le champ de l'animal, s'il était irrémédiablement centré sur le hic et nunc organique, pouvait esquisser déjà parfois comme un second centre, comme un pôle très secondaire: ainsi du petit pour la mère. Mais le sourire humain va beaucoup plus loin, il n'est plus seulement connaissance, il est reconnaissance et la mère «se retrouve» déjà dans l'enfant comme, sans encore pouvoir l'exprimer, le bébé commence à retrouver ses émotions dans le sourire maternel. Le sourire n'est d'ailleurs point le seul outil de cette déchirure: le langage, par ses redoublements, ses retours mutuels comme des écholalies en duo, les jeux et surtout ces jeux de répétition et réciprocité qui apparaissent à la fin de la première année — et dont Malrieu a si bien noté l'importance dans ce qu'il nomme «le dialogue de la joie» —, enfin tous ces entraînements et ces échos, (et même cette imitation si précoce — dès le 10e jour — de la langue tirée que Zazzo avait si justement signalée), en donnant de plus en plus de distinction et de valence au pôle secondaire de la mère, préparent les jeux avec les perspectives, et surtout avec les couples de perspectives visuelles, sonores, tactiles, qui s'achèveront dans l'expression de la double perspective du faire-semblant.

Théoriquement le faire-semblant distingue entre deux types de perspectives, celle du hic et nunc réel et celle d'un autre hic et nunc ludique constitué par un Ego alter, un Moi qui s'efforce d'être d'abord ce qu'il a été à un autre moment, puis, dans le processus de la copie, un autre être, un Alter Ego. Or, à ce niveau l'on retrouve amplifiée cette force que Papousek ou Preyer pensent entrevoir déjà chez le bébé: cette recherche de la prouesse qu'est déjà une imitation, cette énergie qui vise alors à dépasser son être réel dans la réalisation d'un modèle.

Il est remarquable, nous l'avons prouvé jadis (*op. cit.*, p. 149), qu'il s'agit d'abord d'une simple imitation de soi, que le premier Imaginaire est ainsi moi-même passé: je me contente alors de refaire ce que j'ai fait hier, comme il est sensible dans les observations de Piaget et Malrieu, qui retrouvent le même ordre (Piaget m'a confirmé un jour publiquement son accord sur ce point, dans un congrès). Tout se passe comme si l'Imaginaire à ses débuts était encore pris dans la glu de l'égocentrisme originel. Mais cette étape est franchie extrêmement rapidement, car, avec la perspective de l'imaginaire, du représenté, l'enfant dispose désormais d'un instrument pour se soumettre autrui dans la copie. Et cet instrument, il va, grâce à son désir d'horizons et de prouesses, en user et en abuser pendant ces quelques années où règnent en maîtres les jeux d'imitation. Mais ici il faut prendre garde, car on glisse aisément vers des phantasmes que n'ont pas toujours assez évités les psychanalystes.

On s'imagine trop aisément, par l'effet de cette glu de l'égocentrisme qui s'aperçoit seulement si l'on observe avec soin, que l'enfant reste toujours, dans son jeu, inspiré de sa vie de chaque jour, si bien que le jeu exprimerait d'abord les relations familiales et les processus contradictoires intimes, comme si l'enfant restait toujours plongé dans le passé ou l'instant. Rien de plus faux, l'essentiel pour lui est, à moins de cas pathologiques, de grandir, de se grandir, et son activité la plus commune vise ce but qui, par sa nature même, dépasse l'environnement actuel. Se faire Autre, et un Autre plus fort, plus savant, plus habile, c'est ce que tout jeu jette à la face de l'observateur non prévenu. Sans cela on ne verrait point pourquoi il y a une telle coupure entre le monde réel et le monde ludique, particulièrement la part illusoire de ce monde mais aussi la part qui se fonde sur des règles, sur des appuis abstraits. Si l'on assigne au jeu des fins analogues à celles de la vie sérieuse, et même en supposant des censures qui soient comme des rideaux, il n'y a plus vraiment de jeu. Jouer, c'est consciemment refuser les travaux et les jours des adultes ou, à mieux dire, ne pas pouvoir user dans son jeu de ces lourdes charges, par faiblesse et par ignorance. Jouer c'est respirer un air plus léger, ce n'est plus manger une soupe que l'on n'aime pas ou être poli devant la méchante dame, c'est transcender, même quand c'est encore à regret, les obligations qui proviennent de la vie adulte. Certes il reste de l'ambiguïté dans cette mentalité : rarement cependant le jeu est évasion, comme cela arrive souvent chez l'adulte ; c'est un comportement naturel à défaut d'autres comportements impossibles ou mal aimés. Ajoutons même que la vie pratique, effacée dans la conscience du joueur, peut reparaître dans certains signes, c'est le vrai de la psychanalyse qui use du jeu ; mais cela est beaucoup moins fréquent qu'on ne le pense souvent, c'est là un cas exceptionnel comme on le constate dès qu'on s'écarte des jeux-tests de l'examen psychologique. Je me souviens que, lorsque j'ai soutenu ma thèse, un des plus célèbres psychanalystes français qui était du jury s'est étonné de mon refus des vues de Mélanie Klein et de Freud: je lui répondis simplement que lorsque des enfants, en pratiquant des jeux d'imitation jouent à «faire» l'arbre ou le poisson dans la poêle ou le wagon (que certains n'ont jamais vu!) il est bien inutile d'aller chercher leur inspiration profonde ailleurs que dans leurs vies quotidiennes ou leur savoir: pourquoi compliquer abusivement les choses? Pourquoi effacer cette prouesse qu'est la réussite d'une imitation? Pourquoi ôter tout son sens à l'objet illusoire? Et enfin pourquoi vouloir donner des jeux d'imitation une explication qui ne peut être soutenue sans acrobaties intellectuelles lorsqu'il s'agit de jeux aussi fréquents et aussi transparents que les jeux de barres, de billes, de courses ou de sauts?

8. Héros, dieux et mythes

Nous nous excusons auprès de ceux qui ont lu nos travaux antérieurs d'avoir dû revenir sur ce thème qui pour nous date de loin: il permet de comprendre plus facilement qu'il existe chez l'enfant une conception comme abstraite de l'homme, de cet homme stylisé qui paraît dans ses jeux comme dans ses dessins. Le bonhomme-représenté, nommons-le ainsi, c'est simplement une sorte de régulation du comportement imitatif, une perspective qui, en ses débuts, reste presque vide. L'enfant affirme l'Autre avec autant de confiance et de simplicité qu'il affirme le Moi par le «Non» de la crise de trois ans. Le dessin du bonhomme en témoigne parce que son imperfection ne tient point tant à une maladresse de la main qu'à la pauvreté de la conception sur le plan de la représentation qui inspire le dessin, à son décousu (par exemple, quand l'enfant oublie les oreilles ou met les deux yeux sur le même côté du visage). Nous avons là, comme dans les jeux, le signe que la conception de l'humain, sur le plan représentatif évidemment, est d'abord d'une extrême pauvreté; c'est comme une forme vide à peine esquissée. L'Alter

Ego ne vole que peu à peu et lentement ses caractères à l'Ego trop implicite, l'intelligence structurée (plus tard opérationnelle) n'emprunte à l'intelligence concrète du moment et du quotidien que lentement, après s'être d'abord affirmée comme une forme à peu près vide.

Cette idée est assez difficile, bien que confirmée de partout, parce qu'il y a entre les deux notions de l'Autre, comme Forme et pôle du champ perceptivo-moteur ou comme concept structuré, une sorte d'osmose qui se fait, mais la réalité des deux processus parallèles reste indiscutable. Lorsqu'il s'agit de représentation, l'homme cherche d'abord un simple et général correspondant à une sorte de stylisation de ses gestes et de ses attitudes; plus tard seulement il parviendra jusqu'à un certain point à éviter cet égocentrisme représentatif et formel[7].

Celui-ci dans sa pauvreté originelle, est indispensable. En effet, c'est grâce à cette pauvreté, à ce formalisme qui garde seulement de la pensée concrète une perspective vide en la multipliant, que l'Imaginaire peut ouvrir des voies à tous les rêves de l'humanité. On ne peut voir d'où est née la noblesse, la grandeur et l'ampleur des mythes si l'on ne place à leur source ce dépassement de l'hic et nunc dans un formel vide. Vouloir, comme l'ont fait des psychanalystes à la suite de Freud et de Jung, expliquer les mythes et les grands archétypes par le simple développement collectif de certaines pulsions primaires, c'est confondre le lion avec ses puces, c'est s'interdire de saisir dans toute leur force et leur beauté symboliques ces monuments de l'humanité, ces premières grandes œuvres du collectif. Dans nombre de mythes de genèse américains ou dans les légendes-mythes hindous, il y a tant de miracles d'une part (la grenouille tombée du ciel qui engendre l'humanité, par exemple, ou la vierge mère de Dieu plus près de nous), d'autre part tant d'ingénue multiplication (de guerriers en Inde et des pains à Cana) qu'il nous faut faire place d'abord à l'origine, à une extrême liberté et à une extrême pauvreté du savoir.

Lorsque l'on considère les « modèles » imaginés par les enfants ou les peuples enfants, il faut toujours distinguer deux choses. D'abord le fait que, par la pauvreté de l'invention individuelle, le modèle, ce modèle si ténu, est toujours inspiré des savoirs de l'intelligence concrète et de la perception, donc de l'environnement; ce caractère étant surtout vrai chez les mythes enfantins, et c'est pourquoi ils fournissent par leur matière un objet d'étude aux psychanalystes. J'ai été très impressionné par la pauvreté de l'imaginaire enfantin lorsqu'il n'est point de tradition qui le supporte: en fait, on y retrouve toujours les mêmes thèmes, pour ne pas dire les mêmes personnages, que dans les contes hérités du folklore des adultes; toujours une certaine niaiserie jointe à des rencontres qui témoignent plus d'une insuffisance des cadres enfantins que de cette cassure des cadres à laquelle nous a habitué le surréalisme, plus de naïveté que d'art. D'ailleurs, avouons-le, il y a bien moins de spontanéité dans les histoires enfantines à la mode de nos jours qu'on ne le dit: c'est travail d'élève aussi innocent que docile. Il eût fallu, pour mieux voir, tenter de s'écarter d'une part de cette littérature frelatée que nous ont valu le culte de la spontanéité et de l'école active, d'autre part des contes descendus en quelque sorte de la sphère des adultes à la sphère des enfants. Sans doute les uns et les autres ne sont-ils point sans enseignement, et Ch. Bühler eut bien raison d'inaugurer une étude objective des contes: leur adoption par l'enfant montre assez qu'ils font résonner l'âme enfantine, il y a là quelque chose à prendre pour le psychologue, et encore plus peut-être dans ces comptines qui parfois, dans leur fréquente irréalité, semblent venues du fond des âges (V. notre étude in *Brindilles*, 1950). Mais plus instructifs encore sont ces étranges constructions que nous découvrent les «histoires continuées» par des frères et sœurs pendant des années, histoires pauvres, il est vrai, dans leur puissance d'invention, mais combien riches de signification. Ce ne sont alors que monstres, ogres, richesses d'Ali-Baba, merveilles et atrocités (V. *Le réel et l'imaginaire...*, § 14).

Malheureusement notre culture prête de moins en moins à de telles créations, les adultes civilisés s'en mêlent trop, et nos enfants sont trop tentés par d'autres jeux. Si nous insistons un peu sur ce point, c'est que l'irréalisme de ces histoires continuées, comme celui des comptines, rejoint celui des mythes: ce sont déjà comme des mythes enfantins, des mythes saisis à leur naissance. Or, et c'est pourquoi nous avons semblé faire ici un détour, cet irréalisme présente deux caractères une sorte d'égocentrisme inhérent au manque de réalisme, à la négligence de l'environnement, égocentrisme que nous connaissons déjà bien; et, en second lieu, une recherche de puissance, une amplification, un grandissement des modèles, et comme un désir de grandeur. Ici naissent les Héros et les Dieux.

Ce qui y apparaît sans ambiguïté, c'est en effet un Autre comme formel, un Autre qui, pour être inspiré de l'environnement, s'élève cependant bien loin au-dessus de lui. On n'a point eu tort de parler ici d'un culte du Père, mais le père réel n'est point si fort, si grand, si haut que cela. Notre enfant en rajoute beaucoup, et il ne suffit pas, avec Alain ou Freud, de considérer qu'aux yeux du bébé le Père est un géant, car c'est bien plus que cela, ce Père qui semble se révéler dans nos histoires continuées comme dans les légendes des peuples enfants. Il passe dans ces œuvres primitives un souffle de grandeur qui dépasse la simple influence familiale. L'ouverture humaine s'y révèle. Elle prend un modèle, mais elle essaie de le dépasser, de l'amenuiser pour créer plus noble et plus beau que ce modèle. Dans les légendes hindoues, ce sont des millions d'hommes qui constituent des armées pour de pauvres hères qui n'ont jamais vu autour d'eux qu'une population clairsemée. Dans les légendes grecques, foisonnent les héros, les dieux et les demi-dieux qui, pour avoir une souche humaine, ont cependant dépassé l'homme de bien des coudées. Bien plus, cette puissance formelle de l'Imaginaire en vient à chercher sa voie dans l'étonnement, le bizarre, l'incroyable. Le conteur antique recrée à chaque fois ce Père-modèle et cette Mère-modèle dont parlent nos psychanalystes, il brode sur leurs aventures, sur leurs amours et leurs bienfaits. Il ne s'agit pas encore vraiment de connaissance objective, d'Histoire, ce sont de grandes et fabuleuses histoires. « C'est là un caractère général du domaine mythique : quand il n'y a pas de texte, il n'y a pas non plus de version unique. Chaque version module le thème à sa façon, et toutes les versions se valent » dit J.P. Vernant (interview à *Sciences et Avenir*, Janv. 82), l'un des tout meilleurs connaisseurs en la matière[8]. En outre, comme l'explique Détienne, tout mythe possède une ambivalence, ce qui augmente encore au flou de l'histoire et permet de lui donner du jeu.

C'est cet aspect de jeu et de hauts faits des mythes qui nous permet de retrouver l'enfance. Non point l'enfance déjà logicienne, non point l'enfance accrochée par des fixations maladives à papa et maman, mais une enfance plus forte et plus sauvage, qui s'évade lorsqu'elle s'en sent les forces, qui volète avant de prendre le grand vol de l'adolescence. Formelle, oui, par un début de détachement et de refus de son environnement. Objective, point encore malgré quelques tentatives, mais aussi révélatrices que ces tentatives sont les envolées vers les monstres sacrés, fées et héros. De ce côté-là sont les valeurs qui commanderont toute la vie, lui donneront ses fins, bien plus que dans les pulsions qui ne cesseront jamais, et souvent malgré nous, de se rappeler à nos conduites.

9. Les deux Alter Ego

C'est donc d'une sorte de vacuité de l'Imaginaire qu'il nous faut partir. Cette vacuité que nous trouvons aussi bien dans les histoires continuées, dans les dessins du bonhomme, dans le mélange étonnant de cruauté (qui est un manque sur le plan représentatif) et de tendresse (sur le plan de l'intelligence de la rencontre), dans les premiers faire-semblants et dans les descriptions anatomiques (l'homme conçu comme un sac vide) dans la fabulation si fréquente à cet âge, c'est cette vacuité qui nous renvoie à la forme de l'acte plus qu'à la matière lorsque l'enfant passe sur le plan représentatif. Par la suite, il lui faut difficilement meubler ces vides, ces trous dans son monde qui sont les premières représentations. Ces trous correspondent seulement à des attitudes plus ou moins vagues, non encore à des structures et à des opérations. A y bien réfléchir d'ailleurs, ne retrouvons-nous pas ces sortes de trous colorés de nos attitudes dans la plupart de nos concepts; un concept est-il autre chose qu'un réseau de structures malaisément et longuement tissé sur des teintes fournies par des attitudes antérieures (V. notre *Psychologie des attitudes intellectuelles*, en particulier, chapitre II). L'Alter Ego et l'Ego, ces concepts, ne font point cavalier seul; eux aussi glissent d'une Forme à peu près vide à des structures fermes grâce aux attitudes plus primitives envers autrui et envers soi.

Ce vide ou du moins ce quasi-vide des perspectives nouvelles appelle l'égocentrisme en ses débuts autant que le fait à un niveau inférieur le hic et nunc, car où l'enfant trouverait-il le plus aisément une matière à ces formes vides qu'il lance dans le monde sinon dans son savoir antérieur, dans ses visions du monde antérieures qui sont nécessairement marqués de l'égocentrisme spontané, de cet égocentrisme sans Ego dont nous parlions plus haut. Cela est particulièrement sensible dans ces conduites de fabulation où l'enfant affirme sa propriété sur des choses, ainsi lorsque, feuilletant un livre d'images, l'un de mes petits amis dit, à chaque page — à l'intention de ses spectateurs et pairs — que ce cheval ou ce navire ou cette maison sont «à lui» (*Le jeu...*, § 8). C'est faire des affaires à bon compte certes, mais cela n'est possible que parce que ces affaires-là se passent dans un monde où n'ont point encore pénétré les valeurs bien connues de l'environnement. En toute culture primitive on retrouverait cette même attitude et cette même approbation du monde; jusqu'aux dieux qui ont été fabriqués pour les hommes — et cela subsiste encore dans la notion du «rédempteur»!

On comprend par là pourquoi la notion de l'Autre aussi est, sur le plan représentatif l'objet d'une longue construction, comme nous l'avons précisé plus haut. La notion du Moi également est construite à partir d'un vide qui fait face au vide primitif de l'Autre. En réalité le terme même d'Alter Ego que nous employons facilement reste là par là médiocre, puisque l'Ego représentatif ne précède pas l'Alter; mais ne refusons point, cette réserve faite, une terminologie efficace.

La nature de ces genèses sur la ligne représentative de l'Ego et de l'Alter Ego nous permet de mieux jauger la valeur de l'un et de l'Autre; il les faut comparer aux pôles personnel et social de l'intelligence de la rencontre. C'est celle-ci qui avait connu l'attachement premier, et le sourire, et le giron: par ce canal l'Autre était éprouvé immédiatement et si c'était toujours un autre privilégié par l'environnement comme il est évident de la Mère, c'était comme une enveloppe de la poussée organique du hic et nunc, il restait toujours une sorte de cordon ombilical affectif entre le centre du champ et ces pôles préférentiels. Au contraire, sur le plan représentatif, l'Autre est un «semblable» certes théoriquement, mais cette fraternité reste teintée de son formalisme original, elle se meuble malaisément, elle n'est pas franche.

Ainsi, correspondant à ces deux lignes d'intelligence qui sont distinctes mais dépendantes, il nous faut faire intervenir comme deux visions de l'Autre, la seconde, la représentative compensant sa moindre attache par une possibilité très supérieure d'extension, d'expansion, et gardant toujours dans cette conquête du collectif humain les restes de la matière qu'elle a empruntée à la première, comme une sorte de tare originelle.

C'est à ce second niveau qu'apparaît l'égoïsme véritable, ce retour sur soi qui tend à effacer le premier niveau d'attachement pour lui substituer une conception du monde qui fait prospérer la tare originelle de l'égocentrisme en transposant son être à une valeur représentée, celle du Moi. Au premier niveau l'enfant restait innocent en ce sens qu'il ne faisait point consciemment tort à autrui en calculant son intérêt; maintenant au contraire, un Je peut entrer dans le calcul explicite. Il n'y a plus seulement une classe de valeurs prolongeant les valences antérieures, mais deux bien distinctes, chacun possédant ses caractères particuliers, parce qu'il y a deux modes de saisie de l'autre homme.

C'est que cet homme nouveau qui est construit par la représentation n'a pas de corps à lui mais seulement un corps emprunté à mon imagination: il peut être représenté comme horrible ou comme délicieusement bon. L'identification à cet être trop plastique est moins facile encore que la première identification à la Mère. Entrer dans le domaine de la pensée humaine, c'est par là mettre en péril les valeurs premières — ou, pour mieux dire, les valences premières. La constance relative des Formes perceptives et affectives saisies par la rencontre immédiate et globale favorisée par des éléments génétiques, fait alors place à une probabilité et à un pari. L'attitude envers l'Autre n'est plus en majeure part commandée par des facteurs endogènes, il faut l'assumer, c'est un rôle à jouer. Les facteurs de ce rôle proviennent dès lors à la fois de mon tempérament et de mon passé d'une part et d'autre part des données externes présentées par l'Autre et que j'interprète à travers le filtre de mes facteurs endogènes, eux-mêmes fluctuants. On le constate au mieux lorsque manquent ou sont très légères les données venues de l'extérieur: en ce cas le concept de l'Autre reste trop formel et il prête à toutes les variations. Le journaliste A. Billy avait fort bien formulé cela dans sa « Loi du mort kilométrique » destinée à calculer la longueur d'un article : la longueur d'un article concernant un accident est directement fonction du nombre de morts et inversement fonction de la distance à partir de Paris. C'est par là que pèche toujours la philanthropie ; il est trop facile d'être bon pour le genre humain, comme le remarquait Rousseau, c'est souvent une manière d'oublier sa famille — et il en donna bien l'exemple lui-même !

A l'inverse, la Forme immédiate, celle qui s'exprime au mieux dans les personnages de la Mère puis des autres familiers, c'est une Forme pleine, elle se prête mal aux calculs et aux refus des philanthropes et misanthropes, c'est un attachement en bonne part fondé sur des liens primitifs, c'est une Forme enracinée et cela l'éloigne fort des concepts déracinés que présente la saisie rationnelle de l'Autre.

10. De l'inégalité naturelle

Cette opposition de deux visions de l'Autre est bien connue, elle entre sans cesse dans nos conduites, dans nos mœurs, dans notre droit. Si nous y insistons c'est qu'il faut bien voir leur origine, et, par cette origine, la vigueur inévitable de leur distinction. Cela nous mène à cette affirmation essentielle pour les valeurs humaines que tous les Autres ne sont point égaux. Le point est d'importance pour les descendants de 89, mais, une fois qu'on a refusé les valeurs absolues de je ne sais quelle transcendance, il faut bien chercher dans les faits les sources des valeurs qui nous lient à autrui. Il est d'ailleurs remarquable que notre droit égalitaire lui-même s'arrête face à cette inégalité, par exemple en refusant de traiter comme les autres le témoignage d'un parent (père et mère ne sont donc point tenus à traiter leur enfant comme quelque autre). Reconnaître la famille et ses attachements, c'est par là même refuser l'absolu du « Tous les hommes sont égaux en droit ». Lorsque les totalitarismes anciens et modernes s'y sont aventurés, par exemple en célébrant comme héros des dénonciateurs de leur fils ou de leurs parents, ils ont fait horreur, et ils ont par la suite oublié et tenté de faire oublier ces efforts inhumains.

Le portrait de l'Autre comme un Identique ou tout au moins un Semblable peut enflammer les discours et les prêches des prophètes envoyés des dieux ou des gourous, c'est là un processus naturel et l'histoire des religions en témoigne assez. Mais, pour que la notion d'Homme ne se restreigne point à la tribu — et le nom d'Homme également —, pour que soit dépassé l'élan affectif vers les «siens», pour que s'écrase le sociocentrisme originel (dérivé de l'égocentrisme et des pulsions vers des Formes primitives), pour qu'apparaisse un droit de l'homme en tant qu'homme, quel que soit l'individu concerné, pour qu'on parle d'une égalité, il faut qu'intervienne en surplus un Autre vide, une Forme spécifique de l'Homme, il faut que l'eau d'une seconde source vienne, en se mêlant à l'eau de la première, lui donner toujours la même teinte. Ici se situe l'intervention de la pensée rationnelle qui continue en l'amplifiant la pensée représentative et son modèle vide de l'Autre. C'est là cette bonne nouvelle qu'apporteront les religions universelles de salut: derrière le Dieu juif de l'Ancien Testament, le Grec superpose l'universalisme. Grande période que cette période où, émergeant peu à peu de la base originelle, la pensée du philosophe prend enfin son indépendance malgré les risques que son universalisme lui fait courir dans la Cité: à prétendre que le jeune esclave de *Ménon* possède en lui toutes les vérités aussi bien que l'homme libre et que le descendant des rois, Socrate risque sa vie, car c'est renverser les vieux dieux enracinés dans la tradition de la Cité. En fait, tel fut le sens de ce grand mouvement, aujourd'hui assez bien connu, qui commence à infiltrer les anciennes religions des divers peuples pour donner naissance aux grandes religions universelles à partir du VIe siècle A.C. Il y a alors rencontre entre deux mouvements, entre deux lignes, deux attitudes humaines, l'une encore asservie au hic et nunc malgré les progrès représentatifs déjà acceptés et l'autre provenant directement d'une vue philosophique, d'une analyse de l'humanité et qui refuse de sacrifier aux idoles. En cette époque on sent les deux courants de l'intelligence qui se rencontrent et s'affrontent et, dans les remous de cet affrontement, on sent mieux leur dualité.

Il reste remarquable que, malgré la force qu'elle a pu posséder à certains moments, malgré la largeur de son impact — comme le montre bien le nouveau stoïcisme, par exemple, et encore mieux le développement des formes premières du taoïsme, du confucianisme ou du bouddhisme, cette avancée de la philosophie se soit heurtée à de telles difficultés qu'il lui fallut ordinairement emprunter, pour subsister, des habits aux anciennes religions et aux «gentils». L'égalité des hommes, professée par le Socrate du *Ménon* se réduit aisément à une fraternité étendue à tous les fidèles et en vient à se restreindre aux seuls fidèles dans nombre de cas. Comme si cette image vide de l'Autre restait sans vigueur.

Le problème qui se pose en effet à propos de cet Autre vide, c'est un problème d'enracinement. Cet Autre vide est vain; sans doute a-t-il le mérite de s'appliquer partout, mais il ne trouve pas de points d'attache et reste trop souvent pure rêverie de métaphysicien de la philosophie, de la politique (et il y en a là!) ou de la religion. C'est un Autre essentiellement fait d'une attente que peuplent des mots. Or l'attente — qui est très évidemment attitude — et les mots trouvent mal leur point d'application; trop souvent, ils achoppent au réel et doivent se trahir pour gagner de l'efficacité. En témoigne assez déjà cette loi du mort kilométrique que nous citions plus haut. Mais même le plus obstiné des philosophes ou des hommes religieux ne peut éviter les problèmes posés par l'égalité fraternelle des hommes.

On le voit bien chez un Descartes: dans le *Discours* il avance déjà des esprits indivisibles et égaux par leur infinie liberté et leur bon sens: ce sera un des leitmotivs de son œuvre centrée sur un Je plus substance qu'acte. Mais il avance en même temps et dès les premières lignes du *Discours* des inégalités mentales (intelligence, mémoire) et il en vient, dans une *Lettre* à considérer que si, dans une ville, un homme vaut à lui seul plus que bien d'autres, il faudra le sauver de préférence aux autres. Reconnaissons-là ce beau problème, si bien posé par S. de Beauvoir dans ses admirables *Bouches inutiles*, et que nul n'a le droit d'écarter par principe dans une idéologie vaine qui ignore les réalités. Ce problème se pose souvent (et même lorsque nous devons choisir un jardinier ou une femme de ménage), et nul ne peut le résoudre sur un plan métaphysique, comme semblent le croire nos bons pasteurs qui répugnent à trancher sous prétexte qu'une vie humaine n'a pas de prix et laissent à d'autres le soin de choisir entre la mère et l'enfant lorsque cela se présente. La solution de ce dernier et bien vieux problème varie en fait selon les cultures, selon les époques, elle est fonction des médecins et des pères-époux; mais il faut bien résoudre le problème, car laisser faire, c'est aussi choisir une solution, et bien souvent la pire de toutes. La condition humaine n'est point si douce que les bonnes âmes puissent résoudre les problèmes les plus sévères à l'aide de principes — pourquoi pas de calculateurs? Le problème, toujours actuel, de la peine de mort reste aussi ouvert, ou plutôt c'est un autre aspect du même problème. Dès qu'on aborde la vie, non comme philosophie en son cabinet bien clos mais comme acteur face à face au tragique de la vie humaine et de ses angoisses, on n'a plus le droit de choisir de fuir dans les grands principes sans leur chercher une assise solide. Or il n'est point assuré que cette assise existe car la sûreté de l'évolution biologique qui nous a créés n'est point telle qu'elle nous fournisse dès notre naissance une morale et une politique toutes faites. Comme il est dit dans le célèbre allégorie d'Er de la *République* : « Chacun est responsable de son choix. Dieu est innocent (*Theos anaitios*) ».

L'homme n'est pas une valeur absolue. C'est seulement, et peut-être, une valeur assez sûre. Regardons par là.

Répétons-le à nouveau contre nos bons pasteurs, contre nos bons parleurs : en ce domaine aucune difficulté n'est soluble dès que l'on cherche du côté de quelque Absolu, religieux, laïque, politique peu importe. Peut-être même peut-on voir là le péché majeur, celui qui consiste à demander à d'autres de gouverner votre volonté, de juger pour vous, de reposer votre tête sur le mol oreiller des notables, des compétences et des principes. A confier à d'autres sa propre gouverne, comme on disait jadis.

Revenons donc à notre vision de l'enfant, non point scientifique car elle ne nous aiderait pas assez en ce passage, mais éthique. Montaigne n'avait peut-être point si tort de ne pas faire grand cas des enfants encore tout jeunes et d'attendre qu'ils donnent promesse d'humanité[9]. Si l'on refuse cette position, celle du père qui attend les premiers sourires pour se prononcer, on soulève des problèmes insolubles par la raison raisonnante, mais que nos contemporains résolvent généralement de nos jours sans trop hésiter. En particulier se pose le problème de la valeur humaine de l'embryon, car on ne peut admettre que la naissance soit comme une création ex nihilo. L'embryon présente assez précocement des esquisses de conduite, des réflexes qui doivent être présents dès la naissance (en vue de la respiration ou de la tétée; mais aussi beaucoup d'autres). A quel âge embryonnaire va-t-on donc le considérer comme un individu à part entière, se demandent les théologiens; laissons-leur donc ce soin, mais notons combien il est significatif, combien, dans son ridicule, il nous paraît poser ici une stratégie du tout ou rien qui nie toute considération génétique [10].

Heureusement, dans cet ouvrage notre problème n'est point de fournir des solutions pratiques à de tels problèmes moraux; nous cherchons d'abord les bases, les fondements des valeurs. Mais cet ensemble de sophismes et de faux problèmes avec leurs fausses solutions, qui grouillent autour du problème de l'égalité, nous indiquent à haute voix le chemin qu'il nous faut suivre, celui qui lentement mène à l'humain.

Promesse d'homme n'est point encore homme, et un magnifique poussin de trois ans n'est point encore capable de remplir ses devoirs civiques (de choisir un candidat en raison, par exemple, de ses opinions en politique étrangère). Disons le tout net, l'égalité se gagne, elle n'est ni de fait ni de droit : cette idée simple, nous ne l'avouons jamais, mais nous en tenons compte tous les jours, sans oser le dire.

Est-ce à dire que, pour devenir un membre de ce cercle des Egaux que prône notre démocratie égalitaire, il faille savoir tous les mêmes choses et avoir le même comportement? Cette opinion répond à une attitude très fréquente chez nos démocrates; de là procèdent bien des efforts pour constituer des sortes de «rattrapages» pour enfants en retard de savoir, des efforts pour imaginer de meilleures manières d'assimiler et tant d'études sur l'apprentissage du savoir, même dans le sommeil ou grâce à des pharmacopies très diverses. De telles tentatives sont certes louables, avons-le dès maintenant, mais il nous manque encore un critère sûr pour les apprécier. Poursuivons donc l'analyse sans nous arrêter trop tôt à conclure.

Une première remarque est que cette pédagogie de l'égalité, qu'implique toute morale de l'égalité, a depuis longtemps fait preuve de ses faiblesses. Lorsqu'elle paraît progresser, c'est un progrès bien discutable que l'on constate vers le totalitarisme d'un peuple grégaire, vers une population de sujets à maigre personnalité. L'égalité se fait au plus bas, comme dans un cercle où le bébé-roi fait que tous causent le langage bébé, comme dans toute réunion, où, tous participant, la discussion se place au niveau du plus bête (comme disait Alain). Aldous Huxley nous avait peint cette civilisation bien avant que nous ne la voyions s'esquisser sous nos yeux. C'est là œuvre humaine et, comme telle, sans justification autre qu'une vague idéologie dont il nous reste toujours à voir ce qu'elle vaut. Et A. Huxley lui-même, en bon fils et frère de biologistes de grande renommée, avait montré que la nature résistait encore à cette civilisation de conditionnement dès qu'elle trouvait quelque issue pour avancer ses pions, pour progresser hors du commun et de la populace égalitaire.

Un retour à la seule «égalité des chances», selon une formule célèbre, fait certes une part au stock biologique. Elle reconnaît que l'espèce humaine, de par sa genèse, fournit une certaine dispersion dans toutes les directions, qu'il existe aussi chez l'homme des «déviants», des marginaux grâce auxquels l'espèce s'est hominisée jadis. On oppose alors une humanisation réfléchie à une hominisation dispersée: la société va corriger, autant que possible, la nature. L'égalitarisme rêvé doit envisager un certain élitisme de fait en même temps qu'il tente de corriger toutes les déficiences de la nature, tous les handicaps de l'organisme et de l'intelligence.

Cette position, qui reste celle de la grande majorité aussi bien des spécialistes (sauf imprégnations politiques, hélas, évidentes en bien des cas) que des autres hommes, manque cependant d'une justification suffisante. Elle reste trop en l'air, dirigée par une idéologie égalitaire qui ne s'enracine point dans les choses. S'il y a des inégalités naturelles, pourquoi donc les corriger? Pourquoi les regretter? Pourquoi toujours avoir la tentation de favoriser les plus démunis au dépens des sujets d'élite? Là ont mis leur marque bien des esprits, de Nietzsche et Spencer jusqu'à Hitler ou Staline.

11. Sur l'égalité et la fraternité: le problème

L'Autre métaphysique et civique, l'Autre de 89 et de nos rêveurs démocrates, reconnaissons-le, c'est un Autre plus que contesté. D'où vient donc son existence, et cette valeur humaine unique que l'on nous présente à tous les détours de la politique et de la métaphysique? D'où ces «droits de l'homme» que l'on invoque si facilement et dont peut-être on abuse parfois?

Tentons une fois de plus de remonter à la source: cet Autre viendrait-il de la vacuité originelle du modèle Autre, et faut-il donc lui accorder par là une origine proprement humaine, à l'inverse de cet Autre d'attachement qui sent encore son animal et qui suivrait une voie différente? Problème d'importance et trop souvent négligé en faveur de postulats et de dogmes.

Même chez certaines espèces animales, on constate déjà que le socius n'est point un animal comme les autres: l'homme aussi, nous le savons porte en son tréfonds originel une attitude positive envers l'homme, c'est ce que nous avons longuement essayé de montrer dans les pages précédentes. Il faut aller plus loin et reconnaître, sans discuter ici des parts respectives de l'inné et de l'acquis, l'existence et la force des divers sentiments familiaux, malgré les avatars qu'ils subissent parfois comme le savent trop psychologues, cliniciens et psychanalystes. En gros, il faut admettre aussi bien chez la mère que chez le véritable amoureux comme un serment implicite et indéracinable de reconnaître une valeur incomparable au fils ou à l'amant(e). Point ici de calcul vraiment objectif; si parfois l'amour réclame l'estime, comme le dit Chimène, il n'en est pas moins un serment envers l'Unique, il implique une valeur incomparable de l'Autre; et il est de fait que s'étalent devant nos yeux des amours de mères pour des enfants dont les voisins disent bien vraiment qu'ils «n'en valent pas la peine»: la raison ne peut rien contre ces sentiments-là.

Peut-on fonder sur cet élément subjectif l'être de cet Autre sans commune valeur qu'est l'individu humain? Cela serait assez difficile, et pourtant nous savons que cette attitude et ce serment par lequel un être se donne à un autre ne peuvent rester en dehors de la solution de notre problème. Un «c'est mon fils» justifie souvent des cas en apparence aberrants d'une prise en compte de l'Autre comme cet infini de valeur, et par de telles voies on conçoit qu'apparaisse un respect de la vie humaine étendu à tous les humains, qui répondrait à ces appels que font au moraliste et au politique les mères et les amants. Un tel argument n'est point négligeable. Mais il ne peut évidemment suffire à fonder l'universalité du respect humain. Il expliquerait son indiscutable valeur, mais laisserait à cette valeur une certaine relativité : ce ne serait jamais que fraternité fondée sur de communes amours et de communs destins. Non ce droit universel dont on fait tant de bruit.

Avouons-le, en ce point il semblerait que seule dût et pût agir la fraternité qui, grâce à des attachements mutuels, pose une certaine égalité entre frères : il n'est pas besoin d'un prêche au nom d'une morale abstraite, d'une métaphysique ou d'une religion pour créer chez l'enfant cet égalitarisme limité à la famille — autant du moins qu'il existe, car l'égocentrisme subsiste aussi en ce domaine —, il suffit, et les parents avisés ne cherchent guère ailleurs, de faire appel au fait, au «C'est ton petit frère». Nous sommes encore loin du «Tous les hommes sont frères».

Entre frères élevés dans une même famille normale, l'attachement tient à cette communauté que donne l'élevage. En tout groupe se forme, comme on le sait, un sentiment de groupe. A plus forte raison entre frères, lorsqu'à la communauté des aliments, des problèmes, des attitudes, s'ajoute la douce pression parentale. Le groupe familial est enraciné dans une maison, dans des traditions, dans des aversions et des amours communes, dans des jeux, des souvenirs, enfin dans toute une sorte d'héritage et de folklore familiaux. Mais cet enracinement, plus prononcé que dans tout autre groupe humain, se mesure, comme dans ces autres groupes, en fonction justement de tous ces «avoirs» communs, et le sentiment fraternel est fonction de l'importance de ces avoirs, comme on le sait bien. Bien plus la similitude entre les frères dépend aussi, et les psychologues ont accumulé les expériences sur ce point, de ces avoirs, de ce vécu communs. Et une universalité de la valeur des Autres est justement freinée par cet enracinement, par le fait que Jacques appartient à telle famille et a comme parents les Du Rang et pour frères et sœurs, Antoine, Juliette, Armand et Sophie. Il ne peut jamais y avoir là qu'un germe du sentiment d'égalité; il est besoin que ce germe se développe en un arbre et que l'on fasse, à partir de cet arbre, bien des boutures. Mais, et le même problème revient, pourquoi faire ces boutures de fraternité?

La faute, aussi bien en ce qui concerne le *Meilleur des mondes* d'Huxley vers lequel dérive souvent notre culture, qu'en ce qui concerne la famille, c'est qu'elles n'offrent jamais à l'analyste que des savoirs et des savoir-faire liés à des attachements variables. L'homme n'y est jamais qu'un réceptacle ou guère autre chose qu'un réceptacle. C'est là promouvoir à tort comme caractères de l'humain des savoirs, des savoir-faire, des conduites apprises variées, certaines attitudes spécialisées, certaines traditions, certains hic et nunc. Or, dans ce domaine des valeurs, l'être compte beaucoup plus que l'avoir. Sans doute, lorsque nous voulons apprécier un candidat à un poste professionnel, est-ce l'avoir qui généralement l'emporte sur l'être. Mais, en morale pure, dans le domaine des valeurs humaines, c'est l'être profond, c'est-à-dire les qualités de maîtrise de soi — ou d'autonomie, ce qui revient au même — qui l'emportent. Et il nous faut, nous rappelant ce que nous avons également dit dans les deux derniers chapitres, nous demander sur ce plan-là: Qu'est-ce qu'un Homme? Qu'est-ce qu'un Autre?

12. Vers une solution génétique

A partir des difficultés que nous venons d'apercevoir comme des données de la connaissance de l'Autre que nous avons analysées auparavant, il nous est mieux possible de structurer le problème.

Le drame, c'est qu'il y a deux manières pour l'Autre de se présenter à nous, ces deux manières qui correspondent aux deux directions de notre intelligence prise en un sens large, et sans doute en gros aux deux hémisphères de notre cerveau. L'une est une saisie immédiate par le sourire, par la perception du visage, par l'attachement au giron maternel, par bien d'autres processus volontiers confiés comme en fidei-commis par la pensée représentative à des réflexes ou des attitudes; l'autre est une sorte de

Forme vide de l'Alter Ego, née du faire-semblant et de la copie qui l'a suivi. C'est seulement sous cette seconde Forme que l'Autre peut rester toujours identique à lui-même et constituer un semblable très proche de moi. Comme si l'égalité se faisait dans le vide de l'avoir, dans cette activité de conquête du monde qui apparente tous les membres de l'humanité, dans cette aptitude à prendre, et comprendre donc, tous les rôles, à se situer hors de soi pour être vraiment soi, dans ce talent inimitable d'acteur par lequel l'espèce s'est séparée des autres Primates. D'acteur n'est d'ailleurs pas assez dire, car l'acteur ici n'est point un acteur qui se borne à répéter un texte, qui se contente de se mettre dans la peau du rôle, c'est aussi et de plus un auteur. Disons que cet acteur-auteur, c'est l'ancien acteur primitif, celui qui inventait dans les mystères comme dans les soties sur un thème très large, en fonction d'une attitude souple.

Caractériser ainsi l'homme, c'est lui fournir une valeur qui procède de sa nature même, de sa nature d'homme maître de soi. C'est lui reconnaître ces qualités de Protée capable de créer des illusions aussi bien que des monstres qui sont le privilège de l'Imaginaire ou plutôt sa source. Considérer l'homme ainsi, c'est fixer en chaque organisme humain une valeur originale qui le distingue des autres animaux. Une valeur qui remplace l'ancienne valeur donnée par les métaphysiciens et théologiens à l'âme indivisible et éternelle — de laquelle procédaient, selon un Descartes, toutes les valeurs humaines — et même celle de Dieu par l'idée de sa grandeur qui était en nous. En tirant ainsi les conclusions de la psychologie de l'enfant pour aller un peu plus loin, nous reprenons donc, en un certain sens, l'ancienne voie de la plupart des philosophies, mais nous écartons l'absolu en le remplaçant par une assise solide — mais non inébranlable, ni éternelle —, en transformant la substance métaphysique en une activité spécifique de notre organisme, une sorte de puissance de rôle par laquelle l'être conscient peut se teindre de mille projets, de mille stratégies, d'un gigantesque Avoir.

Cette solution, la seule réponse au problème que nous pose la notion d'égalité entre les individus humains est-elle donc suffisante ? Non, si l'on conçoit l'égalité comme le font nos frères prêcheurs de la religion ou de la démocratie, car cette humanité qui est en chacun de nous latente, elle peut rester latente. On sait trop ces effroyables retours ou échecs que nous présente la pathologie mentale pour que nous puissions aujourd'hui accorder toujours la même valeur à tous les humains; même notre droit républicain dénie la devise de notre république en excluant des responsabilités de gestion ou de crime ceux que nous disons atteints d'une aliénation mentale, ceux qui ne savent plus bien jouer des rôles neufs ou, plus brièvement, leur rôle ample de citoyen «conscient et discipliné».

La psychologie moderne ne peut accepter complètement même le beau rêve d'un Helvétius pour lequel chaque homme, bien que différent des autres par ses aptitudes perceptives ou autres aptitudes mineures, pouvait atteindre une sorte de seuil à partir duquel, grâce à une bonne éducation et à un bon régime politique, tout lui était possible. A ce rêve il faut mettre d'évidentes restrictions, car la biologie ne le prend point entièrement en compte. Il arrive que se glisse de la non-humanité dans l'organisme humain; non seulement par certaines déficiences des chromosomes ou par des accidents embryonnaires, mais par l'intervention de facteurs qui interdisent le déploiement jusqu'aux autres hommes de ce modèle d'Ego Alter (de ce Semblable qui impose le respect d'autrui), par sa survivance de l'égocentrisme primitif et animal, celui-ci n'étant pas maîtrisé et ouvert par les qualités humaines en raison de défauts organiques ou de défauts dus à l'environnement.

Notre valeur première consiste à assumer des rôles multiples, et il suit de là que le processus d'acquisition de ces rôles est lui-même créateur de rôles. Disons-le tout net, au risque de scandaliser bien des bonnes gens, l'homme acquiert sa pleine valeur, comme un bon vin, en vieillissant bien; mais ce vieillissement dépend autant de ses énergies internes de départ que de l'intervention de son environnement: tempérament et apprentissage se mêlent, se compliquent dans l'acquisition de rôles amples et d'attitudes (stratégiques surtout) non totalement égocentriques. C'est à cette difficulté que se heurte toute éducation — et surtout lorsqu'on n'en veut point faire un conditionnement, ce qui serait enlever toute valeur à l'individu. S'il ne faisait que suivre la nature, l'enfant assumerait des rôles qu'il ne peut remplir et qui ne s'accorderaient point entre eux. Il lui faut conquérir un ensemble cohérent de rôles et d'attitude de rôle[11].

Conquérir disons-nous, et là est le problème nouveau. Dès que l'on voit dans l'esprit humain non un ensemble de choses, strates ou substances peu importe, mais une activité de conquête, ce n'est plus l'avoir qui compte au premier chef, mais un être toujours en mouvement, un être qui ne cesse d'engendrer, un mouvement en avant comme nous l'avons souvent répété plus haut. Cette sorte d'être dynamique de naissance d'être-naître n'est qu'en première approximation un simple vide, un simple trou dans le monde, un néant actif car cette notion même du néant nous est incompréhensible; car agir, créer, participer aux genèses spirituelles, cela ne se peut sans que soient suivies certaines directions. Nous l'avons dit longuement au chapitre II, aucune liberté infinie n'existe, ce n'est que rêve de Descartes. Il nous faut donc réintégrer quelque peu un avoir dans cet être mobile que chacun de nous se vante de posséder à l'égal des autres. La valeur première de l'homme participe d'un beau rêve si nous ne lui fournissons quelque matière à modeler. De même que tout notre avoir suppose par quelque biais un être actif, celui-ci ne peut remplir son rôle — ses rôles — sans s'enraciner quelque peu dans un avoir.

Evitons donc cette fausse conception de l'acte premier qui le viderait de sa substance complètement, qui le viderait si bien qu'il n'y aurait plus aucune différence entre mon propre jaillissement spirituel et celui d'un Autre. Vouloir éviter cela, c'est vouloir sortir de l'enfance et de son innocence, tenter de remplir ses promesses — mais on ne sait point au début quelles promesses, et c'est là la difficulté. Il faut encore, si l'on veut, que la valeur première de l'être libre se répande sur le monde pour créer d'autres valeurs, sinon elle-même perd toute valeur. En langage de théologien, Dieu n'existe que s'il crée.

Dans le langage — que nous préférons — du psychologue, cela veut dire que le Je doit comme se construire ses maisons et ses routes. Devenir propriétaire, mais propriétaire exploitant et non ce vague propriétaire résidant dans la ville lointaine dont tous les campagnards contestent les prélèvements qu'il fait dans la récolte. Plus précisément, c'est de la conquête d'un Moi, de la maîtrise de soi, qu'il s'agit désormais. Et apparaît ainsi une valeur cette fois pleine et riche, celle non plus d'une potentialité, mais d'un artiste. De l'artiste-auteur-et-acteur que nous avons déjà rencontré plus haut.

La maîtrise de soi, c'est là la clef de ce monde des valeurs qui doit concilier l'être et l'avoir, la création et la possession. Il s'agit toujours de rôle, mais ce rôle-là, c'est le rôle premier, le rôle des rôles, le rôle d'homme. Et il ne diffère guère d'un peuple à un autre, il ne fait que dresser l'homme, le mettre debout, lui fournir la stature qui est condition de tout le reste.

Dire cela, c'est refuser à la fois le primat biologique et le primat sociologique: l'un ne dit pas assez et l'autre en dit trop. C'est affirmer, avec une nature humaine qui par l'humanisation prolonge l'hominisation biologique, qu'il existe un terrain non exploré entre le pur biologique et le pur sociologique, terrain réservé au psychologue qui instruit le procès des valeurs de base et au philosophe qui instruit celui des valeurs personnelles et sociales. Aussi au pédagogue qui doit appliquer sur le terrain les appréciations des valeurs qui lui viennent du psychologue et du philosophe. Contentons-nous de fixer ce jalon au passage.

Nous retrouvons, par le biais de l'Autre, le problème que nous avons déjà rencontré dans les précédents chapitres, celui de la liberté bien ordonnée. La difficulté est de distinguer quels sont les éléments de cet ordre que demande la liberté pour subsister, pour s'épanouir en un Je plein et cohérent, c'est-à-dire en un Moi valable.

Que les qualités de maîtrise de soi soient les premières, cela ne fait guère de doute dans la commune opinion et dans toutes les traditions des multiples cultures; le danger est d'abord dans les dérives que peut subir cette maîtrise de soi. Or, nous pouvons ici nous appuyer sur deux considérations: celle de la psychologie de l'enfant qui nous indique comment naît cette maîtrise de soi, sa genèse, et celle qui nous ouvre les vues de l'ethnologie, de la philosophie et des religions.

De la psychologie de l'enfant nous avons déjà extrait l'essentiel, mais nous nous sommes trop tenu alors à la petite enfance, par les besoins de l'analyse qui nous attachait à un domaine restreint. Nous pourrions aujourd'hui préciser en faisant appel un peu plus à cette notion de rôle et à celle d'attitude que nous avons introduites dans nos analyses plus récentes. Qu'est-ce que le Je sinon une *puissance de rôle* qui couvre de plus en plus le champ psychologique en lui donnant ses lignes particulières? Sinon aussi une certaine attitude comme de commandement qui nous mène à ordonner nos représentations dans des lignes plus ou moins fixées, dans des réseaux souples, dans des systèmes flottants, dans un ensemble de moins en moins brumeux qui est le Moi. Il faut faire intervenir ici, et comme en parallèle, à la fois une sorte de Forme, d'unité vivante à la manière du schème kantien et, lui fournissant sa force et sa matière, une attitude de Je qui transparaît bien dans cette obéissance à la consigne interne et dans ces consignes additionnelles dont nous avons fait état plus haut. C'est le problème de la constitution du Je et du Moi, par cette synthèse mentale non plus d'ordre transcendental mais d'ordre psychologique, que nous devrions aborder ici. Mais l'essentiel pour notre dessein est de bien remarquer qu'il s'agit d'une conduite psychologique, et que cette conduite de synthèse est l'œuvre d'un organisme qui cherche à retrouver sur le plan représentatif cette unité qu'il possède naturellement sur le plan biologique. Ou, à mieux dire qu'il hausse du niveau simplement biologique au niveau cérébral. Nous y reviendrons en conclusion.

12. Valeur du Je et valeur des rôles

Comme nous y avions insisté longuement dans notre chapitre II, le problème du Je, inséparable de celui des valeurs personnelles, est aussi le problème de la synthèse. C'est en même temps et par une commune synthèse que se bâtissent le Je et l'Autre. Nous avons dû, au chapitre II, mettre la sourdine à l'Autre pour faciliter notre analyse du Je, et, dans le présent chapitre, à l'inverse, nous avons mis la sourdine au Je pour mieux apercevoir la genèse de l'Autre. Il convient maintenant de mieux lier le Je et l'Autre dans leur unique problème.

Au niveau préreprésentatif, Je et Autre ne sont jamais que des polarités du champ psychologique, polarités de plus en plus accentuées, et qui en viennent à prêter à ces échanges déjà de type ludique sur lesquels a insisté Malrieu. Et, à chacune de ces polarités sont attachées des attitudes et des propensions originelles et organiques que nous avons découvertes sur notre route. 1. Elan ou mouvement pour aller plus avant d'une part: une attitude centrifuge; 2. des attitudes centripètes d'autre part qui, elles, colorent les deux polarités en ensembles affectifs de deux types: a) ensembles divers en premier lieu où l'observateur voit comme un appel des êtres externes sur l'enfant lié à une sensibilité extéroceptive, aux pulsions primaires, et, en second lieu, b) ensemble spécial que, par l'attachement spécifique, constitue le couple mère-enfant. Ces types d'éléments constitutifs du psychisme (1, 2 a et b) ne sont point du même ordre et n'ont point le même avenir. Le second et ses deux dérivés a et b, hérités de notre être de Mammifère supérieur, de Primate évolué, ne nous est point spécifique, mais il enveloppe des éléments qui peuvent se suffire à eux-mêmes, qui ne font point encore appel à la représentation chez l'animal, même si, chez l'homme, ils doivent être matière à des institutions complexes et à des imaginations constitutives d'idéologies ou de romans (faim, froid, sexe, etc.). De ceux-ci, domaine principal des études des psychanalystes, des marxistes ou des behavioristes, nous ne dirons guère, car ils restent longtemps au niveau des simples valences, même si par la suite ils peuvent être pris comme fondements de valeurs d'un niveau élevé, ainsi que l'ont montré des sociologies récentes (par exemple, de la faim ou de la cuisine chez Lévi-Strauss, comme antérieurement de l'économie dans un marxisme simplifié).

Les autres types d'attitudes dérivées de 1 sont celles qui, à travers le Je et l'Autre (humain ou divin), ont depuis des siècles préoccupé les philosophes. C'est par leur compréhension que peut commencer la saisie des éléments du second type dont l'importance a été enfin reconnue, lorsque la réflexion a cessé d'être déracinée (bourgeoise, dirait-on assez bien). Or, rappelons-le, la psychologie de l'enfant ouvre aujourd'hui une voie — une voie qu'avait pressentie Hegel — en reconnaissant que l'on ne peut saisir la genèse de l'Autre sans celle du Je et inversement.

C'est que, de part et d'autre, il s'agit de la même puissance de rôle et de la même attitude de rôle. L'acteur qui naît en nous, pour la première fois dans le règne animal, ne joue point seulement des rôles fournis par les Autres, il joue aussi — et même en premier lieu — son propre rôle — le rôle de ce qu'il a fait hier. Que, comme y a insisté Wallon après l'hégélianisme, Je et Autre soient interdépendants, cela ne se comprend que par cette source commune. L'objet de rôle qu'est l'Autre, et la puissance de rôle qu'est le Je naissent du même processus, cette synthèse qui se donne elle-même des rôles et qui, avec cet instrument, va pouvoir jouer des perspectives et conquérir l'univers de l'imaginaire copié sur les objets pratiques de la perception.

On n'a peut-être pas assez insisté sur cette commune source, on a trop dit que l'enfant arrivait au Moi à travers l'Autre, se saisissait lui-même dans le miroir de l'Autre. Tout cela est vrai dès qu'il s'agit de meubler la perspective mienne copiée en bonne part — mais point complètement — sur le mobilier de la perspective d'autrui. Il est assuré que, d'abord et très souvent par la suite, le mobilier vient d'ailleurs — non seulement d'autrui, mais aussi des éléments endogènes qui préexistaient à la découverte du semblable. Capitale reste l'existence, l'intervention de ces formes vides que sont les perspectives nées du faire-semblant; l'indique bien le fait que le passage de l'imitation de soi originelle à la copie se fait très aisément et assez rapidement, c'est que plus importe en quelque sorte le procédé instrumental que le contenu, c'est que la perspective neuve de l'imaginaire compte plus que sa matière (liée à la polarité centrale du hic et nunc).

Puisque, nous y avons insisté au paragraphe précédent, cette perspective vide ne peut cependant elle-même constituer un objet avant un certain temps, puisqu'elle reste engluée dans la vase sensori-motrice, dans la matière des rôles joués, c'est dans ces rôles que, chronologiquement mais non ontologiquement par la suite, vont prendre place les premières valeurs.

Nous y insistions plus haut, avec une longue citation de Kundera, la recherche des rôles, de son rôle propre comme de celui des autres humains, est l'une des caractéristiques essentielles de l'enfance, et c'est par là que l'enfant dépasse à partir d'un moment, le petit Singe comme l'ont bien établi les Kellog, il y a déjà plusieurs décennies. «Faire comme», se hausser à «faire comme», c'est là la loi de l'enfance et l'explication des plus significatifs de ses comportements. Sans doute faire comme maman, comme papa, comme la maîtresse ou comme le lapin, mais aussi faire comme on a déjà fait et réussi, faire comme lorsqu'on a été approuvé par les adultes, refaire les prouesses, se guider sur ce qu'il y a eu de meilleur en soi, sur ce qui a été recommandé, par les Grands, progresser, aller plus loin par la conquête de comportements, de rôles qui soient reconnus comme des valeurs.

N'insistons pas sur ces idées simples qu'il suffisait d'accorder et réfléchissons maintenant sur ces données afin de mieux voir comment naissent les valeurs et non plus quelles elles sont en général. Comment elles prennent valeur.

Pourquoi le Je prend-il ainsi une valeur? Pourquoi le Père, par exemple, prend-il valeur? Ce sont problèmes que nous avons déjà touchés à plusieurs reprises et il ne s'agit plus, semble-t-il, que de remettre mieux les choses en place.

En considérant simplement la matière des valeurs, on pourrait distinguer avons-nous déjà dit, celles qui prolongent les pulsions primaires partagées avec l'animal en les institutionnalisant, et celles qui prolongent les ébauches de l'attachement à la mère et aux autres adultes, ces valences humaines mais élémentaires qui, comme les précédentes sont institutionnalisées peu à peu. Dans ces deux cas, à la base des valeurs il y a des valences animales ou humaines, ou, si l'on veut des pulsions — le terme importe peu ici; dans les deux cas on trouve des attitudes fondamentales et des séquences d'automatismes plus ou moins originels. Nous sommes là dans un domaine qui concerne essentiellement, à sa base, la vie pratique, les préoccupations quotidiennes, soit implicites, soit explicites. C'est là que trouve surtout son domaine ce que nous avons nommé ailleurs «l'intelligence de la rencontre» parce que, chez l'homme plus que chez les autres espèces animales, elle se développe sur le terrain de la rencontre entre les semblables, entre le bébé et les autres humains, famille d'abord — mais cette intelligence se prolonge et s'amplifie vers des domaines plus complexes et plus spécifiques, non seulement ceux de l'homme en général, mais des différentes cultures, arts et religions et autres institutions passagères.

En ces domaines des pulsions primaires et des rapports avec autrui, tout homme cependant sait bien, sans être psychologue, psychanalyste ou philosophe, que les valeurs vraiment humaines dépassent de beaucoup les valences de base qui sont comme leur mère. Intervient aussi autre chose : l'institution, cela est sûr, mais aussi cette dynamique de l'individu qui le pousse à accepter et adopter les valences, à les faire passer dans le domaine représentatif et à les institutionnaliser : ainsi par une esquisse qui se fait symbolique, la faim dessine les rites d'alimentation et de communion par le pain et le vin. Mais il est bien évident que cette justification ne suffit pas, qu'intervient une source qui, elle, est d'un autre niveau. Lorsque la faim se canalise dans les rites qui commandent la manière de s'asseoir, de manger, de parler, etc., il faut bien faire intervenir cette puissance de rôle, cette énergie ordonnée du Je que nous avons rencontrée dès le début de cette recherche. Et se pose maintenant la question de savoir ce qui justifie la position par cette activité de valeurs qui coiffent les valences, ou même peut-être qui valent par elles-mêmes. Pourquoi obéirais-je non seulement aux traditions et rites, mais à cette part de moi-même qui demande d'ordonner le Moi ? Pourquoi rechercherais-je une maîtrise de moi-même, corps et psychisme ensemble ? Nous sommes ici à la source la plus pure des valeurs. D'où vient son eau ?

NOTES

[1] En 1983, on considérait aux U.S.A. que, en cinq ans avaient triplé les recherches sur la petite enfance.
[2] Non qu'il s'agisse pour nous de douter de recherches expérimenales qui ont mené à penser que l'enfant était sensible à la qualité de divers sons *in utero* beaucoup plus précocement qu'on ne le pouvait penser, et même qu'une heure après la naissance le nouveau-né reconnaissait l'accent de sa mère. Mais de là à une reconstruction par anamnèse chez l'adulte, il y a loin; c'est tout autre chose !
[3] A quoi il faudrait ajouter les expériences plus récentes faites par le grand éthologiste Eibl-Eibesfeldt sur des sourds-muets de naissance dont le sourire était identique à celui d'autres enfants, puis, pour répondre à des critiques, répétées avec le même succès sur des sourds-muets victimes de la thalidomide et dépourvus de bras.
[4] C'est pourquoi D. Josse et M. Robin notent l'importance des sollicitations maternelles par le langage, puis pour le sourire : «... du même ordre sont les premiers sourires en réponse au visage de la mère. Ceux-ci sont observés dès la quatrième ou cinquième

semaine de vie et sont extrêmement sollicités par l'adulte : « tu fais un sourire, dis ?... un tout petit sourire à maman » (*Enfance, 3*, juin-oct. 81, p. 123). M. Robin avait déjà en 1979 (*Psychologie française*, 3-4 tome 24) signalé les prodromes de ce sourire, ce qu'elle avait résumé : « Le regard est le premier signal de recherche de communication qui est très vite compris par la mère comme une reconnaissance rudimentaire du personnage maternel. En effet le contact œil à œil est le mode de communication prépondérant du premier trimestre; on l'observe déjà en maternité par intermittence; il atteint son maximum entre 1 et 2 mois, âge au cours duquel on a observé de véritables fascinations réciproques ».

[5] Que le sourire soit lié ainsi à une activité, qu'il ne puisse vraiment être séparé de ce mouvement pour aller plus avant dont nous avons parlé, c'est ce qui ressort bien des expériences de Papousek (1969) pour qui « les caractéristiques réelles des événements produits par le bébé sont sans grande importance » (Bower, 59), le bébé étant satisfait lorsqu'il a découvert la relation qui joint un de ses gestes et la production d'un événement extérieur (lumière, par exemple, à droite), et dès lors « c'était le plaisir de résoudre le problème qui provoquait le sourire » (*ibid*, 60). Bower, à la suite de Watson, pense que le sourire en réponse aux adultes bénéficie du fait que tous les jeux entre adultes et enfants sont en réalité des jeux de découverte. Il y aurait ainsi plusieurs types de sourire qui s'aideraient l'un l'autre (*ibid*, 61 sq). L'important pour nous est de savoir que l'attachement exprimé par le sourire n'est point complètement séparable de ce goût de la découverte que nous avons étudié au chapitre II : la fonction se précise par l'effet de l'activité enfantine (et aussi elle se diversifie quelque peu). De même dans la conduite dite de fouissement, le bébé apporte en naissant un réflexe directionnel très ouvert vers le sein maternel, mais il y a une période d'apprentissage (évidemment plus courte que dans l'apprentissage du visage de la mère).

[6] J'ai été longtemps surpris par l'apparition de cette conduite éminemment humaine du sourire de rencontre alors que l'enfant était loin d'avoir acquis la forme humaine de pensée qu'est la pensée représentative. Sans doute peut-on et doit-on toujours supposer des mutations indifférentes sur le moment mais qui se trouvent par la suite et par hasard préparer des conduites importantes. L'histoire de l'évolution, comme celle des inventions et des empires sont pleines d'incidences de ce type. Ici encore cette remarque classique vaut certainement; mais tout paraît beaucoup plus facile, plus plausible lorsque, comme nous avons été conduit à le faire dans *L'intelligence et les intelligences*», on fait place à une « intelligence de la rencontre » qui ne se confond point avec l'intelligence opératoire, mais, tout en lui donnant naissance, continue à progresser à côté d'elle.

[7] Certes, cet appel à deux sortes d'Alter Ego ou plutôt d'Autres, l'un simple polarité d'un champ et Gestalt aisément saisie, l'autre structure psychomotrice de jeu, n'est pas neuve : nous l'avons avancée souvent auparavant (par exemple, en dernier dans « *Intelligence et les intelligences*, 1983). Il a semblé à beaucoup qu'elle se conciliait mal avec les résultats obtenus depuis quelques années sur de célèbres chimpanzés américains, de Washoe à Nim. En ce qui concerne leur prétendu apprentissage d'un langage, celui-ci ne concerne jamais qu'un conditionnement subtil ou cet apprentissage qui touche seulement des attitudes concrètes plus ou moins amples (comme des concepts concrets nés par abstraction spontanée de l'activité pratique, ces concepts d'herbe pour le mouton ou de vivant pour un macaque qu'avaient signalés il y a déjà plusieurs décennies Bergson et le biologiste L. Verlaine, Voir notre *Psychologie des attitudes intellectuelles*, en particulier p. 43, note. Rappelons aussi que Goldstein avait trouvé ces deux types de concepts chez ses malades mentaux). C'est de là que nous sommes partis pour distinguer deux directions de l'intelligence. Mais plus récemment, les travaux célèbres de Gallup ont tendu à montrer aussi que le jeune chimpanzé était capable de reconnaître son image dans le miroir, donc d'avoir une représentation de soi. En fait il ne s'agit sans doute là que d'une modification inattendue d'une Gestalt familière qui rend l'animal perplexe (nous en avons donné plusieurs fois des exemples et les éthologistes de l'animal ont bien observé les réactions de perplexité de certains oiseaux dont on avait un peu déplacé ou simplement touché les œufs). Dans un article récent, R. Zazzo, dont certains élèves ont travaillé sur ce domaine, a fort bien constaté qu'il y avait là autre chose

qu'une représentation, « un autre pas comme les autres » : la réaction de l'enfant devant son image spéculaire, si on la modifie (une tache de couleur sur la tempe, par exemple) n'exprime point par sa perplexité une représentation de soi : en font preuve et l'évitement du regard (inexplicable s'il s'agit d'une représentation) et le fait que ce phénomène se retrouve jusque chez le chien (aussi bien que chez l'enfant), à un niveau où joue certainement une « intelligence de la rencontre » très appréciable, mais sûrement pas une intelligence représentative. (*Enfance*, 1982, *4*, pp. 244-45) (voir aussi in *Enfance*, *1-2*, 1983, l'article de T. Gouin-Decarie et al. sur l'image spéculaire chez l'enfant, dont les conclusions sont sages, et les expériences probantes).
C'est uniquement avec la conduite de faire-semblant, propre au petit de l'homme, qu'apparaît progressivement cet imaginaire dans lequel nous développons nos notions du Je et du semblable, sources principales de nos valeurs.

[8] Disons-le après bien d'autres, pour comprendre la naissance des légendes et des mythes, il faut sentir cette atmosphère qui entoure le conteur antique. Qu'il s'agisse des aèdes grecs, des conteurs des places du Maghreb, des trouvères et troubadours, des récits de nos veillées paysannes, c'est comme un besoin d'élévation, plus que de fuite qui se satisfait par ces écoutes faites en commun des faits venus d'ailleurs, de *« illo tempore »*. On trouvera dans *Les paysans* du Nobel polonais L. Reymont (2e partie, chapitre X) une magnifique description d'une « veillée de fileuses » vers 1900. Les récits merveilleux fusent de partout, et chaque fileuse se sent soulevée hors d'elle-même dans un autre monde : « C'est vers ce monde que les âmes tendaient de toute la force de leur nostalgie, qu'elles s'envolaient sous le charme, dans ce monde où tout se mêle en une chaîne imbrisable de rêves et de vie, de miracles et de désirs, en un magique cortège d'existence imaginaire, vers lequel parmi toutes les misères de leur passage sur terre, s'élançaient perpétuellement les âmes lasses et endolories ». Ces fileuses croient-elles ou non aux merveilles qu'elles entendent conter ? Sans doute autant que l'aède, les conteurs arabes ou les auteurs de ces récits qui composèrent, sous des plumes expertes, les épopées de jadis. Elles veulent y croire, et c'est déjà croyance, même lorsque subsiste une teinte de doute. Le mythe, ce n'est que langage, certes, *muthon*, mais ce langage poétique dépasse l'objet illusoire du jeu qu'il côtoie sans cesse, le Verbe se fait chair, et, en fin de compte, le scepticisme semble trahir l'humanité.

[9] « J'ay, de ma part, le goust estrangement mousse à ces propensions qui sont produites en nous sans l'ordonnance et entremise de nostre jugement... je ne puis recevoir cette passion dequoy on embrasse les enfants encore à peine nez, n'ayant ny mouvement en l'ame, ny forme reconnoisable au corps par où ils se puissent rendre aimables... Une vraye affection et bien réglée devroit naistre et s'augmenter avec la connoissance qu'ils nous donnent d'eux » (*Essais*, II, 8).

[10] On sait comment ce problème est revenu quelque peu d'actualité, sous un aspect déontologique, dans un certain monde médical. Mais, comme l'on ne peut plus envisager que l'âme entre dans l'embryon à une certaine époque de la grossesse, et il n'est pas plus possible de s'appuyer à un critère assuré, on se heurte aux mêmes difficultés que connaît la doctrine végétarienne. Là encore on voudrait trouver un Absolu, mais cela n'est plus possible, malgré toutes les commissions imaginables de sages.

[11] Citons ici longuement un romancier qui est aussi un bon analyste : « Je n'avais pas, à l'instar des hypocrites, un visage authentique et d'autres faux, j'avais plusieurs visages parce que j'étais jeune et que je ne savais pas moi-même qui j'étais et qui je voulais être... La machinerie psychique et physiologique de l'amour est si compliquée qu'à une certaine période de la vie, le jeune homme se doit presque exclusivement concentrer sur sa seule maîtrise, si bien que lui échappe l'objet même de l'amour : la femme qu'il aime, un peu comme ce jeune violoniste impuissant à s'attacher suffisamment à la teneur du morceau tant qu'il n'a pas réussi à dominer la technique manuelle au point de n'y plus penser pendant qu'il joue » (Kundera, *La plaisanterie*, p. 53).

Conclusion

1. Synthèses et organisations à divers niveaux

Quelle est la première source des valeurs ? Bien vieux problème qu'il nous faut maintenant aborder de face. Nous ne pouvons plus, pour ce vieux topos philosophique faire appel à quelque métaphysique qui pose une valeur première, Destin, Dieu, Cité ou Parti. C'est l'histoire de l'espèce et celle de l'individu qui doivent nous fournir la réponse. Or il nous paraît extrêmement difficile de faire appel à quelque histoire dirigée à la suite d'un Marx, d'un Bergson, d'un Spencer ou d'un Teilhard, ce qui serait faire revenir sous un déguisement médiocre quelque Absolu : c'est là repousser le problème, non le désordre. La valeur doit naître du cours même de l'histoire.

Cela paraît difficile à première vue parce que nous restons malgré nous plus ou moins pris dans la glu métaphysique : même le marxisme sent sa Providence — et son mysticisme peut par là rejoindre d'autres mysticismes plus âgés : il nous faut alors faire intervenir, jusque dans l'histoire des significations, un sens de l'histoire, une dialectique qui perce nos petites vues humaines. Il y a une sorte d'appel au secours dans toutes ces philosophies qui réintroduisent quelque terme premier dans l'indéfini de l'existence. A l'opposé, il nous faut montrer que les remous et les désordres de l'histoire de l'espèce et de l'individu ne peuvent jamais qu'engendrer des valeurs, c'est-à-dire des croyances.

Rappelons-nous que la valeur intervient seulement en coiffant d'une forme nouvelle des valences antérieures. Même s'il y a une coupure assez brutale entre les valeurs morales (et les valeurs de vérité, ne l'oublions pas) et les pulsions primaires, le premier niveau, celui des valeurs, succède en fait au précédent, et il en fait sa matière et même son aliment. Comment cela est-il possible sinon par une sorte de transmutation dont nous avons dit déjà qu'elle était due à la succession d'une hominisation biologique, puis d'une humanisation psycho-sociale qui fait intervenir un Je et un Autre ?

A s'en tenir là, il semblerait cependant que nous manquions les processus profonds qui font émerger le Je et l'Autre, ces premières valeurs. Pour mieux comprendre cette émergence, il nous faut revenir plus bas, le plus bas possible et suivre le cours de l'évolution et de ses avatars. On voit alors que l'apparition du Je, ce monstre psychologique, n'est point dû à un processus si neuf qu'on le veut dire. Des processus analogues se retrouvent des milliers et des millions d'années auparavant, et ils ont longtemps posé les mêmes problèmes.

Je, conscience, vie, vue, organisme, chromosomes posent un même problème, celui de l'apparition à un certain niveau d'une réalité nouvelle. A ces apparitions insolites se sont attachées bien des doctrines philosophiques, de la création dans la *Genèse* au récent sociobiologisme. Toujours, et c'est là l'aspect important du problème, le produit de rencontres nouvelles apparaît doué de propriétés nouvelles. Déjà la rencontre de deux gaz, O et H, peut fournir un H_2O qui a sa nature propre et offre des possibles qui n'appartiennent à aucun des autres existants. Il y a là, en apparence, une sorte de saut, une négation du célèbre *Natura non facit saltus*, qui nous pose un problème : comment comprendre qu'avec l'eau s'ouvre à nous un domaine nouveau d'études comme d'existence ? l'eau se présente à nous comme un être très naturel, très original, très différent des gaz qui l'ont engendré : à voir le fils on ne devine ni le Père ni la Mère, et il a fallu attendre jusqu'à Lavoisier pour découvrir la généalogie de l'eau.

Mais cette émergence de l'eau, dont les ascendances profondes ne sont point encore parfaitement claires pour le public — ni peut-être même pour les physiciens qui étudient encore les propriétés de transparence, de fluidité, de relations entre les éléments premiers, électrons, quarks, etc., cette émergence ne posait point de problème à nos ancêtres. Le problème difficile était plus haut, et l'eau entrait dans des cosmogonies qui comprenaient aussi le feu, la terre et l'air. On voit bien chez les premiers philosophes Ioniens comment la réflexion s'efforce à faire disparaître les émergences vitales et humaines à partir des éléments dits primordiaux.

Il y a là deux démarches et, si l'on veut, deux sortes de réductionnismes, la démarche comme ascendante de Thalès qui compose le monde avec son eau, et la démarche descendante de Lavoisier qui décompose l'eau en ses éléments. De part et d'autre, on s'efforce à jeter un pont sur la coupure, à expliquer une continuité, une absence de *saltus* que la Nature écarte avec dégoût. Et sans doute ces deux démarches ressortissent-elles, en fin de compte, à cet ensemble de stratégies composantes ou décomposantes qui sont la trame de notre science actuelle. Mais l'on sait aussi bien aujourd'hui combien peut être trompeur un réductionnisme, qu'il parte d'en haut ou d'en bas, qu'il soit positif ou négatif.

Cela apparaît au mieux dans un problème analogue à celui de l'eau, je veux dire celui de la vie. Là encore n'ont point manqué les cosmogonies depuis celles qui faisaient intervenir le Ciel et la Terre jusqu'à Bergson, Teilhard et quelques autres modernes. Et, inversement, un autre réductionnisme, de Lucrèce à nos biologistes modernes, en passant par d'Holbach ou La Mettrie déclare que le supérieur n'est jamais qu'une complication de l'inférieur. Or il convient de renvoyer en même temps ces deux réductionnismes, malgré tout ce qu'ils nous ont apporté.

Qu'il faille ainsi les confondre dans un même refus, cela se conçoit aisément si l'on remarque qu'au fond ils ont toujours tendance à s'entremêler. Aux recherches des Ioniens, même s'ils lancent la réflexion sur une piste scientifique capitale, se mêlent fréquemment des relents religieux : le Ciel et la Terre, le Feu, autant d'éléments non seulement premiers mais créateurs, comme on le saisit bien chez un Héraclicte ou dans les croyances astrobiologiques. Et, idée bien connue aujourd'hui, même le marxisme qui se dit le plus pur (mais y a-t-il un marxisme pur, ou une psychanalyse pure ?) accroche une notion de progrès à son matérialisme. Il ne s'agit plus de ce matérialisme *historique* que condamne A. Comte, de la « tendance spontanée des sciences inférieures à dominer et même à absorber les supérieures au nom de l'influence déductive » (*Politique positive*, III, 43), mais d'un matérialisme *dialectique* qui suit la progression fournie par une dialectique qui n'est au fond que cette ascension de Dieu à travers l'histoire héritée par Marx de Hegel : il y a un sens de l'histoire et dans l'avenir pointe déjà le Paradis et sa Rédemption.

Le défaut inhérent à ce réductionnisme par le haut, et, plus encore que dans le marxisme, chez ceux qui, avec Lamarck, Bergson, Vialleton, Vandel ou Teilhard, partent de la biologie en s'accrochant à une sorte de fil directeur provenant d'un niveau supérieur, c'est de commettre une sorte d'anachronisme en expliquant ainsi le niveau inférieur par le niveau supérieur, en attribuant comme un projet aux chromosomes ou aux éléments biologiques directeurs de la croissance et de l'évolution — ou même aux techniques de l'industrie future et de l'économie future. Ce retournement des niveaux temporels ou métaphysiques grâce à un fil directeur plus ou moins caché, consiste toujours à expliquer un niveau A par un niveau A + 1 ou par un niveau spirituel *a* qui n'existent point dans le niveau A. Et même si, comme cela est évident pour toute notre recherche scientifique, le niveau A + 1 s'explique pour une part par le niveau A dans un réductionnisme plus épuré, il ne s'agira pas, même en ce cas, d'une explication totale, ce qui serait encore nier les existants. Non seulement les idéologies qui vont de A + 1 ou de *a* vers A, mais même les recherches scientifiques qui vont de A à A + 1 et prétendent épuiser, elles aussi, l'explication, manquent l'existence. C'est justement par ce refus à tout expliquer, par ce refus à une prétention d'ordre métaphysique, qu'une véritable science se distingue des idéologies et de leur trop facile réductionnisme.

Reste dès lors un certain jeu dans le monde, ce jeu qui est l'existence elle-même.

Et c'est parce qu'il reste du jeu qu'est possible à chaque passage d'un niveau à un autre une sorte d'émergence, comme y a insisté Lewes dès 1875, et comme l'admettent nombre de savants modernes[1] mais A. Comte, ici aussi, avait déjà signalé la faute à ne pas faire. Au passage d'un niveau A à un niveau A + 1, il nous faut bien admettre très souvent l'apparition d'un composé dont ses composants ne peuvent rendre entièrement compte. Par cette nouveauté du composé — ou plutôt de la résultante, car il faut lui garder son caractère dynamique — l'existence se rappelle à nous et elle nous rappelle sa nature d'être sans nature, de hasard, de jeu, d'indéfini, d'autre chose : elle est d'un autre ordre que nos compositions dans l'imaginaire du raisonnement et des structures. Cette nouveauté qui éclate devant nous, ce n'est point, à vrai dire, à strictement dire, une « émergence », même s'il le semble, c'est une intrusion nouvelle de l'existence dans nos jeux abstraits. Ainsi le chromosome si longtemps inconnu, ainsi la vie si longtemps — et même encore — problème, ainsi la conscience et le Je qui naissent de synthèses seulement à partir de certains niveaux.

Dans tous ces cas qui nous intéressent maintenant, ce sont d'ailleurs des problèmes de synthèses qui se posent, mais la synthèse de la cellule vivante ou celle de l'organisme vivant ne sont point du même ordre que celle de la conscience ou celle du Je. Regardons donc vers cette synthèse du Je qui reste notre vrai problème puisque c'est là la source des véritables valeurs, quelles que soient leurs matières[2].

L'apparition d'un sens comme la vue révélait déjà une certaine synthèse, car il intégrait des sensations que le toucher donnait dans une dispersion bien supérieure : de la main je ne puis couvrir tout ce qu'en un seul regard me révèle la vue, et la vue possède encore une puissance nouvelle d'étendre ou de concentrer le regard avec une figure déployée sur un fond, lui aussi saisi dans la même vision, puissance que le toucher ignorait presque totalement. De toute manière, et quel que soit le sens en jeu, il faut reconnaître une sorte de progression des synthèses sensorielles qui trouvent leurs plus parfaites réalisations dans les synthèses visuelles et les valences supérieures accordées à la figure sur un fond. Remarquable aussi est le fait que la figure qui est le mieux saisie comme distincte, c'est, et déjà à un niveau animal assez bas, celle qui pose problème, ce qui revient à dire qu'elle a une valence. Il y aurait certes là une raison d'émerveillement si l'on ne voyait aussitôt que cette synthèse est avant tout l'effet d'une certaine conformation de l'organisme, si elle n'était l'un des moyens pour celui-ci de maintenir son intégrité, disons mieux son unité. Plus un organisme réalise une structure complexe, plus aussi il est important — et cette importance est elle-même cause de complexité —, plus aussi il a besoin d'organes qui puissent le guider, le mettre en garde. Plus il est par son importance sujet à être détecté, plus aussi il lui faut de son côté détecter, et répondre par des processus psychologiques d'ensemble aux efforts de tous ces Lilliputiens qui l'abordent de toutes parts. Dès qu'il peut difficilement vivre caché, la synthèse visuelle lui est un facteur imporant de succès (les animaux humicoles ou cavernicoles, taupe par exemple, peuvent être démunis sur ce point). On le voit, la synthèse en ce cas est une réponse aux dangers de l'environnement, par une concentration et une mise en ordre des défenses possibles.

Il serait beaucoup plus aisé d'appliquer un raisonnement analogue à la conscience. Comme la vue a contribué, lorsqu'elle est apparue au hasard des mutations (et même sous ses formes les plus médiocres ainsi qu'on le voit encore chez des Insectes ou certains Oiseaux), à sauvegarder l'individu et par suite l'espèce, et donc aussi les chromosomes, de même toutes les synthèses qui découvrent à un organisme son environnement dans un ensemble de figures plus ou moins constantes sur un fond, sur un paysage doué aussi d'une certaine constance, permettent des comportements plus efficaces et, en projetant en quelque sorte l'unité de l'organisme sur le monde connu en donnant une unité au vécu de l'individu, tendent à créer dans le champ psychologique une polarité à directions contripètes, cette polarité du hic et nunc que nous avons déjà souvent rencontrée sur notre chemin.

Qu'il y ait une relation entre cette polarité du champ d'action et l'unité de l'organisme, cela est important, bien que plus malaisé à saisir. C'est que l'on ne peut réaliser autrement la rencontre entre organisme et environnement que si l'interface de cette rencontre se modèle, peut se modeler à la fois sur l'un et sur l'autre. Sinon, dans le cas d'un monde parfaitement inconstant et divers, toute perception et par suite toute action est impossible, comme nous le savons depuis H. Poincaré, et même depuis Kant. Et inversement, si l'organisme était une mosaïque comme le sont certaines colonies d'Algues ou de Microbes, il lui serait bien impossible d'agir efficacement et encore moins de comprendre. Il en est bien autrement dès que l'organisme et sa manière de saisir les choses sont des synthèses à la fois composées et composantes, des êtres qui dans leur synthèse des organes et des fonctions d'une part, des phénomènes saisis d'autre part, ne font que s'accorder avec une certaine constance des existants alentour. Si l'existence du vivant ne parvenait à secréter une certaine unité synthétique répondant à la relative constance des autres existants, il n'y aurait, bien sûr, ni perception ni pensée — sans doute même point de vie. C'est en tenant compte de cette ligne que l'on peut comprendre le Je et ses valeurs aussi bien que l'organisme et ses valences.

Tout ceci pour avancer cette idée issue du kantisme que, comme avant lui la conscience, le Je est d'abord une activité de synthèse résultant elle-même de synthèses antérieures dues à cette polarité phénoménale que comporte l'intelligence du monde sensori-moteur. C'est là réorganiser la pensée kantienne, en un certain sens, en lui appliquant les lois de l'évolution, en poussant plus loin le dynamisme du schématisme. Mais plutôt encore, c'est pousser la psychologie de l'enfant et les sciences voisines jusqu'à une certaine conception philosophique.

Ce n'est pas ici le lieu de dérouler à loisir cette conception du Je sur le plan de la psychologie de l'enfant — ce que nous faisons ailleurs — il suffit d'accepter une idée aujourd'hui assez claire qui fait du Je, de la conscience du Je, un effort vers une synthèse du Moi, ou, pour mieux dire, une attitude formelle et synthétique qui englobe en une Forme globale du Moi les représentations diverses, avec des intensités diverses. Chez l'enfant on saisit bien l'accomplissement progressif de cette énergie synthétique. Comme nous le savons, elle naît de l'invention de perspectives vides, de modèles, dans leur rencontre avec la polarité du hic et nunc qui donnait déjà comme une odeur de Je à la pensée des deux premières années. C'est parce que les deux composantes du Moi sont hétérogènes, qu'elles proviennent de deux sources, de deux intelligences, qu'il faut du temps avant que l'enfant en vienne à concevoir clairement le Moi puis le Je; cela n'exclut point que ce Je soit déjà en exercice et puisse donner lieu à un égoïsme apparent greffé sur l'égocentrisme originel. Cependant il faut que l'enfant accomplisse une assimilation des choses et des adultes et peu à peu meuble de ces accomplissements une perspective singulière mise à sa disposition par l'invention des perspectives, par l'"apparition de cette puissance de rôles qui deviendra le Je conscient.

Où la valeur intervient-elle, ou plutôt naît-elle là? Elle naît de cette synthèse même qui crée le Moi et l'Autre par le même mouvement. Ce sont deux perspectives qui s'offrent et demandent à être meublées. Faute de ces meubles, venus principalement de l'intelligence première, il y a risque de confusions, ces confusions du Moi et de l'Autre qu'a si bien signalées Wallon. En effet, si l'on suit l'ordre chronologique, la puissance de rôle, née avec la première prouesse de rôle, restant vide ou quasi vide, il n'y a naturellement point entre les rôles possibles de hiérarchie originelle, il reste toujours bien du jeu entre ces rôles à l'inverse de ce qui se passe lorsque l'enfant a affaire à des objets pratiques saisis avant ou en dehors de la représentation. C'est pour cela que l'enfant encore jeune peut si facilement passer d'un rôle à un autre rôle et appliquer en dehors du réel un concept ou un mot à peu près à n'importe quel autre concept ou mot: le chien peut changer de nom, le vent peut être en colère, les gravures peuvent être traitées comme une réalité. Ce flou, cet indécis de la pensée enfantine, lorsqu'apparaît la pensée représentative, est aujourd'hui bien connu; cette pensée qui commence à peine à faire des grumeaux, à se structurer en mosaïque hasardeuse, trouve plus sa valeur dans la puissance de rôle que dans les rôles eux-mêmes qui ne sont alors qu'un matériau assez docile. Il faudra bien des années avant que tous ces grumeaux ne s'agrègent en une pensée ferme et parfois même trop ferme et systématisée.

2. Pourquoi le Je est la première valeur

Oui, dira-t-on, mais vous ne dites encore que le fait, non la valeur. Certes nous ne fournissons point d'Absolu, mais un ensemble synthétique qui tend à se sauvegarder lui-même. Ce que la biologie a révélé récemment sur les fonctions immunogènes par lesquelles l'organisme sait réagir de façon spécifique aux divers assaillants, il le faut appliquer maintenant au Je. Le Je aussi, c'est comme la fonction ou la forme, au sens aristotélicien, d'un ensemble, et cette forme-fonction sait se défendre. C'est pour cela que nous donnons tant d'importance aux qualités, et avant tout à la maîtrise de soi, qui cernent et gardent notre intégrité. Non seulement notre intégrité physique — et l'on parlait ici jadis de l'instinct de conservation, ce qui, malgré la force occulte de l'instinct, était assez clair — mais aussi notre intégrité psychologique. Possède valeur ce qui contribue à défendre et à étendre notre être, le plus profond de notre être. Sans doute, parce que notre être aussi comporte des niveaux, concevrons-nous des valeurs de divers niveaux et souvent en viendrons-nous à confondre les niveaux, à tordre notre échelle des valeurs, cela est inévitable; mais il est encore plus inévitable que le mouvement de synthèse des perceptions, des projets, des rêveries, enfin de tout cet avoir qui nourrit et renforce notre être, comporte par là-même un jaillissement de valeurs, depuis la valeur première du Je (dont nous n'oublions point pour le moment, si nous n'en parlons point maintenant longuement, qu'il est inséparable de l'Autre) jusqu'aux valeurs des choses que nous utilisons comme aliments ou médicaments.

Nous allons revenir sur cette procession des valeurs. Il faut d'abord bien comprendre d'où sourd la première valeur, celle du Je. Il ne s'agit plus d'une valeur comme substantielle qui ne serait qu'égoïsme, il ne s'agit pas plus d'une valeur que le Je, comme créature du Seigneur, emprunterait à un Etre suprême, il s'agit d'une valeur inhérente au processus de synthèse qu'effectue ou plutôt qu'est le Je. Vouloir supprimer ici la valeur, ce serait non seulement supprimer le Je, mais aussi par là supprimer cette synthèse qui donne naissance à notre monde humain, ce serait, en effaçant la vie représentative, effacer toutes les fonctions supérieures qui constituent le Moi, car toutes impliquent à leur origine la synthèse émanée du Je.

On voit maintenant quel sens peuvent prendre les célèbres mots par lesquels Lagneau achevait son cours sur *l'Existence de Dieu*[4]: « Etre ou ne pas être, soit et toutes choses, il faut choisir » : la transposition est aisée en termes psychologiques. Cependant, si Lagneau, et quelques autres à son époque, ont bien senti que les valeurs n'étaient point aussi empruntées au milieu que le voudrait un sociologisme excessif, s'ils ont entrevu, dans la grande ligne des moralistes et en la prolongeant, que c'était l'être même de l'âme qui impliquait les valeurs et que supprimer celles-ci, c'était supprimer et le monde et soi, ils ont dû côtoyer de trop près l'Absolu antique, ce qui les a conduits aisément à envisager le problème sous une perspective de tragique qui laisse place seulement à une autre solution dans les conflits du tragique et du nihilisme — on le voit bien chez un Nietzsche. L'expérience commune ne nous montre point que ce conflit tragique du « Etre ou ne pas être, soi en toutes choses » soit la toile de fond de notre vie. D'une manière générale, parce qu'ils ne font pas assez de place à la psychologie, les philosophes, et les Grecs l'ont bien montré, sont trop portés à mettre au compte du tragique ce qui doit être attribué à la vie et au travail quotidien de soi sur soi. Parce que nous partons, au contraire, d'une vue née de la psychologie génétique, nous voyons une ligne plus souple, non point nécessairement une pente rude mais d'ordinaire, en ses débuts tout au moins, une pente légère. La psychologie engendre sans douleurs l'ontologie et les valeurs. Ou plutôt c'est, depuis la première manifestation d'un rôle, une montée continuelle. Une montée non d'un héros, mais d'un ouvrier de la vertu.

Est-ce à dire que la pensée en mosaïque ait quelque valeur, avant que joue la synthèse représentative (la synthèse de l'entendement aurait dit Kant)? Il faut ici nous arrêter un moment pour mieux saisir cette montée en pente douce à l'aide des vues psychologiques. Ce léger détour pourra éviter par la suite des errements trop aisés.

Il convient d'abord de bien distinguer deux sortes de pensées commandées par le multiple, la pensée en mosaïque et la pensée en miettes. La pensée en mosaïque, la « pensée discrète » comme nous disions autrefois, c'est comme une pâte qui fait des grumeaux (les célèbres Formes ou Gestalten), qui « prend » peu à peu. Nous n'y insisterons pas, car nous en avons assez parlé ici et ailleurs et ce sont là des faits bien connus des psychologues et des philosophes. La pensée en miettes est bien autre chose, elle ne comporte point à vrai dire des grumeaux qui s'agrègent mais des morceaux qui se séparent lorsque l'ensemble se délite. Le kantisme, avec son « divers de l'intuition » nous a trompés et s'est trompé; il eût dû mieux marquer les Formes qui émergent dans ce monde phénoménal (ce sont ces formes qui trouvent leur équivalent dans les « jugements de perception » des *Prolégomènes*). A trop insister sur le divers, il nous a fait croire facilement, au moins dans la *Critique*, à un donné premier qui serait comme de la poussière, à une conscience éparpillée ou, pour mieux dire, à une conscience sans mémoire — même sans cette mémoire proche qui apparaît aujourd'hui, dans les recherches des expérimentateurs et psychophysiologistes, comme constitutive des Formes évanescentes d'une pensée courte —, à une sorte de poussière de mémoire. Cette poussière de conscience, elle sera retrouvée par Biran qui en fera un de ses thèmes majeurs, et l'on peut même — mais cela n'influa guère l'histoire des pensées — la retrouver dans Leibniz et dans ce Descartes qui prête aux embryons une conscience sans mémoire. Surtout, c'est une pensée qui s'effondre, comme la miche qui fait des miettes, une pensée qui ne s'y retrouve plus parce que les éléments organisateurs de la mémoire, les cadres de la mémoire, font défaut en même temps que disparaissent certaines images qui cimentaient le savoir[5].

Peut-on donc localiser cette synthèse, cette valeur? Il est remarquable qu'on puisse localiser certaines fonctions psychologiques, mais qu'on n'a jamais pu, à l'exception peut-être de Descartes (la glande pinéale), trouver quelques raisons pour attacher cette fonction organisatrice en quelque région du cerveau, au contraire des fonctions motrices ou sensorielles. C'est là suffisamment une preuve qu'elle n'est point locale, mais générale, qu'elle réside dans une certaine modalité et comme un certain climat, disons même une certaine attitude générale, dont la présence dans les deux hémisphères permet d'associer, par exemple, les images aux stratégies rationnelles — d'où l'importance aujourd'hui reconnue des liaisons entre les deux hémisphères (corps calleux, etc.). Modalité ou ciment qui apparaît dans certaines expériences à partir de la naissance et tend à disparaître lorsqu'est compromise l'intégrité de l'organisme ou simplement du cerveau. Répétons-le, la conscience et ses systèmes sont inséparables d'une organisation d'ensemble, corporelle et surtout cérébrale, car c'est la même chose vue sous deux aspects différents.

C'est là, dans l'acte d'ensemble, de cette synthèse première du Je, que peut se voir la première valeur véritable, celle qui vaut par elle-même, parce qu'elle est maîtrise d'elle-même, parce que hors d'elle il n'est plus rien, pas même d'existence.

3. La gouverne et les valeurs personnelles et formelles

De là découlent des conséquences concernant les valeurs qui vont se développer à partir des débuts de la pensée représentative, de l'acteur-auteur qui donnera le Je. La première est la place éminente qui tient désormais la puissance de rôle — ou, si l'on préfère un langage moins transparent, la puissance de significations. C'est elle qui, avant même que soit constitué le Moi et découvert son centre, le Je, va intervenir dans toutes les conduites souples qui permettent des prouesses, je veux dire essentiellement dans les conduites de jeu humain. C'est cette source commune qui donne valeur, c'est elle qui dessine à grands traits ce monde des valeurs de l'Imaginaire avant même qu'il ne retombe vraiment dans le monde des existences réelles. Un jeu d'imitation n'est réussi que s'il satisfait à cette puissance de rôle, par sa nouveauté ou sa perfection ou par l'exhibitionnisme qu'il permet, peu importe. Là le centre des valeurs, leur giron, leur assise, leur source. Là la valeur première, cet acte pur qui a la vertu de créer des êtres par ses rôles (ses significations). Même avant que soit conquis le concept du Je, avant qu'il se soit dégagé du Moi, se situe au centre du monde nouveau des représentations, des imaginaires, cet auteur-créateur qui s'enchante de ses réalisations.

Cet égotisme précoce durera tant qu'il y aura à faire appel à cette puissance de rôle. Non seulement dans la petite enfance, mais même encore pendant cette adolescence qui fait l'apprentissage des rôles des adultes, et même pendant toute la vie car toujours un homme, même le plus ordinaire, découvre de nouvelles conduites, de nouveaux rôles à jouer. Vieillir, c'est, pour une bonne part, savoir vieillir, c'est-à-dire savoir prendre les rôles qui conviennent à un autre âge.

Ces remarques, qu'illustrent tant de romanciers aussi bien que les expériences dont se souvient tout homme qui a quitté l'adolescence, nous ont conduit tout doucement à cette idée déjà avancée par nous après bien d'autres, c'est que la valeur première pour un homme consiste à être capable de commander ses conduites dans les diverses significations ou rôles qu'il expérimente. On le voit, retrouvant ici la maîtrise de soi, nous retrouvons l'inspiratrice de tous les jeux de l'enfant, et même de ceux qui ne cherchent plus leurs rôles dans de pures et simples imitations. Les réflexions sur le sens du jeu que nous avons prodiguées dans le chapitre 1, prennent ici toute leur place, toute leur valeur, car c'était bien alors la première des valeurs que nous explorions[6]. Une analyse du jeu de l'enfant compris comme le comprend l'enfant — c'est-à-dire sans fantasmes qui prétendent descendre dans les profondeurs de l'âme enfantine — et comme nous, adultes, nous nous en souvenons, rejoint en fait directement les grandes philosophies de jadis, de Socrate à Chrysippe ou à Lao-Tse, ces grandes philosophies morales qui disaient à l'homme de tenter d'abord de se gouverner lui-même. Il y a de l'Epictète dans le petit Nono.

Que recherche donc le petit Nono lorsqu'il fixe longuement le soleil ou lorsqu'il suit le bord du trottoir, sinon une commande de soi, sa propre *gouverne* ? Il ne vise point d'œuvre véritable, mais il cherche à prouver, et à se prouver à lui-même, qu'il est maître de soi comme de l'univers. Et c'est encore cette recherche d'une maîtrise qui l'élève, qui en fait un héros, un petit héros, qu'il va chercher lorsqu'il imite de son mieux la maîtresse ou les Indiens, lorsqu'il joue aux «statues» immobiles ou à porter allègrement un verre plein sans verser une goutte[7].

Tous les jeux ascétiques, dont nous avons jadis révélé l'importance (*Jeu...*, §§ 12 et 39), les jeux d'adresse, les jeux de patience, font ici preuve. Le jeu n'y est point simplement un apprentissage des rôles futurs, comme le pensait Groos, il est d'abord exercice fonctionnel (Ch. Bühler fut la première à insister fortement sur ces « jeux fonctionnels » du bébé qui ont depuis été souvent mentionnés par des observateurs comme Piaget) ou, pour mieux dire, c'est une épreuve fonctionnelle et, pour une petite part (qu'amplifiera le sport) un exercice fonctionnel. L'enfant exhibe ou exerce et vérifie son commandement sur ses muscles, sur ses gestes, sur ses représentations. Ce déploiement de soi, cette gouverne, s'exerce tout autant sur les pensées (jouer avec des mots) que sur des gestes (mimer un métier, jouer aux billes) ou sur des muscles (course, saut). Il s'exerce généralement sur un court terme, au plus sur le temps d'une partie, mais également parfois sur la durée plus réduite d'un comportement (garder son corps immobile comme une statue). Presque dès la naissance l'enfant façonne sa propre statue, cultive son apparence, joue son rôle — déjà la simple répétition d'un geste est montre d'une prise de possession de ce geste.

Que nombre de ces démonstrations et exercices soient solitaires, que l'enfant témoigne par les jeux à régulation arbitraire de son invention, de ses propres aptitudes, ou du moins veuille en témoigner, cela est d'importance. Il ne s'agit plus tant ici d'imiter autrui (même si, sans s'en rendre compte, il l'imite, par exemple lorsqu'il invente une histoire), de répondre à un appel des Aînés, que de s'exprimer soi. Sociologues et psychanalystes peuvent avoir raison lorsqu'ils démontent le comportement ludique pour y trouver des modèles sociaux et du folklore. L'essentiel n'est pas là, il est dans la visée enfantine qui ne fait point doute : suivre le bord du trottoir, inventer une marche rythmée ou bizarre, ce n'est point là copie, c'est invention, quelque maigre qu'elle puisse être. Certes, nous avons déjà dit que cet élan personnel ne perce aisément que grâce à des instruments sociaux mais il se révèle si bien dans les jeux fonctionnels qu'on ne peut nier qu'il est aussi le principal moteur des autres jeux. Les valeurs essentielles ici sont des valeurs de maîtrise de soi, de gouverne.

Nous sommes ainsi amenés à porter celles-ci au premier rang de notre généalogie des valeurs, à en faire, avec les sages de jadis, la source la plus lointaine et la plus abondante. Sans doute des ruisselets d'importance variable viennent nourrir le petit fleuve, mais c'est lui qui les assimile et qui commande le courant.

En second rang, et sans quitter vraiment les jeux fonctionnels, il nous faut placer ici tout un ensemble de valeurs qui correspondent à une bonne part des jeux de l'adulte. Il s'agit là de valeurs qui n'ont guère besoin du monde des réalités ou qui n'y cherchent, comme l'enfant dans son trottoir, que des occasions et des instruments. Ce sont les valeurs que nous appellerons valeurs formelles.

D'abord évidemment les valeurs fournies par ces comportements, jeux ou sports, qui continuent directement les jeux de l'enfance. Avec les échecs ou les cartes, on n'est pas si loin des osselets et de la marelle, mais les règles et les possibilités sont tout autrement compliquées: l'homme s'y prouve ses aptitudes intellectuelles. Dans d'autres jeux il introduit le hasard (P.M.U., donne des cartes) c'est-à-dire cette existence incontrôlable que notre enfant, plus féru d'ordre, n'aime guère. Mais nos adultes ont trouvé beaucoup mieux en fait de valeur formelles avec les mathématiques (et le langage que nous envisagerons plus tard). Ici la puissance de rôle s'enroule en quelque sorte sur elle-même, elle crée le nombre, la droite et l'ordre sériel à partir d'elle-même, la règle ou le sable sur lequel dessiner le triangle n'étant jamais qu'occasions ou instruments. Là se montre au plus haut point la valeur de la puissance de rôle, car elle s'impose à elle-même son rôle et sa constance: nous sommes tout près des jeux ascétiques, et le nombre devient aisément mystique. C'est l'esprit nu qui se montre ici comme dans les jeux d'ascèse, négligeant les Pouvoirs, négligeant les pulsions primaires (ou même les condamnant). L'esprit se révèle alors comme ce trou dans les existants qu'il nous est parfois apparu.

4. Les valeurs du langage

Nous sommes ici dans le lieu par excellence des structures, des enchaînements coordonnés ou subordonnés selon des relations admises par avance. Ce ne sont au fond que jeux et sciences de jeux que l'on trouve sur ce domaine, et il est remarquable que leur manque de bases fermes a toujours intrigué les chercheurs. Platon n'y voit que *dianoia*, forme de pensée inférieure à la *noesis* (voir par exemple, le *Théètète*), parce qu'il saisit bien combien sont parfois forcés et trompeurs ces tours de gobelets, ces acrobaties où excellent les Sophistes: ceux-ci sont avant tout des habiles joueurs, capables comme Gorgias, de soutenir le pour et le contre, et toujours fiers de gagner la partie de rhétorique. C'est que manque une base, un fondement solide à ces jeux-là. Nos mathématiciens d'aujourd'hui ont, eux aussi, pratiqué jeux de concepts et de signes, ils ont même compris combien serait passionnante une «théorie des jeux». Mais, aussi bien dans ce cas que dans tous les autres, ils savent maintenant qu'un système mathématique ou logique reste un jeu en ce qu'il postule d'abord un point de départ: selon le célèbre théorème de Gödel, nulle vérité logicienne n'est absolue, toujours elle n'est qu'une suite d'un postulat primaire. La vérité est toujours hypothétique. Comme bien d'autres valeurs, il est vrai: dans ce monde de l'Imaginaire formel, ce qui fait défaut, c'est le point de départ et c'est pourquoi nous restons dans le domaine ludique. Au contraire, si dans d'autres domaines aussi la vérité reste hypothétique, ce peut être que l'existence et son jeu naturel interviennent sans cesse dans les bases sans doute mais aussi dans les relations elles-mêmes. Les valeurs existentielles les plus évidentes dépendant encore du témoignage humain, mémoire, langage, véridicité, etc. Les valeurs auxquelles jouent nos ordinateurs n'ont point ces défauts existentiels, mais elles restent en l'air. Vides dans leur transparence, mais souvent bien agréables dans nos jeux d'enfants ou d'adultes sophistiqués.

Pour s'en tenir là, il faut plutôt beaucoup et même trop de puissance d'invention que trop peu. Cet imaginaire vide appelle fortement une matière qui provienne de notre autre mode de penser, de cette pensée globale souvent marquée d'affectivité, souvent aussi d'efficacité pratique, qui use plus médiocrement des chaînes de raisonnement, qui voit plus qu'elle n'enchaîne. Intelligence pratique en a-t-on dit parfois, avec Rey qui, parmi les psychologues modernes est l'un des seuls à avoir saisi toute son importance. Intelligence sensori-motrice ont dit des psychologues trop logiciens, afin de la rabaisser à un niveau inférieur, au-dessous de l'intelligence discoureuse et calculatrice. Pour nous qui avons été frappé par son discontinu comme par la lourdeur de sa matière, nous l'avons appelée aussi bien intelligence discrète ou concrète ou globale, qu'intelligence de la rencontre, peu importe au fond pourvu que le lecteur comprenne qu'elle est également intelligence d'adultes et même condition indispensable des progrès humains les plus géniaux. Or, du fait que cette intelligence part de plus bas, qu'elle précède l'autre intelligence — celle de l'hémisphère gauche — elle peut lui fournir sa matière, lui donner du grain à moudre dans sa machine à moudre les concepts.

C'est dans cette convergence que naissent toutes les valeurs qui ne sont point considérées comme formelles. L'activité représentative saisit le grain et le moud, non sans en garder une assez bonne part pour elle et elle rejette la majeure part de sa farine à celle qui lui a porté le grain. Elle détruit et assimile, permettant ainsi à un monde concret et imagé de prendre forme, de s'organiser peu à peu grâce à des opérations de divers types.

Même les valeurs les plus formelles ont dû, nous l'avons noté au passage plus haut, faire quelque peu appel aux Formes et vues concrètes, à la craie et au sable, à l'image réelle ou mentale, souvent à des objets réels comme ces cailloux qui donnèrent leur nom au calcul. Aux mains aussi, aux deux mains, à leurs doigts et à leurs phalanges qui, les histoires récentes le découvrent en détail, ont permis (pour compter moutons ou sacs de grains) des calculs complexes et commandé les premiers systèmes numéraux. Le mathématicien procède alors comme l'enfant qui suit le bord du trottoir; il dit bien que ses vérités ne dépendent point de la craie, du sable, des cailloux ou des doigts, mais d'une stratégie formelle, d'une opération. Cependant la création des valeurs mathématiques et logiques postule à l'origine une matière. Sans doute même trouve-t-on déjà au niveau de l'intelligence concrète des préludes aux opérations qui viendront, en particulier à ces opérations des mathématiques modernes — de topologie — qui impliquent des contenants et des contenus — et c'est pouquoi il ne serait point si étonnant que Premack et Woodruff aient réussi à faire résoudre par des Chimpanzés des problèmes élémentaires de mathématiques modernes : cette mathématique là n'est point le privilège de la pensée rationnelle! Seules des opérations véritables et plus complexes le sont.

A plus forte raison les données de l'intelligence concrète peuvent-elles s'introduire dans le langage de la même manière. Ce n'est pas une raison parce que le langage humain peut être terriblement structuré, stylisé et compliqué à la fois, et prêt à être automatisé dans nos calculateurs, pour qu'il n'y ait point déjà une matière comme prête pour son moulin dans l'intelligence concrète : les mêmes remarques que nous faisions tout à l'heure pour les mathématiques valent pour le langage, et notamment pour les expériences auxquelles ont prêté des Singes. Ces hardies exploratrices qui, à la suite de Van Goodall, sont parvenues à vivre pendant des mois dans des groupes de Chimpanzés ou de Gorilles, ont pu (en particulier Dian Fossey) pratiquer plus ou moins avec succès le langage de leurs amis anthropoïdes, langage affectif, semble-t-il, et non autrement structuré que par des liaisons élémentaires du type de l'intelligence concrète — ces associations par lesquelles les bébés à peine en possession d'un langage humain amusent tant leurs parents et que jadis notaient avec soin les monographies des premiers psychologues (chez un Perez ou chez un Cousinet, par exemple).

Nous sommes là à la source de la poésie comme du langage. Arrêtons-nous un instant, car on manque les valeurs du langage humain si on se contente de le prendre dans les groupes adultes où il n'est plus que communication.

Le langage est d'abord expression, et il reste toujours expression autant et souvent plus que communication. Nous ne parlons pas toujours pour communiquer une information à autrui, et ce serait — c'est — une grosse faute que de vouloir ne voir dans le langage que les structures et ces figures que font les phrases, non cette tonalité, cette expression d'une attitude par lesquelles le langage permet à deux êtres de vérifier qu'ils vivent comme à l'unisson l'un de l'autre. C'est à dessein que nous parlons ici d'unisson, car ce terme qui n'exprime point un accord rationnel nous introduit dans l'un des arts les plus primitifs et les plus intimes. Considérant le langage des animaux, le langage qui nous met en sympathie avec notre chien ou notre bébé, le langage des amoureux, et même ces langages de simple politesse qui équivalent à des sourires, je suis conduit, reprenant une grande idée d'Alain, à voir dans le langage le plus ancien une expression poétique et même musicale: le langage commence par une sorte de chant ou plutôt de mélopée qui «accorde» les cœurs tout autant que par des informations. C'est un chant choral, et nul ordinateur ne peut le remplacer en cette fonction.

Par là le langage nous permet de bien voir comment les perspectives vides — ici sonores et affectives à la fois — de la représentation naissante peuvent se meubler dans ce chant animal, prendre une matière, une consistance, jeter un pont solide entre les cœurs de la mère et de l'enfant comme entre les amoureux. A travers ce mixte qu'est alors le langage ressurgissent des Formes à la fois de chant et d'information émotive qui préexistaient dans le langage bébé, par exemple dans ce «dialogue de la joie» noté par Malrieu et que nous avons déjà cité. Il n'est donc point étonnant que le langage enfantin garde toujours une propension à virer vers la mélopée, si fréquente à un certain âge, ou vers les fusions artistiques qui semblent poésie aux adultes. Mais si par là on voit naître certaines valeurs qui annoncent l'art, en même temps, ne l'oublions pas malgré tout, le langage après la conquête de la vie représentative peut se développer en simple information structurée, en un code pratique ou social de plus en plus étroitement lié au code linguistique du groupe. Notons cependant encore qu'en réalité il faut ici envisager comme une superposition de certains codes de divers niveaux, seul le niveau le plus élevé parvenant vraiment à jouer sur le rationnel: c'est ce qu'on bien observé les psychologues qui, comme Bernstein, ont étudié les langages en fonctions des classes sociales. Il y a une sorte d'épuration progressive du langage, émulation dont bénéficient plus les enfants des milieux cultivés. Et cette différence même nous renvoie à la source du langage structuré — de la phrase véritable de deux mots —, à cette matière concrète qui est comme happée par la représentation encore formelle[8].

Par suite deux sortes de valeurs sont portées par le langage. Les unes sont formelles, ce sont celles que considèrent surtout les grands rhétoriqueurs, ces poètes pour qui la poésie est faite de tours de mots-gobelets, les linguistes aussi dans certains de leurs travaux. Les autres valeurs sont des valeurs concrètes charriées depuis le langage préreprésentatif, elles expriment les pulsions primaires avec plus ou moins de force depuis la phrase de politesse pure jusqu'aux pires jurons et obscénités. Entre les deux, ce terrain mixte où l'énergie formatrice de la représentation, disons encore la synthèse faite par le Je, se guide sur des règles collectives pour parvenir à formuler des indications, des informations, des communications. Dans son monde propre, chaque groupe fera passer, et surtout grâce au langage sous ses diverses formes, à travers son filtre, les pulsions primaires pour leur donner les formes que le groupe a imaginées à partir de ses désirs primitifs. Cette institutionnalisation du langage qui fait naître la diversité des langues différentes à partir d'un langage primitif plus homogène, plus émotif et plus restreint, crée aussi par là des arts, des rites, des religions, des états, des lois, des sciences et des philosophies, et toutes ces superstructures possèdent des valeurs propres au groupe. Mais derrière cette diversité des valeurs institutionnelles, et même plus largement sociales, il faut bien mettre à leur place non seulement les pulsions primaires du sexe, de la faim, de la violence, etc., mais aussi le moulin représentatif et linguistique qui moud tout ce grain, qui en fait une farine plus apte à grumeler et à prendre forme au gré de ce chef-pâtissier fantasque qu'est le groupe.

Nous nous refusons, on le devine assez, à expliquer toutes ces valeurs sociales à partir seulement des matières que moud le moulin. Non seulement celui-ci crée sa matière propre dans des valeurs formelles, mais il fait pénétrer aussi ces valeurs formelles dans les valences qu'il hisse au niveau supérieur, l'homme de la nature devient homme de l'homme, de tout l'homme. Interviennent ainsi dans cette création, à côté des valences primitives que donnent les pulsions, cette valence supérieure et créatrice que fournit le Je, mais aussi des valeurs dues à ce mouvement qui brasse le monde des valeurs lui-même, en particulier ces valeurs économiques sur lesquelles a tant insisté Marx, à partir de son expérience particulière de l'Angleterre de son temps, et encore toutes ces valeurs religieuses qui, coiffant à la fois le sexe, la faim, les fantasmes du sommeil, fournissent dérivatifs, espoir et surtout un ciment à toute société, même lorsque la religion est un civisme totalitaire et athée.

On le voit ici, à partir du langage et surtout sur un mode politique par la suite, apparaît le rôle de l'institution sociale — assez mal nommée car on n'*institue* pas un groupe par contrat, Rousseau lui-même s'en doutait bien, on se trouve dès le début agrégé à un groupe ancien. Toute socialisation est plutôt acculturation car la société est présente dès le giron maternel. Et, parce que celui-ci mérite, nous l'avons vu au chapitre 4, une attention particulière, nous ne pouvons achever cet ouvrage sans revenir sur ce thème.

5. La Mère comme forme de la sensibilité : la tendresse du monde

On ne peut parler de société sans faire intervenir l'attachement primitif. Même s'il existe une propension innée vers la figure humaine, elle ne peut suffire à assurer la vie du groupe aujourd'hui. Ce qui meuble d'abord la représentation sociale, c'est la figure des parents et surtout de la Mère. On l'a dit et redit, la figure de la mère coiffe tous les autres amours, là est l'attachement social qui va diffuser à travers le groupe, celui qui peut le mieux s'organiser en organisant ainsi le petit monde du petit homme, qui attire la vigilance et par là aussi la synthèse sur l'objet principal qu'est la mère, qui étaie la construction du Je. Nous savons trop aujourd'hui par Bowlby et bien d'autres ce que représente l'abandon maternel dans la formation du caractère et de la personne pour pouvoir négliger cette valeur-là. A. Comte, le premier peut-être, a vu dans sa *Politique positive* (livre II, Statique) combien il était indispensable pour une philosophie morale et politique de faire une grande place aux mères : toute philosophie qui les oublie, sous prétexte de se borner à ce qui paraît scientifique, n'est plus qu'une vaine idéologie, et même si elle analyse profondément la vie économique ou religieuse.

Dans de telles philosophies, on doit chercher pour des causes objectives la naissance des religions et des groupes, mais on se masque le fait que, comme l'a vu Alain après Comte (in *les Dieux*, en particulier), les dieux sont d'abord de notre enfance. C'est le grand mérite des psychanalystes d'avoir jeté des coups de sonde de ce côté-là et d'avoir attiré en ce cas l'attention sur des faits frappants comme l'abandonnisme ou le modèle de la

Mère. Ce qu'on peut leur reprocher cependant et surtout, c'est de n'avoir pas voulu attirer assez à la lumière l'image de la Mère, d'avoir rarement prêté attention aux processus conscients et représentatifs en jeu pour privilégier des formations implicites, importantes certes, mais en bonne part secondaires aux formations explicites. Quoi qu'il en soit, il est bien évident que la valeur de la Mère reste l'une des valeurs essentielles de tous les systèmes religieux: la Mère apparaît dans presque toutes les cosmogonies primitives sous des formes variables, autant et plus que la femme sexuée. Elle est la terre, l'ancêtre premier, le Chaos premier, en elle la sexualité se fait génération, fécondité, protection, elle n'est plus simple plaisir du moment mais prolongation de l'être dans d'autres temps. Par elle le Temps est parcouru, asservi.

Cette figure de la Mère, il faut y voir une sorte de catégorie de notre pensée. Non seulement un modèle — aidé par des linéaments innés du socius humain — mais beaucoup plus, une sorte d'attitude acquise d'abord dans le giron maternel puis sous la protection de ce même être maternel qui a commandé et ordonné les durées précédentes. Il ne s'agit plus seulement d'une figure, de ce visage le premier reconnu et enserré dans une Gestalt inné et très vague, il s'agit d'une attitude envers la mère, d'une tendresse, d'un amour du monde et de la vie. On a souvent trop insisté, nous semble-t-il, sur l'aspect structurel en ce domaine où ce qui compte le plus, c'est une sorte d'éveil, d'éveil à l'amour et à toutes les affections qui en sont les succédanés. Ce terme d'éveil marque bien l'ouverture au monde qui s'opère à travers la mère, la confiance gagnée rapidement sur l'indifférence première, cette confiance qui coiffe les peines et plaisirs d'un moment: il s'agit là d'une sorte de *vigilance* qui accueille les êtres, pour qui, comme écrivait Duhamel «tout pour qui sait aimer a des charmes secrets». Cette vigilance prête, comme la vigilance perceptive, à une ouverture et à une synthèse, elle teinte ordinairement le monde du signe plus et, dans ce monde, avant toutes choses les semblables proches, mais aussi, par le progrès de la représentation ou, si l'on veut, de la vigilance cognitive, elle mûrit en une sorte de *vigilance d'amour*. La Bonne Mère, comme disent les psychanalystes, ce n'est point seulement cette «bonne mère» qui donne plaisir un moment, c'est aussi dans les mythes qui décrivent bien les processus psychologiques, celle qui veille sur ses fidèles, celle que l'on va prier, sous des formes et des noms divers, dans tant de sanctuaires. Ces émergences religieuses sont révélatrices : elles font clairement montre de cette catégorie morale qui est la répondante en notre âme de ce qu'est la catégorie de l'espace-temps dans la vigilance cognitive.

Il y a là un point qui semble difficile seulement parce qu'on a trop avantagé l'esprit pur et rationnel dans la philosophie classique, parce que aussi la place majeure de la femme dans la société est restée longtemps masquée par l'orgueil du mâle au gros muscle : le culte du taureau (de la prouesse) a souvent triomphé du culte de la terre-mère. Il faut redresser notre vue du psychisme humain et y intégrer la catégorie affective de la mère aussi profondément que les catégories cognitives de l'espace et du temps. Ou plutôt suivant ici la ligne kantienne, il faut placer Mère, espace-temps, et peut-être d'autres êtres mentaux (causes, ordres, travail) qui fournissent cependant à nos synthèses une matière existentielle réelle et leur permettent d'en teinter toutes nos perceptions et conceptions à partir d'existants représentés, il faut donc les placer dans un groupe de *formes de la sensibilité* différent du groupe des catégories véritables qui restent formelles comme le nombre ou l'objet. Deux niveaux bien différents des filtres et verres teintés à travers lesquels nous voyons le monde, deux étapes de l'évolution. Ce qui nous permettrait enfin de restaurer la sensibilité au sens ample et cependant précis de ce mot, dans cette mécanique mentale que nous consolidons et reconstruisons à chaque instant. Et de réintégrer enfin les valeurs affectives à côté des valeurs de vérité trop sèches, des mathématiques ou des sciences : quel objet, lorsque nous le percevons, n'a pas pour nous une sorte d'aura bénéfique ou maléfique, quand ce ne serait que sa familiarité positive ou négative ?

C'est une sorte de tendresse du monde qui émane de la Mère, ou pour être plus précis qui en émane normalement[9]. Cette coloration du monde à partir de la Mère est essentielle, car sans elle le monde est muet, il n'en appelle pas suffisamment à l'explorateur humain. Dès lors cette énergie qui pousse un mouvement pour aller plus avant ne trouve plus d'objet à viser, plus non plus de point d'appui duquel partir; dans une vaste plaine désertique manquent aussi bien le rêve de l'oasis que le regard sur les signes qui montrent la piste. Nous avons trop souvent la tentation de contester, de blâmer le sort et l'injustice du monde. C'est un jeu trop facile, puisque le monde ne saurait nous répondre. Il y a beaucoup d'hypocrisie là-dessous, et cela ne doit point nous étonner, car l'homme reste toujours un acteur-auteur. Dire non à Dieu, ce n'est pas encore le déchoir de son trône, c'est encore le respecter comme Job qui se plaint sur son fumier mais qui vénère. C'est trop faire de place en soi à la Mauvaise Mère qu'il nous est arrivé de connaître jadis au moins en certains moments. Derrière ces gémissements et ces récriminations, la vie — sauf rares exceptions — court toujours, la menace de chute dans le zombie sans âme n'est que mots, et l'on fait son ménage et met sa soupe sur le feu. Le philosophie, pour sa majeure part, n'est qu'une sorte de dévoilement de ce flot de vie et de création qui constitue notre être humain. Les pleurs et le zombie ne sont que soupape, rejet d'une énergie qui s'échappe en vain; le moteur continue à fonctionner et la machine tourne malgré les ratés.

Philosopher, c'est apprendre à vivre, et ce le fut de tout temps, même chez un Montaigne si assoiffé d'incursions dans des idées nouvelles et même dans ses poètes. Le commun ne s'y trompe point qui dit d'un homme qu'il est philosophe, signifiant par là qu'il accepte la vie, qu'il ressent la tendresse du monde. Spinoza, ce dur caillou, l'a lui-même bien proclamé: *Sapientia non mortis sed vitae meditatio*. Point de meilleure définition de la philosophie, de toutes les philosophies, même celles qui à l'instar de Job, cherchent leur accomplissement dans le désespoir. Ces philosophies là, lorsqu'elles ne mènent au suicide philosophique qui reste recherche d'un mieux, ce ne sont qu'écrivains en quête de lecteurs, en quête d'une vie célèbre.

Si j'insiste ainsi sur ces philosophies du désastre qui ne sont que le désastre de la philosophie, c'est pour montrer qu'elles portent toujours un espoir d'un meilleur avenir, sinon d'un meilleur monde. Ce sont encore des rêves d'enfant, dont le tort est de ne pas saisir combien le monde peut être hasardeux pour l'homme. La Bonne Mère reste au fond de leur théâtre d'ombres et c'est vers elle qu'ils fuient dans les coulisses[10]. C'est qu'en effet on ne la peut éviter totalement. Du fait que nous avons été élevés par un être, que nous lui avons dû secours et vie, il s'inscrit non seulement dans l'image floue du visage humain, mais dans le monde lui-même. C'est une attitude générale d'accueil qui tapisse le fond de notre psychisme. Se représenter les choses et les hommes, c'est déjà leur faire place en soi. Même la fonction cognitive de l'homme reste dépendante de la fonction de tendresse. Par l'effet de la synthèse qui peu à peu replace sur le plan psychologique l'unité d'un organisme lui aussi unifié par l'exercice, toute pensée possède sa teinte, tout processus psychologique est une nuance de vie. Même le mathématicien qui prétend être objectif et abstrait ne peut nier qu'il a un certain plaisir à manier mentalement ses nombres et ses équations, que calculer lui est encore une prouesse, qu'entrevoir une solution lui est une joie. Et qu'il finit presque par oublier dans ses calculs ses rhumatismes et ses déboires conjugaux.

Nous avons parlé de formes de la sensibilité (sans l'excès kantien d'un a priori plus limité) pour mieux faire sentir cet optimisme fondamental[11] qui colore et permet toutes nos activités psychologiques. C'était un moyen pour nous de mieux faire sentir aussi combien nous paraît essentielle la tonalité affective dans notre esprit, et combien les êtres vivants ou inanimés sont compris dans une certaine position d'étendue ou de durée. Dans ces trois cas — et il y en a sans doute d'autres — ce sont Formes universelles qui se présentent à notre analyse. Ce sont aussi valeurs universelles ou plutôt jugements universels de valeurs qui sont formulés dans nos processus psychologiques. La moindre couleur possède ainsi ces trois positions dans des échelles et dimensions de tendresse, de durée et d'étendue. Il ne s'agit point encore là de ces catégories plus vides que sont les catégories de l'unité, du nombre, de l'objet, cependant on ne peut nier leur importance et leur universalité. Ce qui nous mène à concevoir comme des niveaux de ces formes, de ces filtres, de ces verres colorés à travers lesquels et par lesquels nous jugeons des choses, et aussi bien de leurs valeurs que de leur être ou de leur existence.

6. Niveaux et types de valeurs

Ces remarques sur les niveaux des formes ne doivent point être trop prises en un sens kantien, ce qui serait restaurer un *a priori* dont Darwin nous a délivrés. Sans doute espace, temps, Mère jouent-ils le rôle des formes, mais plus peut-être dans un sens aristotélicien que kantien, du fait qu'entre les formes amples de toute intelligence et les structures très fines de l'intelligence rationnelle il y a continuité; ce sont également œuvres de l'énergie synthétique que comporte toute vigilance (déjà dans le couple figure-fond la vigilance joue à la fois sur les deux termes, en les unissant ainsi en une relation perceptive); il n'y a pas à chercher quelque coupure entre ces formes qui sont en réalité de véritables *attitudes d'accueil* larges et la saisie propre à telle mère ou à tel lieu et tel moment. Ce sont les mêmes éléments qui entrent en jeu de part et d'autre, attitudes et concepts qui, nous l'avons longuement montré ailleurs (*Psychologie des attitudes intellectuelles*), ne peuvent être séparés, car sous ces deux mots sont désignés en réalité comme deux polarités analogues à la figure et au fond dans la perception élémentaire — dont on sait qu'ils ont, eux aussi, une histoire.

C'est parce qu'il y a ainsi comme une procession des êtres depuis le plus ample qui n'est plus qu'attitude, jusqu'au plus structuré, triangle ou chenille, que ne se pose plus le problème de l'application de la forme a priori au divers de l'intuition. Toutes ces formes et tous ces concepts, généraux ou particuliers, répondent aux mêmes besoins et utilisent des matériaux provenant des mêmes origines. Mais ils se distinguent selon deux axes ou plutôt deux lignes générales. D'une part selon la part qu'y prend l'expérience existentielle, ce qui oppose, par exemple, le nombre et le camembert — nous aurons à revenir sur cette distinction déjà en bonne part, analysée. D'autre part, en fonction des niveaux successifs, par exemple dans le passage des valences aux valeurs, et de la Mère perçue comme Bonne ou Mauvaise Mère dans un bon ou mauvais monde, jusqu'à tel individu doté d'un état civil et d'une personnalité précis. Sur cette ligne qui reste chronologique et même génétique, il nous faut nous arrêter à nouveau quelque peu [12].

Dès lors que formes, concepts et affections ne sont plus des données a priori ou a posteriori (par innéité ou perception), mais des constructions opérées à divers niveaux, où débute et où finit cette construction qui est aussi construction des valeurs ?

De l'origine, valences d'une part, représentation d'autre part, nous avons assez parlé pour n'y point revenir penser, c'est toujours continuer, parfaire et préciser un comportement psychologique antérieur. Mais quelle fin ? Ce serait renier notre humanité que de fixer ici une borne théorique. Comme l'évolution dont elle part, la pensée reste indéfinie, de partout elle est entourée d'un halo d'indéfini. On le voit très bien en mathématiques où, alors que à chaque niveau un groupe d'éléments, géométrie euclidienne ou théorie des jeux, paraît se suffire à soi-même, se limiter à soi-même, nos inventeurs superposent sans cesse des groupes nouveaux. Or, dans ce domaine privilégié, ce sont très évidemment de nouvelles formes de pensée qui ouvrent de nouveaux champs de jeu. Penser le nombre imaginaire $\sqrt{-1}$, c'est inaugurer un nouvel étage de l'édifice. De même la théorie des quanta ou celle de l'incertitude d'Heisenberg ne sont point seulement de nouveaux concepts, mais de nouvelles manières de penser. Frappante est cette montée vers un nouveau type de pensée lorsque disparaît la figuration, lorsqu'il est seulement fait appel à un nouveau mouvement de la pensée, soit qu'on continue seulement l'ancien dans le vide (ainsi du nombre irrationnel qui fascinait Platon) soit qu'on en vienne à mettre de côté ce qui était auparavant une infranchissable barrière (nombre négatif ou imaginaire, relation entre onde et corpuscule, etc.). Notre époque, s'éloignant de plus en plus de la figuration dans la plupart des domaines mathématiques, n'ignore point que la même démarche s'applique en d'autres domaines, et aussi bien dans la peinture abstraite non figurative que lorsqu'il s'agit pour nombre de croyants de figurer leur dieu : on refuse la figure humaine et la figure divine comme on refuse de figurer le nombre imaginaire.

Qu'il y ait là un saut important caractéristique de notre époque, cela est probable, bien qu'on puisse en percevoir les prodromes assez loin en arrière. Cette modification de l'échelle classique des valeurs a souvent été soulignée à partir de considérations purement historiques. Déjà, A. Comte la dénonçait avec sa conception d'un âge métaphysique, mais il sous-estimait sa portée en accordant trop de confiance aux sciences humaines, sans doute parce qu'il avait encore trop tendance à rapprocher celles-ci des sciences qu'il considérait comme antérieures, physique ou biologie. En réalité la métaphysique renaît de ses cendres sous une autre forme; elle se glisse dans les conceptions scientifiques, elle se fait idéologie ou se vêt d'habits mathématiques pour se faire accepter dans des études qui manquent de la solide base du génétisme. On peut tout faire dire à des chiffres mal appliqués ou à des ordinateurs sans âme.

Cet intellectualisme débridé qui efface les valeurs les plus sûres, nous pouvons, à partir de nos analyses antérieures, en voir mieux la source. Celle-ci réside certes dans un changement du niveau des valeurs, mais aussi dans un primat accordé aux valeurs formelles au dépens des valeurs du cœur qui ne peuvent se soumettre aussi aisément au carcan rationnel. C'est à la fois sur les deux lignes générales des valeurs que se fait le saut vers une civilisation nouvelle.

Il ne s'agit point ici de louer ou de blâmer, il faut d'abord examiner. Reprenons donc la division synchronique selon laquelle deux polarités distendent le champ de nos valeurs, l'une caractérisée par le formel, le non-concret, le structuré et un certain vide, l'autre par le concret, le global, le diffus et une certaine plénitude. Comme si tout notre psychisme était tiré entre l'Esprit et l'Ame. De part et d'autre s'esquissent aisément des glissements de valeurs. D'une part un déracinement rationnel; de l'autre un totalitarisme matérialiste. Et entre les deux des mariages, des alliances et des guerres. Tentons d'y voir un peu plus clair.

Nous tirons un grand avantage d'avoir tenté de remonter aux sources des valeurs grâce à la psychologie de l'enfant, c'est de mieux connaître les éléments constituants, ce qui permet de démêler plus facilement les embrouilles de leurs fils. En particulier l'éclairage porté sur les valeurs formelles qui, nées du faire-semblant, sont le privilège de l'homme, nous permet à la fois de voir comment ces valeurs formelles réalisent un certain *emballage* représentatif des valences venues des pulsions, et, en outre, comment peuvent naître des conflits entre ces divers types de valeurs.

Sans doute les psychanalystes nous ont-ils bien habitués en ce siècle à ces conflits. Nous apportons cependant deux éléments nouveaux : premièrement l'existence des valeurs à la fois formelles (d'emballage) et personnelles (du Je et de l'élan humain qui l'anime), deuxièmement l'obligation de ne plus s'en tenir aux pulsions primaires, mais de considérer les alliances et conflits entre trois types d'éléments primordiaux; l'élément personnel et formel, les éléments constituant l'attachement humain et la forme générale de tendresse, enfin les autres pulsions à caractère égoïste (sexe, agression, domination, etc.).

Ces trois types d'éléments ne suffisent point, car il faut aussi faire place aux modes d'action. Nous avons dégagé plusieurs modalités principales de l'activité psychologique. Les conflits, dont nous avons peu parlé jusqu'ici, laissant ce soin à d'autres. L'assimilation sous forme variée, mais surtout dans le sens d'une marche du mal assuré, du souple, au stable et même au conditionnement. Enfin la synthèse initiée par la vigilance et saisissant attentivement tous les rapports, toutes les analogies pour unifier le Moi et le monde en englobant de part et d'autre toutes les différences, toute la variété, aperçues : mouvement qui met en jeu côte à côte le pouvoir de saisie des différences (et par suite aussi leur distinction) et celui de création d'attitudes et de concepts d'un mode plus général.

Revenons après ce court rappel destiné à mieux nous mettre en main l'instrument nécessaire, aux trois éléments constitutifs de notre psychisme et du monde qu'il construit.

7. Les dérives

Cela nous donne plusieurs genres d'hommes ou de sociétés selon que prédomine l'un ou l'autre des trois éléments primordiaux. Commençons par le bas.

Ici il faut laisser parler plusieurs types de scientifiques et de cliniciens. Autour de la table de discussion prennent d'abord les éthologues animaliers, on disait mieux autrefois, peut-être les naturalistes, qui creusent pour observer les racines des valeurs dans les valences animales. Les psychophysiologistes sont à leur côté car ils apportent au philosophe de quoi réfléchir sur les liaisons découvertes entre les neurones et les activités primitives de l'enfant comme de l'animal. Les préhistoriens et les linguistes ont aussi leur mot à dire, mais ils restent au bas bout de la table. Les psychanalystes, s'ils parlent un peu trop fort, doivent cependant être écoutés, bien qu'avec quelque suspicion parce que leur passé témoigne assez mal en leur faveur, mais aujourd'hui, débarrassés de certains fantasmes, ils s'avisent enfin que l'homme est aussi autre chose qu'un simple «animal sexuale». Il y a encore de la place autour de la table. Pour les pédiatres, qui sont généralement absents, et c'est regrettable. Et surtout pour les psychologues de la petite enfance qui méritent, surtout s'ils sont des naturalistes, de tenir le haut bout. Et, près d'eux aussi, pour ces sociologues de l'enfance qui commencent heureusement à parler un peu.

Mais la présidence doit revenir à un non-spécialiste, car tous ces savants autour de la table connaissent trop bien leur spécialité pour ne pas croire à des degrés divers qu'elle est la première en valeur et qu'elle doit orienter le développement de notre civilisation. N'en sourions pas, cela va de soi, il faut en prendre son parti, et il y a déjà un siècle et demi qu'A. Comte a dénoncé, et avec quelle vigueur, le règne des spécialistes. Toute spécialité scientifique a tendance à secréter son idéologie : on l'a bien vu avec la sociologie (qui remporte ici la palme), avec la psychanalyse, avec la psychologie expérimentale même (je pense à Skinner) avec la biologie (sociobiologie), et même avec les considérations que Lorenz — et d'autres — ont voulu tirer de leurs recherches éthologiques. Or si de telles idéologies sont intéressantes, suggestives, souvent sympathiques, elles deviennent des plus dangereuses lorsqu'elles inspirent des actions sociales, car elles sont trop portées à traiter les hommes comme les chercheurs de laboratoire ou de terrain traitant leurs objets d'études, qui — sauf en psychologie de l'enfant — ne sont point des êtres humains, ou du moins des êtres humains dans toute la plénitude de leurs capacités. Il suit de là une tendance générale des spécialistes à concevoir une société fermée, inspirée par des pulsions très primitives, totalitaires. L'homme ne peut apparaître dans sa grandeur et son ouverture, si l'on s'en tient aux niveaux inférieurs.

Si la psychologie de l'enfant — dont il ne faut cependant pas abuser, car l'enfant n'est point encore l'homme — résiste mieux à cette dérive totalitaire, c'est qu'elle regarde aujourd'hui des enfants suffisamment libres de leurs actes pour s'exprimer selon des lignes qui, pour dépendantes qu'elles soient très vite d'une culture, ne nous font pas moins toucher du doigt le cœur même de l'humanité, cette soif de création et d'autonomie qu'expriment au plus haut point les jeux, ces grandes messes de l'enfance. Le danger ici serait d'oublier, ce que l'enfant pour sa part oublie bien rarement, qu'il est un homme en puissance et en construction. Non point certes ce robot dont rêvent inévitablement tous les Pouvoirs — là aussi parlent la spécialité et sa déformation spécifique — mais un être capable de se commander lui-même et de commander son environnement.

N'oublions cependant point non plus que c'est aussi un être capable de dérives opposées, ce qui complique sérieusement le problème. Capable en particulier d'oublier que, au-dessus des pulsions primaires, les échappées de l'individu autonome — du futur citoyen — ne sont possibles que par un recours à une règle, à une gouverne. Capable dès lors de cette erreur anarchique qui se rencontre si souvent, de nos jours, dans les pédagogies et les politiques de l'Occident. Capable d'une sorte de jeu solitaire, de jeu anarchique qui le projette hors de lui-même dans une fausse réalisation de soi, qui lui fait prendre pour une autonomie ce qui n'est que papillonnage et fuite devant le réel.

L'autre dérive provient de la même fragilité de l'enfance lorsqu'au lieu d'être trop abandonnée à elle-même, elle est trop surveillée et conduite. Le jeu anarchique se fige alors, il cesse son errance vaine pour tenter de se raccrocher à une certitude. Dès lors surgissent toutes les tentations, tous les faux prophètes (mais en est-il jamais de vrais?) pour éclairer une route qui est en réalité seulement le chemin creux de la servitude. Cette dérive présente l'avantage de fournir des valeurs aux êtres désemparés, peu capables de se saisir de leur gouverne, trop contents de devenir les soldats de la nation, de l'Eglise, de toutes ces entités à majuscules qui sont aujourd'hui comme en tous temps les hochets qui font marcher les hommes (selon la célèbre vue napoléonienne). Par une autre voie on rejoint alors ce monde, ce meilleur des mondes que nos scientifiques rêvent de fonder sur les pulsions primitives. Mais la dépendance est encore plus sévère parce qu'elle passe au niveau des pensées, qu'elle ne se contente point de fixer les activités corporelles dans des séquences communes et vulgarisées, mais opère cette même opération en anesthésiant aussi ce facteur humain de création et d'autonomie qui pourrait réveiller les âmes engourdies et ferait surgir le citoyen sous l'esclave.

Entre ces deux types extrêmes de valeurs, l'individu et le groupe hésitent toujours. Alors même qu'ils sont ballotés vers l'un des deux pôles, il se retournent et cherchent l'autre, réclamant plus de liberté dans les régimes forts et plus de discipline dans les régimes faibles. L'opposition entre ces deux types de régime est bien connue, et les oscillations de l'un et l'autre étaient déjà analysées par le Platon des *Lois*. Mais il faut voir que ce qu'il y a là, ce sont moins deux politiques que deux mentalités, moins deux programmes que deux teintes générales des valeurs. C'est pourquoi cette dualité se retrouve tout autant entre les hommes et en chaque homme pris à part. D'une part le pragmatique qui colle aux choses en vertu de ses désirs, de l'autre le rêveur qui se perd dans ses idéologies et ses romans intimes, d'un côté l'homme du moment, de l'autre celui d'une fuyante éternité. Types que les romanciers et les auteurs dramatiques connaissent bien, et dont ils dénoncent volontiers le caractère trop entier.

En chacun de nous comme en tout état il est inévitable que surgissent des conflits entre ces deux êtres, l'un qui se nourrit des modèles formels de son enfance, et l'autre des rituels et régulations de la même enfance. Deux mentalités qui, si elles se sont succédé pendant l'enfance à travers des périodes diversement teintées par elles, restent cependant parallèles et circonscrivent deux types de caractère et ces deux types d'intelligence qui nous sont aujourd'hui familiers. Mais les deux hémisphères de notre condition humaine — j'allais dire du cerveau, mais ce serait là courir un certain risque — ne sont point isolés, ils sont reliés par des régions communes où passent assistance et conflits. Balancements alternés d'une vision formalisante et analysatrice à une intuition à ras-de-terre et globalisante, de la folle du logis guerrière au pantouflard qui ne nuance guère ses jugements. Alliances et guerres intimes qui nous sont familières, surtout dans leurs heurts que nous ressentons beaucoup plus que leurs accords fortuits. Bien souvent c'est progrès sans ordre ou ordre sans progrès.

Heureusement le troisième type de valeurs opère d'ordinaire une heureuse synthèse, car c'est dans ces valeurs-là qu'apparaît vraiment notre gouverne, à la fois cœur et courage et bon sens de la raison.

Autre chose est le commandement de soi, autre chose l'obéissance à une règle indiscutée. Les résultats paraissent semblables, mais les premières conceptions, les premières dérives, inspirées des spécialistes scientifiques se contentent d'ignorer l'âme, alors que les secondes l'effacent et en affectent jusqu'aux traces. Deux sortes de dictature qui ne peuvent être confondues. La première peut rester seulement une dictature économique ou bourgeoise; peut-être même, en élevant le niveau et le mode de vie, facilite-t-elle souvent la montée de la gouverne personnelle. C'est dans cette perspective que l'on doit reconnaître que le «Enrichissez-vous» d'un ministre trop économiste prépare le «Instruisez-vous» qui viendra cinquante ans plus tard : la bourgeoisie conquérante cherche à élever ses enfants vers d'autres valeurs. Au contraire, la dictature idéologique ne peut réussir qu'en cachant les valeurs les plus profondes, celles qui proviennent du Je et de ses attachements, derrière des pseudo-valeurs de caractère plus ou moins religieux : menacent alors toutes les croisades au nom de l'Islam, de Jésus, de la nation aryenne ou du communisme mondial.

Le manque, dans ces cas de dérive, c'est le manque des valeurs du cœur. Même si elles sont en partie esquissées par notre stock originel, ces valeurs doivent être achevées, pratiquées, approuvées et même guidées par l'environnement social : c'est du cœur que vient l'encouragement, comme les mots mêmes le disent bien. Jusqu'ici nous avons délibérément dans ces derniers développements laissé de côté ce troisième type de valeurs, oubliant notre chapitre 3 pour les seuls chapitres 1 et 2. Il nous faut maintenant compléter notre tableau. Ce sera fournir à nos valeurs cet enracinement valable sans lequel elles flottent au vent. Nous l'avons déjà rappelé, c'est du centre de notre environnement, de la Mère, puis de la famille, puis de l'Ecole, que doivent et peuvent venir cet enrichissement des valeurs de cœur, des valeurs d'humanités, sans lequel tout individu risque fort de se perdre dans l'abrutissement de la coutume ou dans l'abêtissement du raisonneur sans bon sens. La nourriture des valeurs, elle n'est point dans le développement des rites vains ou bien des argumentations vides, elle est dans la pratique de la vie quotidienne, de ses problèmes, de ses travaux, de ses beautés et de ses poésies.

Travaux, arts, courage, ce ne sont point là des facteurs divergents dans un même individu ou un même groupe, mais des conquêtes qui restent parallèles parce qu'elles résultent des mêmes énergies et des mêmes ordres. On le sait bien, nul homme n'aimera son travail sans lui donner une valeur, sans en faire une œuvre, et comme un chef-d'œuvre — comme les anciens «compagnons». Sinon, ce n'est que labeur de tâcheron, automatismes, on gagne sa croûte. Or, même de nos jours, dans un travail généralement en miettes, comme disait Friedmann, on voit bien que très généralement un travailleur apprécie son travail, sait bien — même s'il ne l'avoue pas — ce que vaut la conscience professionnelle. Il ne veut point être «rivé» à son travail, mais il se sent déclassé lorsque manque ce travail. Curieuses rencontres.

8. Esquisses du jeu des valeurs

Il faudrait ici insister sur cette liaison secrète entre les valeurs les plus quotidiennes et celles qui découlent directement de notre humanité, et d'abord ce courage sans lequel on perd sa gouverne. Il y a bien des analyses à mener, et bien des réflexions concernant la pédagogie et la politique. Peut-être même que, reprenant nos trois modes de valeurs, nous commenterions la célèbre devise d'A. Comte placée en exergue de cet ouvrage [13]. Mais plutôt que de nous lancer ici dans un travail qui devrait rejeter plus toute systématisation et s'exprimer par des visions en éclair sur des valeurs morales, civiques, familiales, professionnelles, mieux vaut avouer la difficulté d'une telle tâche (que d'autres entreprennent avec plus de compétence et de hardiesse) en montrant comment cette difficulté provient des facteurs qu'a éclairés notre recherche. Contentons-nous de quelques coups de sonde trop rapides et trop simplistes qui serviront surtout à faire toucher du doigt les possibilités et, encore mieux, les difficultés et les dangers de glissements en cette affaire.

Nous avons en gros trois types de valeurs primitives sans compter les valences d'ordre inférieur, soit A — les valeurs énergétiques du Je et de ses enfants, Moi et Mien B — les valeurs formelles (rationnelles et liées très rapidement aux signes) (on les qualifierait justement et en gros en les nommant valeurs de l'hémisphère gauche). C — les valeurs du cœur, essentiellement l'attachement, avec ses zones successives, de la Mère à l'humanité en passant par le père, les familiers, la Cité, la Nation et bien d'autres groupes sociaux, religieux ou politiques. Nous savons aussi qu'une dernière ligne de distinctions — non totalement indépendante d'ailleurs — peut se faire non plus sur un plan horizontal (synchronie) mais sur un plan vertical et temporel (diachronie): nous sommes conduits à distinguer ainsi: 1) les valeurs primaires venues du conditionnement et de la coutume, qui se distinguent parfois difficilement des valences primitives par une prise de conscience élémentaire dans une représentation non réfléchie; 2) les valeurs de raisonnement, ou plus largement structurées, qui naissent sous le regard de la conscience réfléchie et retrouvent leur vigueur grâce à de légers éclairs d'intuition relationnelle, par la conscience d'un lien structural, comme lorsque l'inconnue x est exprimée par des paramètres a, b et c, ou lorsque je calcule la valeur de mon terrain en fonction de sa surface, ou encore lorsque le jaloux raisonne et déduit des valeurs humaines de ses fantasmes; 3) les valeurs de raison, en entendant par ce terme ces valeurs bien assimilées, assises, qui s'éclairent par la simple lumière du bon sens et du sentiment véritable (inséparables en leur fond).

On pourrait tenter des alliances qui donneront naissance à de nouveaux types de valeurs. Jouons un peu à ce petit jeu afin d'éprouver son efficacité.

Prenons les valeurs artistiques. Le bon sens artistique nous dit sans façon qu'il faut éviter à la fois un abus de la folle du logis et un abus de raisonnement chacun de ces facteurs devant corriger l'autre. C'est la célèbre vue de Kant sur le jugement de goût qui a le privilège d'unir l'entendement et l'imagination, disons l'ordre et l'inspiration personnelle. C'est là idée solide, mais elle nous donne un art qui reste encore trop maigre, semblable à ces figures volantes que les ordinateurs propagent aujourd'hui si souvent sur les écrans de télévision. L'imagination dont il s'agit a besoin aussi d'éléments affectifs, d'une matière concrète, soit simplement (et toutes réserves faites) des éléments sensoriels de la musique, soit des éléments affectifs de la poésie, soit d'attitudes posturales comme celles que provoquent en nous les monuments d'architecture et la danse. Les valeurs du cœur, pour être ici surtout une matière, n'en jouent pas moins un rôle capital. Et, avec elles, s'introduit une diversité imprévisible qui est celle que goûte et que recherche l'artiste. C'est surtout par cette matière qu'apparaissent les arts nouveaux d'aujourd'hui; mais y contribuent aussi souvent des structures fournies par la pensée rationnelle. Et il nous faut aussi tenir compte de l'intégration temporelle (en musique) ou spatiale (en architecture) ou même de structures qui, comme en poésie, en appellent aux règles (classiques ou plus implicites, mais toujours présentes), aux sens et à des attitudes dynamiques (à un élan du poète).

Laissons ces valeurs-là, elles sont trop complexes, trop multiples pour être traitées autrement que par des nuances longuement développées qui n'auraient pas leur place ici. Regardons un peu ailleurs.

Les valeurs politiques sont sans doute plus simples. Hélas, non, et cela n'est point un si grand mal peut-être. D'abord des bases d'ordre moral, disons les célèbres droits de l'Homme qui ressortiraient de notre type A, mais ne peuvent être respectés sans faire appel à des valeurs sociales du type C, et sans lois nationales et internationales du type B. Qui doivent aussi être non seulement mises en question dans des discussions générales ou particulières, par les citoyens ou leurs représentants, mais être assimilées, et comme rodées si l'on veut éviter ces à-coups et ces redressements brutaux suivant des laxismes insensés qui sont le fait des régimes non ou mal fondés dans les âmes particulières (nos types 2 et 3, cette fois [14]. Mais nous avons à peine commencé la liste des facteurs en jeu; on va nous rappeler l'importance des facteurs économiques avec Marx, des facteurs géographiques avec Montesquieu, des facteurs militaires avec Clausewitz, des facteurs végétaux (commerce des céréales, etc.) et météorologiques, des liens psychologiques (entre hommes d'Etat et entre politiques d'une nation), des facteurs subterrains (pétrole, houille), que sais-je encore? N'insistons pas, là aussi règne une complexité que nous laisserons volontiers aux spécialistes.

Si nous avançons ces deux exemples bien connus — et il serait trop aisé de les multiplier — c'est uniquement pour faire sentir par ce jeu trop enfantin combien les facteurs qui sont nés dans les premières valeurs, facteurs qui furent l'objet unique de cet ouvrage, parviennent grâce au génie humain de complication et d'embrouille à donner naissance à des monstres variés. C'est en effet là l'une des plus frappantes caractéristiques du génie humain, ce porteur de valeurs, que de se plaire à tisser des réseaux si complexes qu'il finit par ne plus s'y retrouver. On aurait envie de le déplorer, et souvent il le faut en effet, par exemple devant la multiplication des défilés de la bureaucratie, mais il faut aussi se dire que ces jeux de nos savants, de nos diplomates ou de nos fondateurs de sectes et religions sont l'explosion continuelle de cet être unique qu'a fourni un jour une curieuse déviance des Primates. Cette déviance qui a conduit nos ancêtres lentement, il y a quelques millions d'années, à inventer, non seulement à inventer avec les Singes une autre manière de laver les tubercules ou d'attraper les savoureux habitants d'une termitière, mais à inventer l'Imaginaire, à jeter les fondement d'un monde autre que le monde des pulsions primaires et des satisfactions des besoins premiers.

L'Imaginaire n'est pas une valeur en soi parce qu'il secrète toutes les valeurs, et aussi bien des valeurs négatives que positives comme nos groupes et nos individus le savent trop bien. Ces valeurs négatives, guerre ou jalousie, sont cependant des témoins. Elles témoignent aussi bien que le feu ou l'ordinaeur. Elles témoignent que, par l'Imaginaire, l'homme n'a point seulement créé un monde copié sur le monde des existants, ce qui est censé être un monde de vérités, mais aussi un monde qu'aucun autre animal n'a inventé, un monde de valeurs, et d'abord ce monde des valeurs personnelles qui est le plus ancien et, logiquement, même plus ancien que le monde de ces valeurs d'attachement familial qui restent encore des valences alors que naissent les premières valeurs ludiques, les premières prouesses. Un monde dans lequel et par lequel jaillissent les créatures nées du Je. Ce monde qui, par cette fissure enfoncée dans les existants témoigne que l'homme n'est pas un être comme les autres et qu'en le mettant au jour l'évolution aléatoire a cette fois-là tiré le gros lot.

Mais le gros lot n'est pas toujours bénéfique, car le gagnant ne sait pas toujours comment en user. Et l'homme non plus ne peut, dans ces embrouilles brumeuses des valeurs, voir bien loin dans son avenir; laissons cela aux pythonisses de foire[15]. Un avenir ouvert aux valeurs, c'est aussi un avenir de nuages, c'est l'océan sur lequel ont sombré bien plus de marins que surnagé des découvreurs. Colomb a eu de la chance.

De la chance parce qu'il était libre de la provoquer. Et de cela l'homme ne peut se plaindre sans se renier.

9. La fin des valeurs

Mais cette chance ne peut toujours répondre à l'appel de l'homme. Et il y a là une certitude comme statistique qui est la seule qui vaille pour l'avenir d'après l'an 2000 (sinon auparavant). Combien de cultures et même de peuples ont disparu jadis, combien de religions oubliées qui font jour à l'improviste sous le grattage des archéologues. Combien de civilisations ont dû, dans leur chute, entraîner la plupart de leurs valeurs, leurs cultures, laissant seulement aux descendants ces valeurs premières que nous avons décrites. Et l'on voudrait que, aujourd'hui où une culture mondiale homogénéise de plus en plus les hommes, aujourd'hui où le péril n'est plus celui de l'empire de Genghis Khan ou d'Alexandre, mais celui d'une civilisation unique, le risque de mort disparaisse pour l'espèce et ne concerne plus que l'individu. Mais, sans la mort de l'individu et sans la menace continuelle de risque pour l'espèce, il n'y aurait plus place pour aucune valeur.

Trop de penseurs se sont contentés aujourd'hui de retourner la théorie primitive, ils n'ont point opéré cette totale métamorphose, grâce à la conquête des valeurs de base, qu'ont opérée tant de sages et d'hommes du commun. Parce que la mort les guette, eux, parce que l'espèce elle-même est en péril, ils se laissent aller au désespoir comme jadis on se jetait dans les bras de la Providence. Ils n'ont pas encore réalisé en eux-mêmes cette sagesse que doit montrer le philosophe devant un monde qui ne veut rien du tout, devant un monde dont l'existence, ses embrouilles, ses orages et ses chromosomes ne nous livreront jamais tout à fait leur secret. De toute manière, nous savons cependant bien qu'un jour la planète disparaîtra, qu'il est des catastrophes astronomiques auxquelles l'homme ne saurait survivre, même sans que l'homme les aide de ses maladroites initiatives.

Un jour, c'en sera fait, d'une mort sans retour, d'une mort définitive, d'une mort terreuse; un jour l'espèce glissera vers le néant comme glissent ses individus. C'en sera fait de la blanche espèce et de son orgueil revenus à l'argile rouge d'où elle s'était levée pour sa sublime aventure. Et il n'y aura point même de chantre inspiré pour célébrer sa quête des valeurs et ses exploits dans les temps à venir. Même pas une pierre gravée sur laquelle, quelque jour de quelque autre millénaire, des espèces nouvelles et pensantes puissent venir lire l'histoire et l'orgueil de l'homme. De l'homme il ne restera rien, pas même ces blocs épars qui, dans la forêt vierge, portent témoignages parfois de cultures disparues. Ne restera pas même la conscience du néant humain disparue avec l'homme. L'aventure sera achevée, elle aura atteint toute sa fin.

Et l'homme ne pouvait rêver une plus belle fin, une fin plus digne de son courage et de grandeur. Il est bon, il est nécessaire qu'il en soit ainsi. L'homme véritable n'a point à rêver d'autre sort que de son néant final, il n'a point d'autres gains et d'autres valeurs que des gains et des valeurs qu'il a désignés, éphémères comme lui. Il ne s'agit point là de ces consolations illusoires qui masquent une impuissance, et dont la jeunesse et la faiblesse ont parfois besoin. L'homme de notre siècle doit être un homme qui vaille par lui-même, non pour quelque éternité de productivité ou de béatitude. Un être qui lutte pour lutter, coude à coude avec ses semblables, qui attaque l'obstacle non parce que la victoire donne un prix, mais parce que c'est un obstacle et que cet obstacle permet un triomphe sur les choses et sur soi.

En ce sens c'est par la mort que l'homme atteint sa fin, qu'il s'accomplit. Bien loin d'être un être-pour-la-mort, il est un être-par-la-mort. Dans ces philosophies angoissées qui considèrent avec horreur l'anéantissement final, il faut voir des philosophies sans élan et sans amour : ce ne sont que théologies sans Dieu; on voudrait que le monde fût favorable et non indifférent, qu'il fixe lui-même les valeurs, que quelque Providence implicite guide l'homme et lui assure, en quelque éternité de progrès moral et politique, une éternité de béatitude. On ne voudrait plus avoir à affronter cette existence nue qui ne veut ni ne voit, cette existence qui simplement « est ainsi », comme disait Hegel; on considère qu'elle est « de trop » et que soi-même on est « de trop » dans cet univers comme si quelque créateur cosmique avait mal fait ses calculs. Et parce que la considération objective de la condition humaine révèle seulement un être d'ardeur dans un monde sans voix, on se laisse aller à une folle angoisse, on quémande des mécanismes de sécurité; on définit la pensée en fonction de je ne sais quelle angoisse existentielle découverte d'abord par des psychiatres chez des individus dont justement la pensée déraille; à l'horizon de tout projet et de tout amour, on ne voit plus de valeurs d'espérance mais des nuées sombres. Ah, insensés qui cherchez les valeurs hors de vous-mêmes et de vos attachements proches, insensés qui ne savez pas jouir de la chaleur d'une présence, du calme d'un soir, d'un arbre sur le ciel, parce que tout cela n'aura pas de lendemain ! Insensés qui refusez la grande aventure, l'incessante quête d'un Graal ignoré ! N'est-ce point déjà une grande chance que par les hasards de l'évolution, vous ayiez pu élever votre argile jusqu'à l'amour et au risque ? Ne voyez-vous pas le bonheur de pouvoir projeter, de pouvoir rêver, de pouvoir se mettre soi-même en jeu. Si le monde était une route facile, si vous aviez devant vous, au lieu de ce court instant, des milliers de siècles pour parcourir une route finie, c'en serait fait de tout ce qui donne son prix à la vie, de la gratuité de l'homme, de sa grandeur, de son courage, de ses passions; il n'y aurait plus qu'un pauvre enfant aliéné d'une aliénation active, capable de calculer les plaisirs et les peines, de réclamer et de condamner, de prier et de gémir, mais incapable de se grandir en se donnant. L'humanité n'est point cette petite chose geignante, c'est le risque et l'orgueil, non l'humilité et l'angoisse. C'est comme disait Comte, le progrès, l'ordre et l'amour, dans une continuelle lutte.

On a souvent comparé les activités supérieures de l'homme au jeu. Plus juste encore, à un jeu conscient, ordonné, précis, à un sport. Il me semble voir quelque chose de sportif dans la condition humaine. Il y a un aspect sportif dans les valeurs que nous réclament le commerce, la politique, la guerre et même l'amour. Sans doute n'y a-t-il point que cela, il y a les valences archaïques des pulsions animales (et si nécessaires et si précieuses, lorsqu'elles sont digérées par nos institutions et nos rêves), mais aussi et surtout l'homme ne se réalise pleinement que par l'Autre et en même temps que l'Autre. L'Autre lui-même ne vaut d'ailleurs guère si dans nos relations avec lui nous ne conservons ce goût du risque, de la lutte, de l'au-delà de l'horizon, qui est le goût même de la vie humaine et n'emporte aucune amertume. L'Autre n'est point un obstacle à cette vie qui tire d'elle-même et de ses actes ses valeurs et son être. Je m'achève dans l'Autre par le même acte par lequel je m'achève et m'élève.

Il n'importe donc point que l'aventure finisse, que toute lutte s'achève dans le néant. La sagesse nous commande d'accepter sans regret et sans remords cette aventure qui est la nôtre[16]. Au-delà des théologies consolatrices, au-delà de ces philosophies défroquées qui donnent le primat aux sentiments du «de trop» et à l'angoisse existentielle, il nous faut retrouver l'attitude sereine du sage qui goûte la vie sans craindre la mort, seule attitude qui resserre notre être dans les limites que lui assigne son être biologique mais aussi seule attitude qui continue et prolonge la genèse évolutive par laquelle notre Je se constitue et par laquelle se constituent toutes les valeurs. Il s'agit de bien savoir ce qui est de nous et ce qui n'est pas de nous, comme disaient les Stoïciens, d'accéder à l'attitude de ce sage, paysan ou prolétaire, dont la simple sérénité, par moments teintée de colères et de passions, est plus solide que tous les systèmes philosophiques. C'est cette sagesse naturelle de notre organisme passager que le philosophe doit atteindre et répandre autour de lui, c'est cette sagesse que le poète doit aujourd'hui chanter.

NOTES

[1] Parmi eux, notons ces réflexions de Fr. Jacob sur l'apparition du système nerveux et de la conscience : « selon toute vraisemblance le système nerveux fit son apparition comme appareil à coordonner le comportement de diverses cellules chez les organismes pluricellulaires. Il devint ensuite machine à enregistrer certains événements de la vie de l'individu. Et, en fin de compte, il devint capable d'inventer l'avenir » (*Le jeu des possibles*, 107). Tout cela est bon ; il nous semble cependant, mais nous allons y venir, qu'il y a lieu de préciser encore en insistant sur le fait que ce qui apparaît de nouveau lorsque le « bricolage » évolutionniste crée un autre niveau de vie, c'est une synthèse qui crée un ensemble organisé, une unité multiple en quelque sorte. Non une simple coordination.

[2] Une théorie de l'émergence est bien née chez G.H. Lewes dès 1875 et, reprise par Morgan, elle apparaît alors très proche de la position que — sans cependant nous en être directement inspiré — nous venons d'exposer plus haut, mais on ne peut s'en tenir à une conception qui, purement négative, se contenterait, en tant que théorie de l'émergence, de rejeter à la fois ce réductionnisme par le haut sur lequel nous venons d'insister et le réductionnisme par le bas dont les formes — de Lucrèce au behaviorisme — ne manquent pas. La notion de synthèse que nous faisons intervenir ici permet, au moins dans le domaine biologique et psychologique et même au niveau intermédiaire du virus, de donner un sens plus positif à une théorie de l'émergence. En effet, dès que l'on passe au niveau du vivant se pose le problème de l'organisme, donc d'une synthèse, puisqu'il y a une unité constituée d'éléments moléculaires.
Point n'est besoin dès lors d'un appel à quelque fil directeur, comme celui que cherchaient les auteurs cités plus haut. Pour mentionner une querelle célèbre chez les spécialistes, nous nous rangerions volontiers au côté de Rabaud contre Cuénot : le hasard joue ici un rôle capital dans la synthèse ; la « Nature » ne sait point trop comment elle « bricole » le vivant et son psychisme, et de là proviennent toutes ces apparences d'échecs, alors que cette « Nature » n'a aucun but et ne sollicite aucune intervention par le haut. Du fait de ce facteur aléatoire, notre science ne peut procéder à une explication complète, même en suivant au plus près les genèses biopsychologiques. L'intervention de l'existence et de son indéfini — qui est aussi son aléatoire — sauvegarde par là notre liberté. Cette liberté, c'est comme le recto dont le verso est cette inévitable « boîte noire » (aujourd'hui quark, hier atome, jadis eau) que ne peut jamais complètement éclairer le physicien.

[3] Ceux qui connaissent l'histoire de la philosophie pourront retrouver ici les lointaines racines de notre conception dans les arguments que Kant oppose à David Hume : pour Kant le Je, son unité et sa synthèse ne peuvent être cet être en « mosaïque » qui naîtrait d'une sorte de coalescence des éléments antérieurs, des matières qui constituent le Moi, comme le croit Hume ; la synthèse est antérieure aux éléments qu'elle réunit dans l'unité d'un ensemble. De même pour nous, cette puissance de rôle qui donne le Je n'est point réductible aux divers éléments des divers rôles. C'est pourquoi, face aux réductionnismes actuels comme le marxisme, le freudisme ou le behaviorisme qui prolongent la lignée de David Hume, il nous semble si souvent possible de réactualiser un certain kantisme.
Signalons en passant qu'il y aurait sans doute à faire une étude sur la manière dont, après la conscience, le Je prolonge et amplifie les attitudes de vigilance ; mais les recherches sur celles-ci, si elles progressent assez rapidement chez les psycho-physiologistes et neurologues ne sont point encore une base assez solide pour le philosophe : nous l'avons éprouvé nous-même dans des tentatives qui ne valent pas encore une publication. Il faut attendre plus de résultats scientifiques.
Signalons cependant, car ce n'est guère risqué, que les spécialistes du cerveau ne

cherchent certainement plus aujourd'hui à localiser la conscience ou je: déjà, en 1973, S. Rose (*Le cerveau conscient*, p. 27) signalait, dans une telle recherche, le «danger de régression infinie jusqu'à ce neurone pontifical qui décide — qui est le «je» qui choisit». Dix ans plus tard, J.P. Changeux peut écrire que «le devenir conscient correspond à une régulation d'ensemble de l'activité des neurones du cortex, et, d'une manière générale, de l'encéphale. Celle-ci est sous le pouvoir de quelques petits groupes de neurones du tronc cérébral, très centralisés qui, par divergence de leur axone et par effet d'imprégnation, exercent une action *globale*. La régulation *unitaire* des états de vigilance tient à des dispositions anatomiques et chimiques d'une grande simplicité» (*L'homme neuronal*, 202). De telles affirmations rejoignent clairement nos thèmes principaux (vigilance, conscience, unité) en les liant en une sorte de large faisceau sur le plan global du cortex. Reste encore bien des points à éclaircir mieux sur le plan neurologique — et d'abord celui de la représentation humaine, dont on commence seulement à entr'apercevoir la différence avec l'imagerie mentale et les autres conduites mentales d'ordre purement animal.

[4] Citons le texte intégralement: «Serions-nous seuls au monde, n'aurions-nous plus personne ni rien à quoi nous donner, que la loi resterait la même et que vivre réellement serait toujours prendre la peine de vivre.

«Mais faut-il la prendre et faire la vie au lieu de la subir? Encore une fois ce n'est pas de l'intelligence que la question relève: nous sommes libres, et, en ce sens, le scepticisme est le vrai. Mais répondre non, c'est faire inintelligibles le monde et soi, c'est décréter le chaos et l'établir en soi d'abord. Or, le chaos n'est rien. Etre ou ne pas être, soi et toutes choses, il faut choisir».

[5] On trouve une excellente description de cette conscience en miettes dans laquelle manque une synthèse solide pour la cimenter dans l'admirable fin de la 3e partie, Le Printemps, de ce roman poétique et épique dont, au début du siècle, Ladislas Reymont fit présent à sa Pologne natale encore esclave — comme aujourd'hui. Il y retrace scrupuleusement et longuement l'agonie du vieux Boryna perdu dans des séquences d'action et des images sans consistance: «tout s'éparpillait dans sa mémoire comme du sable sec qui vous glisse entre les doigts» (*Les paysans*, II, 270). Cette analyse psychologique exemplaire fait bien comprendre ce que peut être une conscience momentanée, le *mens momentanea* de Leibniz, dans laquelle la mémoire n'est pas encore ou n'est plus soumise à des cadres consistants. Il y a là un problème de consistance et comme de viscosité des produits psychologiques dont, surtout à un âge avancé, on peut avoir l'expérience, ce qui permet de mieux comprendre l'enfance. Aussi, mais d'une manière moins nette, à la suite d'un traumatisme crânien (Certains sportifs connaissent bien cet état déplaisant).

[6] Les jeux dont nous allons faire état maintenant sont plus purs, plus délivrés des pulsions primaires, que supposent ordinairement les jeux d'imitation. Ils sont plus rares à certains moments de l'enfance, mais essentiels à d'autres moments et nous permettent de soulever la chasse sociale sous laquelle se masque notre nature originelle d'homme. Ce qu'il faut chercher dans l'enfant comme dans l'homme, c'est d'abord le meilleur de lui-même, ce qu'il proclame lorsqu'il joue et rêve ses prouesses de chevalier, d'Indien, de voyageur cosmique, de joueur du cube hongrois et même de joueur de marelle ou de barres. «Qui joue a juré» dit Alain; mais ce n'est pas encore assez car toute notre vie, même en ses plus mauvais moments, reste un jeu sérieux comme tant de jeux: nous prenons les choses à cœur, c'est-à-dire que nous appelons notre courage à la rescousse: il y a encore un serment au mort dans tout deuil et, dans le cortège, à travers les pleurs, perce le courage.

Ce n'est pas à partir de conduites pathologiques, des déviations de l'humain, que l'on peut comprendre l'homme, c'est à travers l'enfant qu'il reste toujours dans son fond caché d'homme. Malheureusement notre période cherche toujours dans l'homme non

les ennoblissements de sa conduite mais la boue des profondeurs. Christianisme sans la rédemption, et fidèles qui ont viré de bord et ne voient plus que le Mauvais. Sadisme.
[7] Joli exercice classique dans les maternelles et qu'apprécia beaucoup M. Montessori.
[8] On pourrait évoquer encore ici ce caractère mystérieux, et même parfois quelque peu mystique, que prennent certains mots pour l'enfant («presbytère» pour Colette, par exemple): chacun de nous a dans sa mémoire de ces mots jadis couverts de brumes et d'intérêt que l'expérience a dépoétisés. De ces mots que, comme en certains groupes primitifs, on ne prononçait pas ou bien avec une attitude de respect, sinon d'adoration.
[9] Le cas moins normal de la «Mauvaise Mère» chère aux psychanalystes n'est point si isolé. Nous n'avons évidemment pas à en traiter ici. Mais il faut, dans ce domaine du pathologique, rappeler aussi qu'il existe un pathologique de groupe, celui-ci impliquant, comme des «ratés» — aurait dit Rabaud — de l'instinct maternel. Tel est le cas célèbre de l'île d'Alor étudié par Margaret Mead (*From the South Seas*) en 1939 où le rôle éducatif de la mère disparaît vite et repose sur les enfants du village. Mais il ne faut point trop faire fond sur ces déviations inévitables (et souvent, à l'inverse, heureuses) pas plus que sur celles des individus, pour construire une philosophie dans ses grandes lignes. Celle-ci doit certes signaler ces déviances et mettre l'accent sur l'importance des différences dans l'évolution humaine, mais ne pas en conclure que la nature humaine n'existe point ou qu'il n'y a pas d'amour maternel: ce serait alors négliger l'existence des lignes majeures de l'évolution et de la vie, l'aspect comme statique sans lequel aucune attitude marginale n'existe, puisqu'il n'y a plus de centre, et ne peut agir efficacement ni pour améliorer le groupe ni pour compromettre sa durée.
[10] J'ai toujours été frappé par le caractère que je trouvais dans les philosophies du désespoir, et surtout d'inspiration germanique — de Schopenhauer à Kierkegaard et même à Sartre — c'étaient philosophies de Job sur son fumier: elles se plaignaient d'avoir perdu Dieu. De même des poètes comme Leconte de Lisle et bien des modernes, certains de taille majeure. Alain m'avait confirmé le contraire, et c'est ce que m'ont dit aussi les grands classiques. Il s'agissait — et c'est la philosophie elle-même seulement — de ne pas croire au péché originel, et à son Dieu pauvre de pays pauvres (en le privant en plus de la rédemption!).
[11] Perez, ce magnifique observateur de l'enfance, voit juste lorsqu'il insiste sur l'optimisme de l'enfance. Mais qui le lit encore: il ne calcule ni corrélation, ni Q.I.!
A. Comte avait frappé sur la même touche en signalant qu'aucune civilisation n'aurait pu se développer si les peuples sauvages n'avaient fait sans cesse preuve d'un optimisme.
[12] Il y aurait à reprendre ici, peut-être plus longuement, la distinction kantienne que l'on ne peut éviter entre formes de la sensibilité et catégories ou plutôt schèmes catégoriels de l'entendement. C'est évidemment l'intervention de la pensée représentative qui fait à l'origine la différence, une catégorie comme le nombre par exemple procédant seulement d'une représentation formelle par laquelle l'esprit revient en arrière, crée à partir de soi en prenant en compte l'addition à lui-même de n'importe quel objet ou unité: il y a là tout autre chose que le sentiment primitif de tendresse né de facteurs existentiels évidents (endogènes et exogènes). C'est la même distinction que Kant éclaire bien avec ses intuitions a priori qui donnent déjà une matière à l'espace (les deux mains seulement symétriques). Que par la suite les formes de la sensibilité d'abord plus implicites et jouées plus que pensées, puissent, elles aussi, s'élever à un niveau supérieur lorsque la vie représentative les coiffe (les «subsume» dit Kant) cela est certain. La synthèse du Je peut moudre aussi bien une matière formelle qui vient d'elle ou une matière réelle qui vient de l'implicite, et ces deux matières passeront par les mêmes niveaux, les mêmes moutures.
[13] Nos guides sont ici d'abord A. Comte et Platon, qui, l'un et l'autre, ont retrouvé dans leur système la classique tripartition aryenne (si bien soulignée de nos jours par Dumézil). L'un et l'autre ont eu le mérite de faire une très large place à cette ardeur

qui, entre pulsions primaires et intelligence, est le principe humain par excellence parce qu'avec lui s'ouvre l'indéfini du cœur. Platon, par son *thumos* insiste plus sur le cœur-courage, son *thumos* est l'apanage des combattants, des guerriers, Comte, au contraire, met au premier plan son cœur-amour — et l'on ne comprend rien au positivisme si, négligeant la *Politique positive*, on ne replace en pleine lumière ce «principe» de l'homme et de l'Humanité. Platon et Comte, deux tempéraments bien différents et deux époques bien différentes, mais sentant également l'importance primordiale de ce troisième facteur qui, pour nous, est essentiel. Platon trop féru de sa *noésis*, place en second lieu et le raisonnement (la *dianoia*) et la passion ou le sentiment (par l'aspect guerrier du *thumos*): si l'on peut écarter son appréciation sévère de la *dianoia*, car elle introduit une vue plus correcte de la raison (chez un Montaigne, par exemple), on peut s'étonner que les belles analyses de l'amour du *Phèdre* ou du *Banquet* disparaissent trop par la suite. A. Comte, au contraire, donne trop à la *dianoia* et pas assez à la *noésis* et, privilégiant la science, il fait de l'Amour un principe plus qu'un guide, rabaissant ainsi son troisième élément au pur sentiment alors même qu'il en fait l'élément énergétique de sa religion: du cœur trop guerrier on passe alors à un cœur qui embraie mal sur un organisme, social ou individuel, plus lourd que ne le pense Comte. De part et d'autre, il s'agit du cœur, mais ses rapports avec la raison sont trop modestes: cœur et raison sont des frères jumeaux, et il est bien besoin des deux pour dompter les pulsions primaires.

[14] Il est remarquable qu'un certain esprit collectif ressurgisse aujourd'hui même chez les jeunes alors que la famille et surtout l'école versent vers un laxisme destructeur. On le constate par le nombre de nouvelles associations à la recherche d'humanités collectives, par exemple des chorales d'adultes et d'enfants (un million d'enfants dans des chorales musicales en 1981; on n'avait jamais vu cela en France). Les sports, cette nouvelle religion, sont encore plus significatifs.

[15] L'avenir reste ouvert, imprévisible pour après-demain. Il n'y a pas à choisir follement un camp pour l'an 2050, mais pour demain car c'est déjà demain que se jouera le sort de l'homme, à partir des valeurs d'aujourd'hui, quelques prétentieuses ou quelques humbles qu'elles puissent être.

[16] Si la mort entre dans le domaine des valeurs, ce n'est nullement sous la forme de ces valeurs de mort dont certains ont trouvé la source dans des eaux fort pathologiques. C'est parce qu'elle achève chaque vie, parce qu'elle achèvera notre espèce comme les autres et parce qu'en fin de compte nous pouvons comprendre que, comme sa sœur la sexualité, elle assure les indispensables différences entre hommes, entre populations, entre espèces qui permettent l'évolution de la vie. La sexualité est bien, comme l'écrit Fr. Jacob (*Le jeu des possibles*) «une machine à faire du différent» mais elle ne pourrait l'être sans le renouvellement des générations permis par la mort. C'est une idée enfin récemment parvenue à la clarté grâce à d'excellents travaux à la fois des biologistes et des philosophes et dont toute étude des valeurs doit tenir grand compte. Mais la mort achève aussi et d'abord la quête individuelle; il ne faudrait pas y voir, comme dans une vue sociobiologique, une nouvelle forme de Providence.

Index nominum

Adler, 157, 162
Alain, 5, 33, 41, 45, 46, 54, 56, 60, 70, 72, 73, 92, 128, 180, 189, 223, 225, 247n, 248n
Anzieu, 166
Aristophane, 16
Aristote, 22, 44, 46, 133, 135, 139, 213
Artemenko, 50, 104, 132

Bachelard, 89
Baudelaire, 103
Beauvoir (S. de), 186
Bergson, 19, 56, 202n, 205, 207, 208
Bernstein, 223
Billy, 183
Biran, 215
Bourgeois, 18
Bovet, 51
Bower, 156, 167, 168, 169, 172, 202n
Bowlby, 166, 225
Buffon, 59
Bühler Ch., 179, 218

Caillois, 138
Camus, 100n
Carmichaël, 167
Cazayus, 27

Changeux, 247n
Chrétien de Troyes, 122
Chrysippe, 217
Clausewitz, 240
Colette, 248n
Comte (et positivisme), 5, 46, 100n, 128, 208, 209, 225, 231, 238, 245, 248n, 249n
Condillac, 59
Cousinet, 222
Cuénot, 246n

Darwin, 8, 120, 230
Dennis, 168
Descartes, 16, 18, 29, 31, 37, 38, 42, 56, 59, 67, 68, 94, 98, 104, 111, 160, 186, 193, 195, 215
Détienne, 180
Diderot, 16
Djilas, 162
Duhamel, 226
Dumézil, 248n
Durkheim, 17, 31, 74, 118

Eibl-Eibesfeld, 46, 201n
Einstein, 60, 140
Epictète, 217
Estaunié, 156

Fabre, 120
Fossey O., 222
Freinet, 66
Freud A., 80, 87
Freud S., 21, 58, 92, 99n, 156, 160, 161, 163, 177, 178, 180
Friedman, 238
Fromm, 99n

Galilée, 139
Gallup, 202n
Gary, 153, 160
Gassemdi, 67
Giono, 93
Gödel, 220
Goldstein, 149, 202n
Goodall (Van), 222
Gouin-Decarie, 156, 203n
Griaule, 150
Groos, 82, 83, 218
Grossman, 13
Guastalla, 52

Harlow, 166
Hediger, 90
Hegel, 94, 159, 198, 199, 208, 244
Hegesias, 14
Heisenberg, 231
Helvétius, 16, 194
Héraclite, 208
Hobbes, 18, 67
Holbach (d'), 207
Homère, 115
Hugo, 77, 78, 131
Hume, 28, 134, 246n
Husserl, 118
Huxley A., 189, 192

Jacob, 46, 246n, 248n
James W., 127
Jarry, 72, 75
Josse, 201n
Jung, 45, 157, 178

Kant, 10, 16, 30, 46, 57, 79, 136, 197, 211, 214, 215, 227, 229, 239, 246n, 248n
Kellog, 84, 199
Kierkegaard, 248n
Kipling, 85
Klein M., 80, 87, 156, 177
Köhler, 63
Kundera, 199, 203n

Lagneau, 72, 73, 214
Lamarck, 208
Lamartine, 121
Lambercier, 138
La Mettrie, 207
Lao-Tseu, 10, 217
Lavoisier, 207
Leconte de Lisle, 248n
Legadec, 101n
Leibniz, 81, 215, 247n
Le Play, 50
Lévi-Strauss, 12n, 35, 76, 77, 138, 198
Lewes, 209, 246n
Lewin, 90
Lorenz, 163
Lucrèce, 16, 207, 246n
Luria, 142

Makarenko, 156
Malebranche, 131
Mallory, 101n
Malrieu, 69, 85, 166, 167, 173, 175, 198, 223
Marcuse, 144
Marx (et marxisme), 16, 17, 58, 74, 118, 130, 131, 156, 198, 205, 208, 249n
Mead M., 248n
Medici, 158n
Michotte, 65
Monnerot, 49, 74, 92
Montagner, 166
Montaigne, 8, 10, 16, 31, 32, 40, 43, 46, 78, 130, 144, 187, 203n, 228, 249n
Montesquieu, 240
Montessori, 100n, 115, 141, 248
Morgan, 246n
Morin E., 29, 86, 106

Newton, 139
Nietzsche, 16, 17, 31, 189, 214

Ombredane, 75, 81

Papousek, 175, 202n
Pascal, 31, 92, 163
Peguy, 17
Pelosse, 83sq.
Perez, 222, 248n
Piaget, 29, 46, 50, 69, 85, 126, 138, 166, 174, 175, 218
Platon, 10, 15, 23, 38, 44, 72, 94, 98, 104, 113, 160, 187, 231, 248, 249n

INDEX NOMINUM

Poincaré H., 109, 133, 211
Pradines, 171
Premack, 221
Preyer, 65, 69, 96, 167, 175
Psychanalystes, 21, 24, 36, 49, 51, 56, 65, 69, 70, 74, 76, 92, 156 sq., 161, 163, 176 sq., 198, 225, 226, 233, 234, 248 n
Pythagore, 139

Rabaud, 120, 246 n, 248 n
Rabelais, 31
Reymond, 203 n, 247 n
Robin, 201 n, 202 n
Romains J., 103, 174
Rose, 247 n
Rousseau, 8, 18, 59, 80, 127, 144, 148, 163

Sartre, 57, 248 n
Schiller, 81
Schopenhauer, 248 n
Skinner, 204
Socrate, 127, 140, 185, 186, 217
Sounalet, 143
Spencer, 163, 189, 205

Sperry, 5
Spinoza, 23, 72, 228
Stern, 111
Stoïciens, 15, 38, 185

Teilhard, 205, 207, 208
Thalès, 207
Thuillier, 151 n
Tollu, 83 sq.

Valéry, 7, 28, 33, 49, 60, 110, 131, 157, 162
Vandel, 208
Verlaine L., 202 n
Vernant, 180
Vialleton, 208
Voltaire, 16

Walker 112
Wallon, 46, 56, 76, 106, 158, 199, 212
Watson, 202 n
Woodruff, 221

Zazzo, 158, 175, 202 n
Zuckerman, 166

Table des matières

AVANT-PROPOS 7

CHAPITRE 1: ASPECTS DES GENESES DES VALEURS

I. Premiers problèmes de genèse 13
  1. La mort de l'absolu 13
  2. Les sociologies 17
  3. La norme morale 19

II. La qualité de valeur 22
  4. Lignes générales 22
  5. Les reprises 24
  6. L'épaississement 26
  7. Valeur et réalité 28
  8. Valeur et existence 30

III. La matière des valeurs 35
  9. Sens d'un dualisme 36
  10. Les trois sources 43
     Notes 46

CHAPITRE 2: LES VALEURS DE LIBERTE

  1. Liberté et désordre 49
  2. Le concept de liberté 52
  3. Le signe de l'homme 54
  4. Existence et liberté 57
  5. Les premiers signes de l'homme et l'élan humain 59

6. La valeur humaine de liberté 63
  7. La «créativité» 66
  8. La prouesse enfantine et ses limites 68
  9. De Lagneau à Jarry: erreurs à éviter 72
 10. A partir des ethnologues 75
 11. L'impératif catégorique au bord du trottoir 78
 12. Jeu animal et jeu humain 82
 13. Le risque dans le jeu de l'enfant 87
 14. Qu'est-ce qu'un risque? 89
 15. Le risque partout chez l'adulte 91
 16. Degrés de liberté et degrés d'existence 93
 17. Vers les valeurs formelles 95
     Notes 99

CHAPITRE 3: LES VALEURS D'ORDRE

  1. L'étrange 103
  2. La pierre-bras 106
  3. Constance perceptive et étrangeté 108
  4. La domination du phénomène 111
  5. Ordre et sentiments 114
  6. Les sentiments d'ordre ont-ils un appui physique? 116
  7. L'ordre naturel du temps 119
  8. Les retouches 122
  9. Mixtes et petites variations 127
 10. Rôle de l'ordre formel et humain 129
 11. L'ordre naturel et la constance naturelle 133
 12. La ligne droite 138
 13. L'ordre de la consigne 141
 14. Importance des consignes 143
     Notes 151

CHAPITRE 4: LES VALEURS DU CŒUR

  1. Importance de la psychologie du jeune enfant 153
  2. Sur les limites de la psychanalyse 156
  3. Les valeurs du cœur 160
  4. L'attachement 164
  5. Le sourire en réponse au visage humain 167
  6. Fonction du sourire 170
  7. L'égocentrisme 173
  8. Héros, dieux et mythes 177
  9. Les deux Alter Ego 181
 10. De l'inégalité naturelle 184
 11. Sur l'égalité et la fraternité: le problème 190
 12. Vers une solution génétique 192
 13. Valeur du Je et valeur des rôles 197
     Notes 201

CONCLUSION

1. Synthèses et organisations à divers niveaux 205
2. Pourquoi le Je est la première valeur 213
3. La gouverne et les valeurs personnelles et formelles ... 216
4. Les valeurs du langage 219
5. La Mère comme «forme de la sensibilité»: la tendresse du monde 225
6. Niveaux et types des valeurs 230
7. Les dérives 233
8. Esquisse du jeu des valeurs 238
9. La fin des valeurs 242
   Notes 246

INDEX NOMINUM 251

PSYCHOLOGIE ET SCIENCES HUMAINES
collection publiée sous la direction de MARC RICHELLE

1. Dr Paul Chauchard: LA MAITRISE DE SOI, 9ᵉ éd.
5. François Duyckaerts: LA FORMATION DU LIEN SEXUEL, 9ᵉ éd.
7. Paul-A. Osterrieth: FAIRE DES ADULTES, 16ᵉ éd.
9. Daniel Widlöcher: L'INTERPRETATION DES DESSINS D'ENFANTS, 9ᵉ éd.
11. Berthe Reymond-Rivier: LE DEVELOPPEMENT SOCIAL DE L'ENFANT ET DE L'ADOLESCENT, 9ᵉ éd.
12. Maurice Dongier: NEVROSES ET TROUBLES PSYCHOSOMATIQUES, 7ᵉ éd.
15. Roger Mucchielli: INTRODUCTION A LA PSYCHOLOGIE STRUCTURALE, 3ᵉ éd.
16. Claude Köhler: JEUNES DEFICIENTS MENTAUX, 4ᵉ éd.
21. Dr P. Geissmann et Dr R. Durand: LES METHODES DE RELAXATION, 4ᵉ éd.
22. H. T. Klinkhamer-Steketée: PSYCHOTHERAPIE PAR LE JEU, 3ᵉ éd.
23. Louis Corman: L'EXAMEN PSYCHOLOGIQUE D'UN ENFANT, 3ᵉ éd.
24. Marc Richelle: POURQUOI LES PSYCHOLOGUES?, 6ᵉ éd.
25. Lucien Israel: LE MEDECIN FACE AU MALADE, 5ᵉ éd.
26. Francine Robaye-Geelen: L'ENFANT AU CERVEAU BLESSE, 2ᵉ éd.
27. B.F. Skinner: LA REVOLUTION SCIENTIFIQUE DE L'ENSEIGNEMENT, 3ᵉ éd.
28. Colette Durieu: LA REEDUCATION DES APHASIQUES
29. J.C. Ruwet: ETHOLOGIE: BIOLOGIE DU COMPORTEMENT, 3ᵉ éd.
30. Eugénie De Keyser: ART ET MESURE DE L'ESPACE
32. Ernest Natalis: CARREFOURS PSYCHOPEDAGOGIQUES
33. E. Hartmann: BIOLOGIE DU REVE
34. Georges Bastin: DICTIONNAIRE DE LA PSYCHOLOGIE SEXUELLE
35. Louis Corman: PSYCHO-PATHOLOGIE DE LA RIVALITE FRATERNELLE
36. Dr G. Varenne: L'ABUS DES DROGUES
37. Christian Debuyst, Julienne Joos: L'ENFANT ET L'ADOLESCENT VOLEURS
38. B.-F. Skinner: L'ANALYSE EXPERIMENTALE DU COMPORTEMENT, 2ᵉ éd.
39. D.J. West: HOMOSEXUALITE
40. R. Droz et M. Rahmy: LIRE PIAGET, 3ᵉ éd.
41. José M.R. Delgado: LE CONDITIONNEMENT DU CERVEAU ET LA LIBERTE DE L'ESPRIT
42. Denis Szabo, Denis Gagné, Alice Parizeau: L'ADOLESCENT ET LA SOCIETE, 2ᵉ éd.
43. Pierre Oléron: LANGAGE ET DEVELOPPEMENT MENTAL, 2ᵉ éd.
44. Roger Mucchielli: ANALYSE EXISTENTIELLE ET PSYCHOTHERAPIE PHENO-MENO-STRUCTURALE
45. Gertrud L. Wyatt: LA RELATION MERE-ENFANT ET L'ACQUISITION DU LANGAGE, 2ᵉ éd.
46. Dr Etienne De Greeff: AMOUR ET CRIMES D'AMOUR
47. Louis Corman: L'EDUCATION ECLAIREE PAR LA PSYCHANALYSE
48. Jean-Claude Benoit et Mario Berta: L'ACTIVATION PSYCHOTHERAPIQUE
49. T. Ayllon et N. Azrin: TRAITEMENT COMPORTEMENTAL EN INSTITUTION PSYCHIATRIQUE
50. G. Rucquoy: LA CONSULTATION CONJUGALE
51. R. Titone: LE BILINGUISME PRECOCE
52. G. Kellens: BANQUEROUTE ET BANQUEROUTIERS
53. François Duyckaerts: CONSCIENCE ET PRISE DE CONSCIENCE
54. Jacques Launay, Jacques Levine et Gilbert Maurey: LE REVE EVEILLE-DIRIGE ET L'INCONSCIENT
55. Alain Lieury: LA MEMOIRE
56. Louis Corman: NARCISSISME ET FRUSTRATION D'AMOUR
57. E. Hartmann: LES FONCTIONS DU SOMMEIL

58 Jean-Marie Paisse: L'UNIVERS SYMBOLIQUE DE L'ENFANT ARRIERE MENTAL
59 Jacques Van Rillaer: L'AGRESSIVITE HUMAINE
60 Georges Mounin: LINGUISTIQUE ET TRADUCTION
61 Jérôme Kagan: COMPRENDRE L'ENFANT
62 Michael S. Gazzaniga: LE CERVEAU DEDOUBLE
63 Paul Cazayus: L'APHASIE
64 X. Seron, J.L. Lambert, M. Van der Linden: LA MODIFICATION DU COMPORTEMENT
65 W. Huber: INTRODUCTION A LA PSYCHOLOGIE DE LA PERSONNALITE, 2ᵉ éd.
66 Emile Meurice: PSYCHIATRIE ET VIE SOCIALE
67 J. Château, H. Gratiot-Alphandéry, R. Doron et P. Cazayus: LES GRANDES PSYCHOLOGIES MODERNES
68 P. Sifnéos: PSYCHOTHERAPIE BREVE ET CRISE EMOTIONNELLE
69 Marc Richelle: B.F. SKINNER OU LE PERIL BEHAVIORISTE
70 J.P. Bronckart: THEORIES DU LANGAGE
71 Anika Lemaire: JACQUES LACAN, 2ᵉ éd. revue et augmentée
72 J.L. Lambert: INTRODUCTION A L'ARRIERATION MENTALE
73 T.G.R. Bower: DEVELOPPEMENT PSYCHOLOGIQUE DE LA PREMIERE ENFANCE
74 J. Rondal: LANGAGE ET EDUCATION
75 Sheila Kitzinger: PREPARER A L'ACCOUCHEMENT
76 Ovide Fontaine: INTRODUCTION AUX THERAPIES COMPORTEMENTALES
77 Jacques-Philippe Leyens: PSYCHOLOGIE SOCIALE, 2ᵉ éd.
78 Jean Rondal: VOTRE ENFANT APPREND A PARLER
79 Michel Legrand: LE TEST DE SZONDI
80 H.J. Eysenck: LA NEVROSE ET VOUS
81 Albert Demaret: ETHOLOGIE ET PSYCHIATRIE
82 Jean-Luc Lambert et Jean A. Rondal: LE MONGOLISME
83 Albert Bandura: L'APPRENTISSAGE SOCIAL
84 Xavier Seron: APHASIE ET NEUROPSYCHOLOGIE
85 Roger Rondeau: LES GROUPES EN CRISE?
86 J. Danset-Léger: L'ENFANT ET LES IMAGES DE LA LITTERATURE ENFANTINE
87 Herbert S. Terrace: NIM, UN CHIMPANZE QUI A APPRIS LE LANGAGE GESTUEL
88 Roger Gilbert: BON POUR ENSEIGNER?
89 Wing, Cooper et Sartorius: GUIDE POUR UN EXAMEN PSYCHIATRIQUE
90 Jean Costermans: PSYCHOLOGIE DU LANGAGE
91 Françoise Macar: LE TEMPS, PERSPECTIVES PSYCHOPHYSIOLOGIQUES
92 Jacques Van Rillaer: LES ILLUSIONS DE LA PSYCHANALYSE, 2ᵉ éd.
93 Alain Lieury: LES PROCEDES MNEMOTECHNIQUES
94 Georges Thinès: PHENOMENOLOGIE ET SCIENCE DU COMPORTEMENT
95 Rudolph Schaffer: COMPORTEMENT MATERNEL
96 Daniel Stern: MERE ET ENFANT, LES PREMIERES RELATIONS
97 R. Kempe & C. Kempe: L'ENFANCE TORTUREE
98 Jean-Luc Lambert: ENSEIGNEMENT SPECIAL ET HANDICAP MENTAL
99 Jean Morval: INTRODUCTION A LA PSYCHOLOGIE DE L'ENVIRONNEMENT
100 Pierre Oleron et al.: SAVOIRS ET SAVOIR-FAIRE PSYCHOLOGIQUES CHEZ L'ENFANT
101 Bernard I. Murstein: STYLES DE VIE INTIME
102 Rondal/Lambert/Chipman: PSYCHOLINGUISTIQUE ET HANDICAP MENTAL
103 Brédart/Rondal: L'ANALYSE DU LANGAGE CHEZ L'ENFANT
104 David Malan: PSYCHODYNAMIQUE ET PSYCHOTHERAPIE INDIVIDUELLE
105 Philippe Muller: WAGNER PAR SES REVES

106 John Eccles: LE MYSTERE HUMAIN
107 Xavier Seron: REEDUQUER LE CERVEAU
108 Moreau/Richelle: L'ACQUISITION DU LANGAGE
109 Georges Nizard: ANALYSE TRANSACTIONNELLE ET SOIN INFIRMIER
110 Howard Gardner: GRIBOUILLAGES ET DESSINS D'ENFANTS, LEUR SIGNIFICATION
111 Wilson/Otto: LA FEMME MODERNE ET L'ALCOOL
112 Edwards: DESSINER GRACE AU CERVEAU DROIT
113 Rondal: L'INTERACTION ADULTE-ENFANT
114 Blancheteau: L'APPRENTISSAGE CHEZ L'ANIMAL
115 Boutin: FORMATION ET DEVELOPPEMENTS
116 Húsen: L'ECOLE EN QUESTION
117 Ferrero/Besse: L'ENFANT ET SES COMPLEXES
118 R. Bruyer: LE VISAGE ET L'EXPRESSION FACIALE
119 J.P. Leyens: SOMMES-NOUS TOUS DES PSYCHOLOGUES?
120 J. Château: L'INTELLIGENCE OU LES INTELLIGENCES?
121 M. Claes: L'EXPERIENCE ADOLESCENTE
122 J. Hayes et P. Nutman: COMPRENDRE LES CHOMEURS
123 S. Sturdivant: LES FEMMES ET LA PSYCHOTHERAPIE
124 A. Pomerleau et G. Malcuit: L'ENFANT ET SON ENVIRONNEMENT
125 A. Van Hout et X. Seron: L'APHASIE DE L'ENFANT
126 A. Vergote: RELIGION, FOI, INCROYANCE
127 Sivadon/Fernandez-Zoïla: TEMPS DE TRAVAIL, TEMPS DE VIVRE
128 Born: JEUNES DEVIANTS OU DELINQUANTS JUVENILES?
129 Hamers/Blanc: BILINGUALITE ET BILINGUISME
130 Legrand: PSYCHANALYSE, SCIENCE, SOCIETE
131 Le Camus: PRATIQUES PSYCHOMOTRICES
132 Lars Fredén: ASPECTS PSYCHOSOCIAUX DE LA DEPRESSION
133 Mount: LA FAMILLE SUBVERSIVE
134 Magerotte: MANUEL D'EDUCATION COMPORTEMENTALE CLINIQUE
135 Dailly / Moscato: LATERALISATION ET LATERALITE CHEZ L'ENFANT
136 Bonnet / Tamine-Gardes: QUAND L'ENFANT PARLE DU LANGAGE
137 Bruyer: LES SCIENCES HUMAINES ET LES DROITS DE L'HOMME
138 Taulelle: L'ENFANT A LA RENCONTRE DU LANGAGE
139 de Boucaud: PSYCHOLOGIE DE L'ENFANT ASTHMATIQUE
140 Duruz: NARCISSE EN QUETE DE SOI
141 Feyereisen / de Lannoy: PSYCHOLOGIE DU GESTE
142 Florin et Al.: LE LANGAGE A L'ECOLE MATERNELLE

Hors collection

Paisse: PSYCHOPEDAGOGIE DE LA LUCIDITE
Paisse: ESSENCE DU PLATONISME
Collectif: SYSTEME AMDP
Boulangé/Lambert: LES AUTRES, L'EXPRESSION ARTISTIQUE CHEZ LES HANDICAPES MENTAUX

Manuels et Traités

2 Thinès: PSYCHOLOGIE DES ANIMAUX
3 Paulus: LA FONCTION SYMBOLIQUE ET LE LANGAGE
4 Richelle: L'ACQUISITION DU LANGAGE
5 Paulus: REFLEXES-EMOTIONS-INSTINCTS
Droz-Richelle: MANUEL DE PSYCHOLOGIE
Hurtig-Rondal: MANUEL DE PSYCHOLOGIE DE L'ENFANT (Tome 1)
Hurtig-Rondal: MANUEL DE PSYCHOLOGIE DE L'ENFANT (Tome 2)
Hurtig-Rondal: MANUEL DE PSYCHOLOGIE DE L'ENFANT (Tome 3)

Rondal-Seron: LES TROUBLES DU LANGAGE (DIAGNOSTIC ET REEDUCATION)
Fontaine/Cottraux/Ladouceur: CLINIQUES DE THERAPIE COMPORTEMENTALE

Philosophie et langage

Anscombre/Ducrot: L'ARGUMENTATION DANS LA LANGUE
Maingueneau: GENESES DU DISCOURS
Casebeer: HERMANN HESSE
Dominicy: LA NAISSANCE DE LA GRAMMAIRE MODERNE
Borillo: INFORMATIQUE POUR LES SCIENCES DE L'HOMME